ライブラリ 経済学
レクチャー & エクササイズ｜5

レクチャー＆
エクササイズ
金融論

森澤 龍也 著

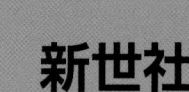

新世社

編者のことば

　急速に進む少子高齢化，累積する財政赤字，情報化やグローバル化への対応など，日本経済には課題が山積しています．課題を解決する方法を唱える言説は世にあふれていますが，それが望ましいかどうかを判断することは難しいです．経済学を学ぶことこそ，様々に飛び交う考え方を評価する力を身につけるきわめて有効な方法なのです．

　経済学を学ぶ意義は，経済の動きの理解だけにとどまりません．経済学は論理の積み重ねで成り立っており，経済学を学ぶことで，論理的に考える力を養うことができます．表面的なテクニックの習得に溺れがちな現代社会ですが，経済学の教養が，いまを生きる私たちには大切なのです．

　経済学の学びには，教科書が欠かせません．世の中には，数多くの教科書があふれていますが，自分に合った教科書を探すことは案外難しいです．特に初学者にとっては，その教科書の内容が標準的なのかどうかも，分からないことがあります．まずは本人に合った教科書を読むことが重要なのですが，初学者ほど情報が不足しています．

　これまで新世社では，数多くの経済学ライブラリを公刊してきました．この経験をもとに，経済学の初学者に対して，ここに「ライブラリ 経済学レクチャー & エクササイズ」を公刊します．本ライブラリの特長は次の通りです．

- 経済学を学びたい大学1～2年生，学び直したい社会人を読者に想定しました．
- ERE（Economics Record Examination；経済学検定試験）や公務員試験がカバーする標準的な内容を基本として，これらの試験に対応した練習問題も取り入れました．
- 大学での半期15コマの講義を想定し，予習・復習もサポートする構成としました．
- 読みやすさを重視して2色刷とし，図表をバランス良く配置しました．

　新しい情報を知ったときの子どもの目は輝いています．「知りたい」という欲求は，人間にとって自然なものなのです．本ライブラリによって，読者の「知りたい」欲求が自然にわき上がってくることを，心より願っております．

上村　敏之

はしがき

　読者の中で，お金は汚いというイメージをおもちの方はおられるでしょうか。なかには，そのようなイメージをもった方が少なからずいらっしゃるのではないかと思います。そこでこう問い掛けることから始めたいと思います。あなたがお金に対してもっている印象を色で例えるとしたら，それはどのようなものですか。

　ちなみに，私のお金に対するイメージ色は「無色透明」です。もしお金に色をつけることができるのだとしたらその色は，そのお金を使う「人」次第というのが基本的な認識としてあります。私にいわせれば，お金自体は特にきれいでも汚くもなく，そのお金をどのように使うのか，ということが問題なのであって，そのお金を使う人の心がけ次第できれいな使い方にも汚い使い方にもなるのだと考えます。お金に対するイメージや先入観が金融を学ぶ心理的な妨げになっているのだとしたら，それはとても残念なことです。このような誤解を解くことが実は金融教育における最大の課題なのかもしれません。

　それにつけても，金融関連科目は学部生にとって取っ付きがよくない科目のようです。もっとも，取っ付きがよいもの，すなわち，すぐに身に付いて役に立つものは，すぐに役に立たなくなるものです。率直にいって，金融論で学ぶ内容は決してやさしくないことは認めざるをえません。ただし，積み木のようにしっかりコツコツと積み上げれば，大学を出られてから長い社会生活を送るうえで，金融論で学んだことが強い味方になってくれることは受け合います。

　本書は，教室で講義を受けているような臨場感をもっていただけるように，読者に直接語りかける叙述のスタイルをとっています。本書の構成は，半期15コマの講義に対応するように，「1つの章＝2回分の講義」を想定し，全7章から成っています。また，本書の内容は，「予習⇒講義（レクチャー）⇒復習⇒練習」という学習サイクルを意識した配置になっており，ERE（経済学検定試験）などの各種試験問題について6〜7割程度解けるレベルを目指しています。

　本書の執筆中，常に念頭にあったことは，恩師井上勝雄先生（関西学院大学名誉教授）からたびたびご教示いただいた「場合分け」を意識して説明するこ

とでした．また，関西学院大学の平山健二郎教授と田中　敦教授から手解きいただいた金融論は本書執筆の大きな土台になりました．勤務校である流通科学大学の教職員や学生の皆様からは常に多くのことを教えられております．勤務校にて寄附講座をご提供いただいている野村證券の皆様からはご多忙の中いつも生きた金融経済を教えていただいております．関西学院大学の上村敏之教授には本書執筆の機会を与えていただきました．新世社編集部の清水匡太・出井舞夢両氏には本書編集の労を執っていただきました．これらの方々に心からお礼を申し上げます．この他にも，実に多くの方々からのご指導とご助言を受けてきました．その数はあまりにも多く，限られた紙幅ゆえ，全ての方々の個々のお名前をあげてお礼を申し上げることをここでは断念せざるを得ないことをお許しいただきたいと存じます．

本書に含まれ得る誤謬や不足については，すべて筆者たる私の責任です．読者と教科書に採り上げていただいた先生方からのご叱正を賜りたいと存じます．

本書は私が初めて執筆した「教科書」です．少しでも金融への苦手意識を減らしたいと考えて本書を書きました．本書がそのための一助となれば，望外の喜びです．そして，いまはただ，本書の存在が洛陽の紙の無駄遣いでないことを心から祈るばかりです．

最後に私事にわたりますが，私の家族にこれまでの感謝をこめて，本書を捧げたいと思います．

2014 年 12 月 1 日

森澤　龍也

目　次

はしがき ……………………………………………………………………… i

第1章　金融とは　　　　　　　　　　　　　　　　　　　　1

予　　習 …………………………………………………………………… 1
学びのポイント …………………………………………………………… 1
レクチャー1.1　金融取引とは ………………………………………… 2
　　コラム1.1　異時点間の消費・貯蓄決定 ………………………… 8
レクチャー1.2　日本の資金循環 ……………………………………… 10
復　　習 …………………………………………………………………… 15
レクチャー1.3　貨幣とは ……………………………………………… 16
レクチャー1.4　利子（金利）とは …………………………………… 23
　　コラム1.2　ハリスの錬金術とインフレーション …………… 30
復　　習 …………………………………………………………………… 31
練習問題 …………………………………………………………………… 33
練習問題解答 ……………………………………………………………… 35

第2章　金融市場と金融機関　　　　　　　　　　　　　　37

予　　習 …………………………………………………………………… 37
学びのポイント …………………………………………………………… 37
レクチャー2.1　金融市場と金融取引 ………………………………… 38
レクチャー2.2　日本の金融市場 ……………………………………… 43
　　コラム2.1　証券会社は銀行の一種？ ………………………… 51
復　　習 …………………………………………………………………… 52
レクチャー2.3　日本の金融機関 ……………………………………… 54
レクチャー2.4　金融機関と金融組織 ………………………………… 58
　　コラム2.2　銀行業と証券業の利益相反問題 ………………… 62
復　　習 …………………………………………………………………… 65

| 練習問題 | 67 |
| 練習問題解答 | 70 |

第3章　金融取引とリスク移転　71

予習	71
学びのポイント	71
レクチャー 3.1　直接金融と間接金融	72
レクチャー 3.2　日本経済と金融システム①	77
コラム 3.1　浮利追うものは結局不利	82
復習	84
レクチャー 3.3　日本経済と金融システム②	85
レクチャー 3.4　市場型間接金融	92
コラム 3.2　サブプライム・ローン問題と証券化	100
復習	101
練習問題	102
練習問題解答	105

第4章　金融取引と情報の非対称性　107

予習	107
学びのポイント	107
レクチャー 4.1　情報の非対称性	108
コラム 4.1　「情報の経済学」における「情報」	110
レクチャー 4.2　逆選択	111
コラム 4.2　桃は優良品で檸檬は不良品？	112
復習	115
レクチャー 4.3　モラル・ハザード	116
コラム 4.3　モラル (moral) かモラール (morale) か，それが問題だ	117
レクチャー 4.4　金融機関と情報の非対称性	120
コラム 4.4　震災被災地で活用されるABL（動産・債権担保融資）	125
復習	128
練習問題	129

練習問題解答 ……………………………………………………………………132

第5章　銀行の役割　　　　　　　　　　　　　　　　133

予　習 ………………………………………………………………………………133
学びのポイント ……………………………………………………………………133
レクチャー 5.1　金融仲介機関としての銀行 …………………………………134
レクチャー 5.2　信用創造機能①：預金創造のメカニズム …………………136
　　コラム 5.1　無限等比級数 ……………………………………………………144
復　習 ………………………………………………………………………………145
レクチャー 5.3　信用創造機能②：マネー・ストックの決定 ………………146
　　コラム 5.2　信用創造は「つぼ算」？ ………………………………………154
レクチャー 5.4　銀行の健全性と自己資本比率規制 …………………………156
復　習 ………………………………………………………………………………163
練習問題 ……………………………………………………………………………164
練習問題解答 ………………………………………………………………………166

第6章　日本の金融政策　　　　　　　　　　　　　　167

予　習 ………………………………………………………………………………167
学びのポイント ……………………………………………………………………167
レクチャー 6.1　金融政策の目的と中央銀行 …………………………………168
レクチャー 6.2　金融政策の手段 ………………………………………………172
　　コラム 6.1　「公開」市場操作？ ……………………………………………176
　　コラム 6.2　公定歩合はどこへ？ ……………………………………………178
復　習 ………………………………………………………………………………181
レクチャー 6.3　金融政策の効果 ………………………………………………183
レクチャー 6.4　非伝統的金融政策 ……………………………………………189
復　習 ………………………………………………………………………………197
練習問題 ……………………………………………………………………………199
練習問題解答 ………………………………………………………………………202

第7章　金利計算と割引現在価値　　203

予　習 …………………………………………………………………203
学びのポイント …………………………………………………………203
レクチャー 7.1　金利計算の基礎 ………………………………………204
　　コラム 7.1　戦前の金融教育 ………………………………………212
復　習 …………………………………………………………………213
レクチャー 7.2　割引現在価値の考え方と資産価格の決定 …………214
復　習 …………………………………………………………………221
練習問題 …………………………………………………………………222
練習問題解答 ……………………………………………………………224

参考文献 …………………………………………………………………227
索　引 …………………………………………………………………230
著者略歴 …………………………………………………………………238

第1章 金融とは

予習

金融取引　資金の過不足を調整する　➡　資源配分の効率性を高める
　　　　　　　資金余剰者 ➡ 資金不足者

日本の資金循環　誰が資金余剰で　誰が資金不足か

　　フローの資金過不足：家計・企業　➡　一般政府
　　　　　　　　　　　　　　　　　　　　※ 海外 の赤字幅は縮小傾向

貨幣　一般的受容性をもつ　➡　欲求の一方的一致でも交換可能
　　機能：交換手段・価値尺度・価値貯蔵
　　　　　　　　　　物々交換　欲求の二重の一致が必要

流動性　貨幣（現金）に変換するための容易さ

利子（金利）　資金の使用料・資金の価格
　　源泉：時間選好・流動性選好・リスクの引き受け
　　期間構造：短期金利と長期金利の関係性
　　　　　　　投資家の金利裁定行動を通じて密接な連動関係
　　　　　　　期待理論　長期金利＝短期金利の予測値の平均

学びのポイント

1. 金融取引の意味や意義を考えてみよう。　──────── p.2
2. 日本におけるお金の流れ（資金循環）について知ろう。　──── p.10
3. お金（貨幣）とはどのような存在かについて考えよう。　──── p.16
4. 利子（金利）の決定要因や期間構造について知ろう。　───── p.23

レクチャー 1.1 金融取引とは

● 金融とは：資金過不足の調整

金融とは，「資金の融通」を略した用語です。資金？融通？という声が聞こえてきそうですね。そこから噛み砕いて説明します。少々くどい話になりますが，しばらくお付き合いください。なお，以下の語義については，手許にある『広辞苑［第5版］』（岩波書店）を参考にしております。

資金とは，使用目的を伴ったお金のことです。例えば，あなたがいまいくらかお金をもっているとします。特に使う当てもなく単に手許にもっているというだけのことであれば，それを「資」金といういい方では表しません。そこで，そのお金で何かあるものを買いたいと考えているとしましょう。お金（貨幣）がもつ「財を購入する力」を購買力と呼びます。この場合，あなたはそのお金で自分が欲しいと考えているものを買うという目的があります。このようにある使用目的があってその原資になり得るお金を資金と呼びます。実際には，企業が経営活動を円滑にすすめるために，つまるところは，利益をあげるために必要とするお金を資金と呼ぶことが多く見受けられます。

一方，融通という言葉は「融けて通ずる」と書かれています。「融ける」という言葉は固体が液状になることであり，「通ずる」という表現は一方から他方に満遍なく行き渡るという意味をもちます。もう少しイメージしやすい例えを使いましょう。いま適度な温度に温められたトレイに氷の塊をのせたところを想像してください。氷はトレイの上で温められて液状の水になっていきます。しばらくすると，水の液状部分がじわじわと広がっていき，やがてトレイ上を満たすことになるでしょう。融通という言葉をイメージで表すと，このような感じになるでしょう。

さてそうすると「資金の融通」とはどのようなことを意味するのでしょうか。以上の説明からは，何か目的を伴ったお金が一方から他方に行き渡るということになります。ここで注目していただきたいのは，資金には需要と供給の両面があり得るということです。

資金の需要とは，資金を必要としている側です。いまあなたは買いたいものがあるのですが，手許にそのための資金がないとします。そうすると，誰かから提供してもらう，要するに，他の人からお金を借りてくる必要が生まれます。

これが資金を需要している状況です。

　反対に，資金の供給とは，資金を提供する側です。前述の場合とは逆に，あなたは手許にお金をもっているけれども，特に使用目的がないとします。このとき，自分には使用目的がなくても他に何らかの目的からお金を必要としている人がおり，そのお金を貸してほしいという申し出があるかもしれません。いうなれば，資金を供給する立場にあるといえます。

　もうおわかりでしょう。手許でお金が余っている人から，何らかの使用目的をもつにもかかわらず手許にお金がない人へ，お金が流れる。お金の貸し借りが行われることで，資金の過不足が調整される。これが「資金の融通」，すなわち，「金融」という言葉の意味するところです。

　なお，手許で余っているお金を必要とする人に提供する側の人のことを**資金余剰者**あるいは**黒字主体**と呼びます。一方，手許でお金が不足しており，他から必要資金を提供してもらう側の人のことを**資金不足者**あるいは**赤字主体**と呼びます。率直に申し上げると，資金余剰者は資金の貸し手，資金不足者は資金の借り手のことです。ただし，世の中というのは複雑な取引関係にあるのが常のことでして，1つの金融取引の中に様々な借り手と貸し手が含まれることがあります。このような複層的な関係をそのまま図式化することは混乱のもとであり，理解の妨げになりかねません。そこで，今後は「究極的」な資金の貸し手および借り手に代表させる形で，なるべく金融取引を単純に図式化して説明します。なお，「究極的」な資金の貸し手および借り手をそれぞれ**資金の最終的貸し手**，**資金の最終的借り手**と呼びます。「最終的」という独特の言い回しが耳慣れないと思いますが，金融論のテキストによく出てくる表現ですので慣れておいてください。

● **金融取引の意義：無差別曲線による分析**

　では，金融取引にはわれわれが生きる経済社会にとってどのような意義があるのでしょうか。次に，この問題を経済理論によって考えてみましょう。この問題を考えるためにいくつか準備的な考察をしておきます。

　まず，金融取引が実現するにはどのような要因が必要でしょうか。第1に，手許でお金に余裕がある貸し手と，資金を必要とする借り手が存在することですね。この両者がいなければ，そもそも貸借取引が起こりません。ちなみに，

貸し手と借り手が同一である場合を内部金融と呼び，貸し手と借り手が別である場合を外部金融と呼びます。この点については，第3章で解説します。第2に，貸し手と借り手が出会い，そして金融取引することができる「場」が存在することです。このような場を**金融市場**と呼びます。ただし，実際の金融市場は必ずしも物理的な取引場所をもつわけではなく，近年では電気通信網を介した取引によって形成されることが一般的です。この点については，第2章でも言及しています。第3に，物理的な「時間」の流れ（差異）が存在することです。資金を貸すという行為は，自らの「現在」の消費を犠牲にして貯蓄したものを他人に貸して，「将来」の消費に回そうとしている，といえます。他方，資金を借りるという行為は，「将来」の貯蓄を前借りして「現在」の消費に回している，といえます。このように金融取引には，「現在」消費と「将来」消費とを比較し選択するという側面があります。時間が流れているからこそ，金融取引はその意味をもつのです。

　以上の要因を考慮に入れて，次のような経済モデルに基づいて議論を進めます。いま，ある消費者の行動に焦点を当てます。この消費者の人生が現在（若年期）と将来（老年期）の2期間に分けられるとします。このようなモデルを2期間モデルと呼びます。これは時間の流れを組み込んだ**動学**モデルの一種です。

　この経済には消費財が1種類のみ存在している，とします。消費財といういい方がピンとこない方は「おにぎり」のような食料品を想像してください。この消費財は財の種類としては1種類なのですが，2期間モデルではこの消費財は消費可能な時点で「現在財」と「将来財」の2種類に区別されます。現在財は現在でのみ消費可能であり，将来には消費できないとします。直観的にいうと，今日のおにぎりは明日には腐って食べられなくなる，ということです。いうまでもなく，将来財も将来時点でのみ消費可能です。これを「交換経済の仮定」と呼びます。

　以上の設定のもとで，この消費者は，現在には Y_1，将来には Y_2（$<Y_1$ と仮定）の所得があるとします。これらの所得は消費財の形で現物支給されています。したがって，貰った所得は，それぞれの期間に受け取った時点でしか使えず，将来まで持ち越すと使用不可となってしまう，と仮定します。

　これだけではもう一つ現実離れしていてつかみにくいという方は，若いとき

には勤労所得として Y_1 を受け取り，退職してから年金として Y_2 を受け取る，そして，現在から将来へは時間がかなりたっており，現在所得の価値が相当減価してしまう，というようにイメージしていただくとよいと思います。ただし，これらのイメージはあくまでも理解を手助けするための直観的なとらえ方の一つとお考えください。

ミクロ経済学の消費者理論では，消費者は予算制約のもとで自分の満足を最大にするような消費を決定する，と考えます。なお，満足という心理状態を経済学では，**効用**と呼びます。この効用水準を図示化したものが，**図1.1**の**無差別曲線**です。無差別曲線は，①同じ曲線上ではどの消費の組合せも同じ効用をもたらし，②右上の無差別曲線にいくほど，効用水準が高い（$U_1 < U_2 < U_3$），という性質をもっています。

無差別曲線は通常，図1.1のように，原点に対して出っ張った形状で描かれます。この背景には，消費者は極端に偏った消費パターンよりも満遍なく消費するパターンを好む，と考えられています。なお，このような性質を**準凹**と呼びます。

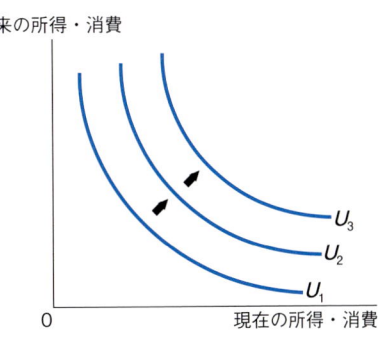

図 1.1　無差別曲線

もっとも，消費者はただひたすらに自らの効用を大きくすることはできません。先立つものがないとモノは買えないからです。いくら自動車1台のほうが板チョコ1枚よりも高い効用をもたらすとはいっても，板チョコ1枚分のお金しか手許にないなら，自動車1台を買うことはできないのです。消費者は自らの所得や資産の範囲内でしか消費を実現することはできません。経済学ではこのような一定の価格と所得・資産のもとで実現可能な消費の組合せを**予算制約**と呼びます。

動学モデルでこの予算制約を図示化したものが，**図1.2**の**消費機会曲線**（**市場機会曲線**）です。図の色網部分が実現可能な現在消費と将来消費の組合せです。予算を全て使い切る場合はこの線上で消費が決定されます。なお，利子率を r で表しますと，この消費機会曲線の傾きは $-(1+r)$ になります（☞**コラム1.1**「異時点間の消費・貯蓄決定」(p.8)）。

以上から、2期間モデルにおける消費者は、消費機会曲線という制約のもとで、自らの効用が最大になるような現在と将来の消費を決定する、という意思決定ルールに基づくことになります。ここで、2つのケース、すなわち、金融市場が存在

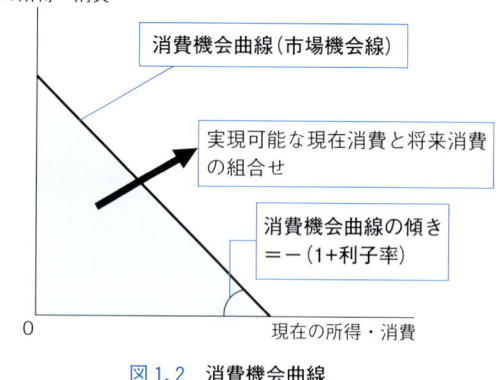

図1.2 消費機会曲線

する場合と、存在しない場合を考えてみましょう。このモデルでの金融市場とは、消費財を貸し借りすることができる場のことです。これらを考慮して図示化したものが、図1.3です。

まずは、金融市場が存在しないという場合から考えましょう。図1.3の状況にあるような消費者は、A点とB点のいずれの消費の組合せを選択するでしょうか。予算制約のもとで最大の効用をもたらすのは、消費機会曲線と無差別曲線U_2とが接するA点です。この最適消費を表すA点

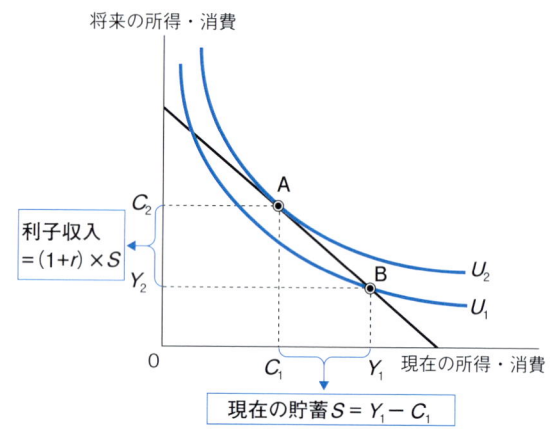

図1.3 2期間モデルにおける消費決定

における現在消費をC_1、将来消費をC_2で表します。

現在所得Y_1は最適な現在消費C_1よりも多いので、もしC_1だけしか消費されないのであれば、Y_1-C_1だけ現在財が余ることになります。このままではY_1-C_1をむざむざ腐らせることになります。もしこれを誰か他の消費者に貸し出すことができて、将来返してもらうことができればいいのですが、いま金融市場が存在しないため、余った消費財の貸し借りを行うことができません。こ

の場合，余らせて腐らせるのはもったいないので，現在時点で Y_1 全部を消費したほうが得策ということになります。直観的には，そんなに食べたくないのに無理やりお腹に詰め込んだといった状況です。

一方，将来時点では，所得 Y_2 に対して，最適な将来消費 C_2 には到底足りません。仕方がないので，将来所得 Y_2 だけの消費ですませることになります。直観的にいうと，お腹を満たすには物足りないけど，手持ちがそんなにないので空腹で我慢せざるを得ないといった状況です。すなわち，金融市場が存在しない場合，最適消費点であるA点に達成することができず，食べ過ぎな Y_1 と空腹の Y_2 というB点を選択するのが精一杯ということになります。図1.3から明らかなように，B点を通る無差別曲線 U_1 はA点と接する U_2 よりも左下に位置していますので，B点における効用水準はA点のそれよりも低いといえます。経済学では，この状況を**資源配分において非効率的**であると呼びます。

では，金融市場が存在する場合，どのようなことが起こり得るでしょうか。現在時点で，所得 Y_1 のうち C_1 だけ消費し，貯蓄 $S=Y_1-C_1$ を他の消費者に貸し出せばよいのです。そして将来時点で，C_2-Y_2 に足りるだけの利子を加えた $(1+r)\times S$ を返してもらうのです。そうすれば，最適消費点であるA点を選択することが可能になります。金融取引を上手く活用することで，食べ過ぎといった無駄や，空腹といった不足を味わわずにすむのです。経済学では，この状況を**資源配分において効率的**であると呼びます。

このように，金融取引は，赤字主体（借り手）の将来所得を現在時点での所得あるいは購買力に変換させることによって，その資金不足を解消すると同時に，黒字主体（貸し手）の遊休資金を活用する，という効果をもちます。このような資金過不足の調整は，経済における**資源配分の効率性**を高めます。金融とは経済社会にとって「潤滑油」であり，「縁の下の力持ち」となる存在なのです。

コラム1.1　異時点間の消費・貯蓄決定

このコラムでは，本節における2期間の消費・貯蓄決定問題を簡単な数理モデルで表現してみます。数式でどのようにモデルを表現するのかについて，関心のある方はご一読ください。なお，このコラムを読み飛ばしても，この後の議論には差し支えありません。

まず，消費者（家計）の効用水準は次のような効用関数で表されると仮定しましょう。

$$U = u(C_1) + v(C_2)$$

ただし，$u(C_1)$ は現在消費 C_1 から得られる効用，$v(C_2)$ は将来消費 C_2 から得られる効用を表す時点効用関数です。ここでは，簡単化のために将来消費の効用への割引は考えないことにします。

次に，消費者（家計）の予算制約は次式で与えられます。

$$C_2 = \underbrace{(Y_1 - C_1)}_{貯蓄}(1+r) + Y_2$$

この予算制約式は，将来消費が現在貯蓄から得られる利子収入と将来所得によって賄われることを表しています。なお，予算制約式を書き換えますと，

$$C_2 = \underbrace{(1+r)Y_1 + Y_2}_{切片} - \underbrace{(1+r)}_{傾き} C_1$$

となります。実は，図1.2の消費機会曲線はこの予算制約式を図示化したものです。この式から，消費機会曲線の傾きが $-(1+r)$ になることがわかります。

さて，消費者は予算制約のもとで，自らの効用が最大になるような現在と将来の消費を決定します。そこで，予算制約式を代入して将来消費 C_2 を消去した効用関数

$$U = u(C_1) + v((1+r)Y_1 + Y_2 - (1+r)C_1)$$

を現在消費 C_1 について最大化するような解を求めましょう。この問題の最大化のための一階の条件は，次式のようになります。

$$\frac{dU}{dC_1} = u'(C_1) - (1+r)v'(C_2) = 0$$

ただし，

$$u'(C_1) \equiv \frac{du}{dC_1} > 0, \quad v'(C_2) \equiv \frac{dv}{dC_2} > 0$$

とします。この式を整理しますと，

$$-\frac{u'(C_1)}{v'(C_2)} = -(1+r)$$

が得られます。上式左辺は**異時点間の限界代替率**と呼ばれ，図 1.3 における無差別曲線の接線の傾きに対応しています。一方，上式右辺は図 1.3 における消費機会曲線の傾きに相当します。このように，合理的な消費者の最適な消費選択は，無差別曲線と消費機会曲線（予算制約線）が接する点で決定されることが示されます。

レクチャー 1.2 日本の資金循環

● 日本の資金過不足の状況：誰が資金余剰で，誰が資金不足なのか

前節において，金融とは資金過不足の調整であると説明しました。では実際のところ，日本では誰が資金余剰で，誰が資金不足なのでしょうか。このような資金循環の状況を知るために，経済部門別の資金過不足がどのように推移してきたかを実際のデータの動きで確かめておきましょう。

図 1.4 はフローの資金過不足を名目 GDP との比率で図示したものです。資金過不足のデータは日本銀行が発表している「資金循環統計」における各部門の資金運用額と調達額の差額を用いています［☞「資金循環統計」について詳しくは，日本銀行調査統計局経済統計課（2001）をご参照ください。なお，資金過不足データの特殊要因調整については，日本銀行 HP「資金循環統計の FAQ：5-2」(http://www.boj.or.jp/statistics/outline/exp/faqsj.htm/) をご参照ください］。

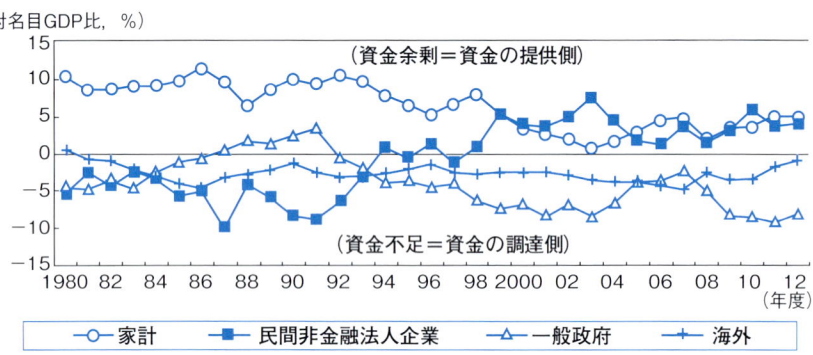

図 1.4　日本の経済部門別資金過不足の推移（対名目 GDP 比，特殊要因調整）
（出所）日本銀行「資金循環統計」，内閣府「国民経済計算」
（注 1）資金過不足：一般政府の系列について特殊要因調整済み。
（注 2）名目 GDP：2000 年基準系列をベースに 2010 年度以降 2005 年基準系列の成長率によって接続。

図 1.4 の見方は，次の通りです。各系列の折れ線グラフが 0% の横軸よりも上側に位置しているときは資金余剰（黒字）の状態であり，資金を提供する部門である，とみることができます。反対に，折れ線グラフが 0% の横軸よりも下側に位置しているときは資金不足（赤字）の状態にあり，資金を調達する側

にある，とみなすことができます。ここでは，家計，民間非金融法人企業，一般政府，海外の4つの部門を取り上げます。まずは各部門の資金過不足の状況を順に確かめていきましょう。

● 家計部門：一貫して黒字ながらもその幅は縮小傾向

まずは，家計部門からみていきましょう。図1.4によると，家計部門は一貫して資金余剰（黒字）主体であり，マクロ経済的には資金を提供する立場であることがわかります。ただし，近年の動きをみますと，家計部門の黒字幅は徐々に縮小する傾向にあります。1980年代については，名目GDPのほぼ10%の資金余剰でしたが，2000年代以降については，名目GDPの5%以下まで落ち込むことも珍しくなくなってきました。

この背景には，以前は高い貯蓄率に支えられてきた日本の家計貯蓄行動が変化していることにあります。この要因の一つは，日本で急速に進みつつある少子高齢化の影響が考えられます。引退世帯による貯蓄の取り崩しや，貯蓄を担うべき若年層の減少は，日本の貯蓄率を低下させる要因になります。また，1990年代末頃から2000年代にかけての日本のデフレの原因として「賃金の低迷」が注目されていますが［吉川（2013）］，このような長期にわたる賃金低下も家計貯蓄にマイナスの影響を及ぼします。いうまでもなく，家計部門の所得が伸び悩みますと，貯蓄も同時に増えにくくなる，といえます。

● 民間非金融法人企業（民間企業部門）：赤字主体から黒字主体へ

図1.4において最も大きな変化をみせているのが，民間非金融法人企業（以下，民間企業と表記）部門です。民間企業部門は1990年代初め頃まで国内最大の資金不足（赤字）主体であり，日本国内で最も多くの資金を調達する立場でした。ところが，この部門は金融危機を経て1990年代の終わり頃から資金余剰（黒字）主体に転じました。民間企業部門はフローでは，これまでの資金を借りる立場から，資金を提供する立場に転換したのです。

これまでの民間企業部門は，金融機関を経由して，家計部門から設備投資などの資金を調達していました。特に，1950年代後半から1970年代初めにかけての高度経済成長を支えた金融構造は，家計から銀行を通じて企業に資金が貸し出されるという間接金融チャネルの活用によって成立していました（☞レク

チャー 3.2)。

　しかし，平成バブルが崩壊した 1990 年代初め頃から，日本経済は長期停滞に陥りました。このような状況のもとで，日本企業は過剰な設備を抱えていることもあり，外部から借金をしてまで積極的な設備投資に踏み出そうとはしなくなりました。

　しかも，1990 年代後半の金融システムの動揺を経て，近年の日本企業は有利子負債を減らして無借金経営を目指す傾向にあり，利益を再投資するよりも**内部留保の蓄積**に回して，自己資金を分厚くしています。いい方を変えれば，日本の民間企業部門は近年，手許の資金を投資せず，そのほとんどを遊ばせている状況ともいえます。民間企業部門が赤字主体から黒字主体に転換した背景には，このような質的な変化があったのです。

　ただし，以上の状況はフローでみた話であることに注意が必要です。民間企業部門は過去に調達した資金（負債）を多く抱えており，ストックでみれば依然として資金不足（赤字）主体です。また，中小企業は大企業ほど内部資金を豊富にもっておらず，個別企業ではフローでみても資金不足にある企業が存在しています。

● 一般政府部門：財政赤字の拡大

　現在，日本国内最大の資金不足（赤字）主体は，一般政府部門です。図 1.4 によると，1980 年代後半から 1990 年代初めの平成バブル景気の時期には，一般政府はフローで黒字でした。ところが，平成バブル崩壊後の 1992 年度以降，日本の財政は慢性的な赤字の状態にあります。

　この背景には，次のような事情が考えられます。先程，家計貯蓄低迷の要因の一つに，少子高齢化の影響があることを指摘いたしました。実は，同じ要因が日本の財政にも厳しい現実を突きつけています。近年，高齢化の進展に伴って，社会保障給付費が急速に拡大しています。一方で，少子化も進んでいますから，人口構成はいわゆるピラミッド型から逆ピラミッド型に変化し，国民一人当たりの費用負担が重くなるという現実に直面しています。

　こうした歳出拡大の中で，政府部門の収入は伸び悩んでいます。中央政府の一般会計における税収は，1992 年度をピークに減少傾向にあります。増加する歳出と減少する税収の間を埋めているのが急拡大している**公的債務**，すなわ

ち，国の借金です。日本の財政は多額の公債発行による調達なくして成り立たないのが現状です。こうして，日本では一般政府部門が他の部門の余剰資金を食いつぶしている状況にあるのです。

● **海外部門：黒字幅は縮小傾向**

図 1.4 をみますと，海外部門はほぼ一貫して資金不足（赤字）です。海外部門が赤字ということは，裏を返しますと，日本は全体的に黒字であり，海外に資金を提供している立場にあるといえます。ただし，近年の状況をみますと，興味深い事実がみえてきます。2010 年代に入って，海外部門の資金不足の幅が目に見えて急速に縮小しつつあるのです。日本と海外との資金の移転（貸し借り）の裏側には，日本と海外との財・サービスの取引があります。実際のところ，日本の経常収支は黒字であるものの，その幅が低下傾向にあります。さて，この点について，もう少し詳しくみておきましょう。

日本と海外との財・サービスの取引状況は，**経常収支**という勘定にまとめられます。経常収支の構成項目は，次式の通りです。

　　　経常収支＝貿易収支＋サービス収支＋所得収支＋経常移転収支

貿易収支は，財の取引において輸出から輸入を引いたものです。一方，**サービス収支**は，サービスに関して輸出から輸入を引いたものです。この両者を合わせて，**貿易・サービス収支**とも呼ばれます。**貿易黒字**とは，輸出が輸入を上回り，貿易収支がプラスの値になっている場合です。これとは反対に，**貿易赤字**とは，輸出が輸入を下回り，貿易収支がマイナスの値になっている場合です。なお，**所得収支**は雇用者報酬や投資収益の受取・支払に関する収支であり，**経常移転収支**は外国や国際機関への無償の資金提供です。

日本の貿易収支は，東日本大震災があった 2011 年に，1980 年以来 30 年ぶりに赤字となりました。この貿易赤字の短期的な要因としては，震災後の原子力発電所の停止に伴い，火力発電のためのエネルギー（液化天然ガス）の輸入が増えたことがあげられています。そして，より構造的な要因として，家電などの従来の得意分野での国際競争力の低下や，製造業の海外生産の拡大が指摘されています。長期的には，これらの構造的要因によって**円安になっても輸出が伸びにくい貿易構造**に転換した，と考えられます。

ただし，現時点では，これまでの海外への投資が実を結び，対外資産からの利子や配当が日本国内に入ってきています。この所得収支の黒字が今のところ，日本の経常収支の黒字を支えています。図1.4をみますと，経常収支の黒字を背景として，2012年度の海外部門は依然として，資金不足に位置しています。もっとも，日本の経常収支が赤字になれば，この傾向に変化が訪れるでしょう。

● 日本の資金の流れ

以上から，フローでみた日本の資金の流れは，図1.5のようにまとめることができます。日本国内では，家計部門と民間企業部門が資金余剰であり，一般政府部門が資金不足です。したがって，家計と企業の余剰資金が政府に貸し出されている状況

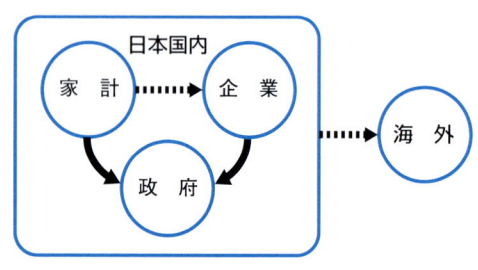

図1.5 　日本の資金流れ（2013年現在）
（注）矢印は資金の流れの方向を表す。

にあります。家計から企業への資金の流れは，フローでの民間企業部門の黒字主体化に伴って，以前よりも低調になっている，といえます。また，日本は海外に資金を貸し出しています。ただし，近年の貿易赤字傾向に伴って，海外部門の資金不足幅は縮小しつつあります。

復習

(1) ［　　］とは、「資金の融通」の略語であり、資金過不足の調整のことである。

(2) 手許で余っているお金を必要とする人に提供する側を［　　］と呼ぶ。

(3) 手許でお金が不足しており、他から必要資金を提供してもらう側を［　　］と呼ぶ。

(4) 「究極的」な資金の貸し手を資金の［　　］と呼ぶ。

(5) 「究極的」な資金の借り手を資金の［　　］と呼ぶ。

(6) 経済学では、満足という心理状態を［　　］と呼ぶ。

(7) 同じ［　　］上ではどの消費の組合せも同じ効用をもたらす。

(8) 経済学では、一定の価格と所得・資産のもとで、実現可能な消費の組合せを、［　　］と呼ぶ。また、動学モデルでこれを図示化し、実現可能な現在消費と将来消費の組合せを表したものが［　　］である。

(9) 資金過不足の調整は、経済における資源配分の［　　］を高める。

(10) 家計部門は戦後一貫してフローの資金［　　］であるが、その幅は縮小傾向にある。この背景には、日本で急速に進みつつある［　　］の影響が考えられる。

(11) 民間企業（民間非金融法人企業）部門は、1990年代の終わり頃を境に、フローの資金［　　］から資金［　　］に転じた。この頃から2000年代にかけて、日本企業は利益を再投資するよりも［　　］の蓄積に回す傾向にある。

(12) 一般政府部門は2013年現在において、日本国内最大の資金［　　］主体である。増加する歳出と減少する税収の間を埋めているのが、急拡大している［　　］（国の借金）である。

(13) 海外部門は1980年代以降ほぼ一貫して資金［　　］であったが、2010年代に入って、この幅が急速に縮小しつつある。日本経済はこの頃から、円安になっても［　　］が伸びにくい貿易構造に転換した可能性がある。

(14) 日本と海外との財・サービスの取引状況は［　　］という勘定にまとめられる。

(15) ［　　］は財の取引で輸出から輸入を引いたものであり、［　　］はサービスに関して輸出から輸入を引いたものである。この両者を合わせて［　　］とも呼ばれる。

(16) ［　　］は、雇用者報酬や投資収益の受取・支払に関する収支である。

(17) ［　　］は、外国や国際機関への無償の資金提供である。

(18) ［　　］とは、輸出が輸入を上回り、貿易収支がプラスの値になっている場合である。

(19) ［　　］とは、輸出が輸入を下回り、貿易収支がマイナスの値になっている場合である。

レクチャー 1.3 貨幣とは

● 物々交換と欲求の二重の一致

　本節では，貨幣とは何かという問題について考えましょう。これまで日常用語である「お金」という表現を使ってきましたが，今後はこれを「**貨幣**」という学術用語で呼ぶことにします。貨幣は，経済取引において支払いを完了させる手段として人類によって発明されたものです。

　貨幣とは何かを考えるために，次のような思考実験にお付き合いください。最初の一歩として，貨幣が存在しない状況を想像してください。この状況のもとで，いまあなたは手許にデジタルカメラ（以下，デジカメ）をもっているとします。ただし，あなたはこれを手放してでも，パーソナル・コンピュータ（以下，PC）を手に入れたい，と考えています。このとき，ある友人がPCをもっており，しかもこのPCの代わりにデジカメを入手したがっている，としましょう（図1.6）。

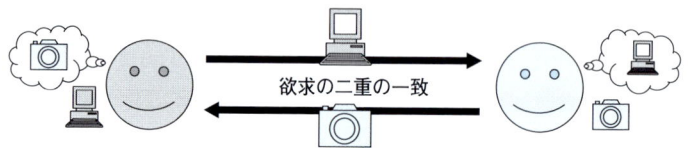

図1.6　物々交換が成立する場合

　このような状況では，お互いの欲しいモノと手放してもよいモノが一致しています。このように取引者相互の欲求を同時に満足させられる状況を**欲求の二重の一致**と呼びます。この条件が満たされているとき，**物々交換**（モノとモノとの交換）によって取引者双方を満足させられる交換取引が成立することになります。要するに，あなたのデジカメと友人のPCを物々交換することによって，お互いに欲しかったモノを手に入れることができる，ということになります。

　ところが，世の中というのはそんなに甘いものではないのが常でして，そう都合よくいつでもお互いの欲求が満たされるとは限りません。先程の設定をほんの少し変えるだけで状況は一変します。例えば，実はあなたが欲しかったPCはデスクトップ型だったのですが，取引相手のもっているPCがノート型だと

したら，どうでしょうか（図1.7）。この場合，取引者各自の欲求がそれぞれの方向に向かってしまい，決して交わらないことになります。このような状況を**欲求の一方的一致（一重の一致）**と呼びます。残念ながら，お互いの欲求は不一致となり，物々交換は成立しなくなります。現実とは往々にこのようなものです。

図1.7　物々交換が成立しない場合

　余談ですが，私が小学生の頃，ガチャガチャ（ガチャポン）で販売されていた然る漫画のキャラクターをかたどったフィギュア消しゴムや，あるお菓子のおまけのキャラクター・シールが大流行しました。当然いつでも自分の欲しいキャラクターの消しゴムやシールが手に入るわけではありません。当時，コレクター同士で頻繁に交換取引が行われていました。いまから思うと，これは典型的な物々交換でした。実際のところ，なかなかお互いの欲しい種類が一致せず，取引不成立なんてことはよくありました。このようなときはどのような種類とでも交換できるスーパー消しゴムやスーパーシールみたいなものがないものかと思ったものです。

　そのような物々交換の不便さについて，なんとか解消できる手段はないものかとわれわれの先人達も考えたことでしょう。その知恵の結晶として，どのようなモノの価値をも表示でき，どのようなモノとも交換できる存在を発明したのです。これが貨幣です。まさに先程の余談で想像上の存在として出てきたスーパー消しゴムやスーパーシールに相当するものです（図1.8）。

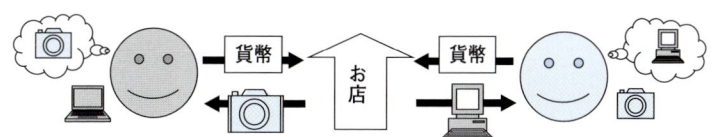

図1.8　貨幣経済における交換取引

　ある取引圏内でそれぞれの取引者が貨幣との交換を求めるならば，欲求の一

方的一致のもとでも，貨幣とモノとの交換によって取引が成立することになります。すなわち，あなたも友人も PC やデジカメを商品として取り扱っているお店に行って，各自が欲しいモノと貨幣を交換することによって，希望の商品を手に入れることができるというわけです。このように，貨幣が存在し，支払い手段としてモノと交換される経済を**貨幣経済**と呼びます。

● 貨幣の歴史

然りながら，貨幣とモノとの交換が成立するためには，貨幣が取引者全員にどのようなモノとでも交換できる支払手段として受け入れられているということが必要です。このような性質を**一般的受容性（一般的受領性）**と呼びます。歴史をさかのぼりますと，人類は物々交換の不便さを解消するために，石・貝・布などの特定の商品を，一般的受容性をもつモノとして用いるようになりました。このような貨幣を**商品貨幣**と呼びます。

もっとも，これらの商品貨幣は読んで字のごとく，それ自体が商品（あるいはその原材料）になり得るもので，一般的受容性を認めるには世の中でありふれたものという感が拭えません。そこで，金や銀といった希少性のある貴金属に貨幣としての価値を見出すようになります。このような貨幣を**金属貨幣**と呼びます。

金属貨幣は当初，「重量」によって交換される財の価値を規定する**秤量貨幣**でした。このような貨幣は取引の度に金・銀の品質や重さを正確に計る必要がありました。これは普段の商業取引に当たって，なかなかの手間です。

そこでそれぞれの地域や国の権力者によって，貴金属の一定の含有量を保証した貨幣が鋳造されるようになります。これが**鋳造貨幣**，すなわち，硬貨（コイン）の起こりです。このような鋳造貨幣については，貨幣単位の表示によって一定の貨幣価値が保証されましたので，いちいち秤量する手間が必要でなくなり，その貨幣の「個数」で交換価値を表す**計数貨幣**となっていきます。

貨幣が秤量貨幣から計数貨幣へと変化していくなかにあって，商品貨幣と金属貨幣の間には依然としてある共通点がありました。それは，布や金などの素材それ自体に価値があるとみなされたゆえに，一般的受容性をもつ貨幣として認められたという点です。このように，その素材価値と額面価値とが一致している貨幣を**実物貨幣（実体貨幣）**と呼びます。ただし，実物貨幣には持ち運ん

だり保管したりするにはかさばるという難点がありました。

　こうして貨幣はその素材価値と額面価値が一致しない形で発行されるようになりました。この典型的な例が紙幣です。もっとも金属貨幣を使用していた人々がいきなり「紙」のお金を受け入れられたかというと，そうすんなりとはいかなかったことでしょう。当初は銀行などによって，金や銀などの貴金属と交換（兌換）できるという保証がついた紙幣が発行されました。このような紙幣を兌換紙幣と呼びます。兌換紙幣はそれ自体の材質がただの「紙」であっても，兌換保証によって「紙」の背後に金や銀などの貴金属を見出すことができました。

　いうなれば，兌換紙幣は金や銀といった貴金属との交換証ですから，紙幣を発行する銀行は兌換に備えて，一定の金や銀を準備しなければいけません。要するに，紙幣発行量が発行機関の金や銀の保有量で制限されることになります。さらにいえば，貨幣の発行量が金や銀の産出量に制約されてしまいます。これは経済環境の変化に応じた柔軟な貨幣供給ができないことを意味します。経済が発展してくるにつれて，このような制約的な貨幣発行は難しくなり，実体経済の動きと齟齬を来すようになります。

　そこで，現在のように，発行主体の「信用力」によって，紙幣が発行されるようになります。このような紙幣は金や銀との兌換が保証されていないことから不換紙幣と呼ばれます。不換紙幣は兌換義務がある紙幣と違って，紙とインクと印刷機器があれば容易に発行ができます。一方で，野放図な紙幣発行はその貨幣価値を貶めることになります。

　不換紙幣が通用するためには，このような貨幣への信用力に気を配る必要があります。民間の銀行が各々自由に紙幣を発行しているような状況ですと，貨幣価値の安定を維持していくことが難しくなります。時代を追うに従って，貨幣の発行権はその発行益に目を付けた国家権力（ないし中央銀行）によって独占されるようになりました。そのような貨幣は，経済取引に当たってその受け取りを拒否できないという強制通用力が法律によって与えられた法貨（リーガル・テンダー）として発行されるようになります。

　法貨としての貨幣が一般的に通用するためには，その発行主体である国家（ないし中央銀行）への信認がその貨幣の素材価値よりも重要な要素となります。現代では，素材価値に代わって，法律による強制力を伴っているものの，信認

という形での国民的な合意が貨幣（不換紙幣）の発行および通用を支えているのです。

　ちなみに，硬貨についても，現在の日本のようにその素材価値は額面価値と一致しない形で発行されることが一般的になってきました。このように，額面価値が素材価値にとらわれない形で発行され，通用力が発行主体の信用力によって支えられている貨幣を**信用貨幣**（**名目貨幣**）と呼びます。なお，信用貨幣は現在，多くの国で「中央銀行」という特殊な銀行によって発行・管理されるようになっております。この点については，後ほど第6章にて金融政策との絡みでお話しすることにいたしましょう。

　さらに，技術の進歩によって，貨幣の新たな形が登場しています。貨幣価値を電磁的情報で表した**電子マネー**は，電子ネットワークを介して現金や預金の代わりに決済手段として使われています。なかには，ビットコインと呼ばれるインターネット上の仮想通貨が，各国の中央銀行や金融当局の規制に縛られず，かつ，外貨よりも手数料の低い決済手段として注目されています。

● **貨幣の機能**

　それでは，貨幣という概念はどのように定義すればよいのでしょうか。実はこれがなかなかの難問なのです。有史以来，アリストテレスをはじめ名立たる碩学達がこの問題を考えてきましたが，論理的にすっきりした定義はなかなか登場しておりません。ただし，代替的な定義の方法が一つあります。それは，貨幣をその機能面から説明するという循環論法的な方法です。あらゆる貨幣が共通的に有している機能として，次の3点が指摘されています。

　第1に，**交換手段**としての機能があります。図1.8でも例示した通り，交換取引において，貨幣が取引を仲介する役割を果たし，欲求の一方的一致のもとでも取引を円滑にします。欲求の二重の一致が満たされていなくても，貨幣とモノとを交換することで取引を完了することができます。

　第2に，**価値尺度**としての機能をもっています。これは取引の対象となっているモノのもっている価値を測る手段，すなわち，単位としての機能を指しています。先程の例で申しますと，店頭でPCやデジカメについてそれぞれ貨幣単位でその交換価値（価格）が表示されており，その単位に足るだけの貨幣の個数と商品を交換することができるということです。なお，このような機能を

もつ財のことを経済理論では**ニュメレール**と呼んでいます。

　第3に，**価値貯蔵手段**としての機能があげられます。貨幣で保有することによって，一定量の価値を一時的に貯蔵することが可能となります。例えば，農作物や魚介類は，いくら豊作なり大漁であったとしても，そのままもっていては腐ってしまいますよね。上述の PC やデジカメのような家電製品は，その時点では最新式であったとしても，やがて新技術が登場して陳腐化してしまいます。これらの商品を販売して貨幣にしておけば，現在の消費を将来に持ち越すことができます。このように貨幣には購買力を減退させることなく価値を保有できるという性質があります。

　新古典派などの純粋理論的な経済学者は，一部の例外的な論者を除いて，貨幣の機能として，第1の交換手段，および，第2の価値尺度を重視していました。この2つの機能は上述の一般的受容性という性質によって支えられています。彼らの説くところによると，合理的な経済人にとって貨幣とは，交換取引を円滑にすすめる（＝購買力を移転する）手段に過ぎず，純粋理論的には物価水準を除いて実体経済に影響を与えない中立的な存在である，と考えられてきました。このような貨幣のとらえ方を**貨幣の中立性**と呼びます。新古典派経済学やその後の近代経済学の主たる目的は，市場経済の基礎理論を構築するところにありました。その際に，彼らは実物取引ベースでの議論を重視したため，「貨幣は実体経済を覆う単なるヴェールに過ぎない」という**貨幣ヴェール観**を主張するようになったのです。この伝統は現代の経済理論においても根強く引き継がれています。

　一方，社会学ではむしろ第3の価値貯蔵手段に着目する傾向があるようです。また，経済人類学では経済学者の貨幣観を限定的なものであると批判しています。例えば，ドイツの社会学者ジンメル（G. Simmel）は，貨幣が価値貯蔵されて富となり，社会的な地位や権力の源泉となることを指摘しています［☞文脈は異なるものの，この箇所は小野（1992，第1章）の示唆を受けています］。また，経済人類学者は貨幣に社会的威力をもつシンボルとしての姿を見出しました。経済人類学の見解では，人類史上を俯瞰すると，むしろ市場経済社会のほうが特殊であり，非市場経済社会を分析することにその主眼がありました。

　もっとも全ての経済学者が，貨幣は実体経済に対して中立的な存在である，と主張しているわけではありません。イギリスの経済学者ケインズ（J. M.

Keynes）は古典派経済学者が説く「貨幣の中立性」に対して，批判的な見解を残しています。経済学史を俯瞰してみますと，貨幣が実体経済に対して中立的と考えられるのか，非中立的と考えられるのか，という論争を通じて，経済学は発展してきたといっても過言ではありません。

● 流 動 性

　本節の最後に，貨幣に関連した重要な概念である「流動性」を説明します。さて突然ですが，あなたはいま，お店を経営しているとしましょう。あるとき，現金をもっているAさんと，「現金はもっていないが，ある会社の株式をもっているので，これと商品を交換してくれないか」というBさんがあなたのお店にやってきました。あなたはどちらの人との取引に応じますか。

　おそらく，大半の方はAさんとの取引，すなわち，現金取引に応じるのではないでしょうか。現金は交換手段および価値尺度としての機能をもっており，先述の貨幣の性質を満たしています。現金のほうが，自分が何かを購入するときに支払う手段として使い勝手がいいですね。

　一方，Bさんとの取引，すなわち，株式で受け取った場合ですと，株式市場で売却して換金するという手間が必要になります。おまけに，株式の価格は株式市場での取引状況次第で上がったり下がったりと大きく変動します。もちろん，手許の現金に余裕があれば，資産運用のために株式を保有し続けるという選択肢はあり得るでしょう。しかし，手持ちの現金に余裕がなければ，あなたは自分の生活資金や仕入れ資金の不足に直面するかもしれません。

　現金と株式はいずれも，価値貯蔵の手段になり得るという意味で，「資産」としての性格をもっています。ただし，両者の性質は先の例でわかるように，すぐに交換取引に用いることができるか否か，という点で明確に異なります。これは「流動性」と呼ばれる性質の問題です。

　流動性とは，資産を貨幣（現金）に変換するための容易さの度合いのことです（『有斐閣　経済辞典［第5版］』）。現金は貨幣としての性質をもっており，最も流動性の高い資産です。また，貨幣は完全な流動性をもつ資産ですので，流動性という用語で貨幣それ自体を表す場合が多くみられます。

　一方，株式は換金するために手数料がかかったり，売買に時間がかかったりします。株式は，換金のために金銭的・時間的な費用を要するという点で，現

金よりも流動性が低い資産です。このようなわけで，通常の商業取引では，株式を交換手段に用いることはないのです。

ただし，株式は土地と比較しますと，流動性の高い資産とみなすことができます。もし株式市場で上場されている株式であれば，株式市場が開かれている時間において，その株式をすぐに売買することができます。これに対して，土地の単価は多くの場合，大変な高額であり，場所の利便性などもあって，すぐに買い手がつくとは限りません。換金に要する手間を考えると，株式は土地よりも流動性が高いといえます。

このように，流動性という概念は，貨幣（現金）以外の資産に関しては相対的な性質である，といえます。一般的には，流通市場が整備されているような資産，例えば，有力株式市場での上場株式や先進国の国債などは，比較的流動性が高い資産として取り扱われています。もちろん，決済に用いることが可能な通貨性の強い資産を流動性と呼ぶ場合もありますので，どの文脈でどのように用いられているか，に注意してください。

レクチャー 1.4 利子（金利）とは

● 利子率（金利）は資金の価格

本節では，利子率（金利）についてみていきましょう。さて，突然ですが，質問です。利子率とはなんでしょうか。教室で時々，このような問いかけをすることがあるのですが，どうもこのような素朴な質問に戸惑う方が多いようです。そこで，「お話」でもって説明してみたいと思います。

再び，あなたがお店を経営しているとしましょう。さて，あなたはお店で売るための商品を仕入れなければなりません。ところが，手許の資金が不足しています。あなたは一体どうしますか。お店を開くためには，他の誰かから仕入れ資金を借りてこなければなりませんね。例えば，銀行から借りてくるという選択肢があるでしょう。それでは，銀行は仕入れ資金を何の代償もなくあなたに貸してくれるでしょうか。

おそらく銀行は無償で資金を貸してはくれません。銀行はあなたに対して，貸し出した額に応じて資金の使用料を支払うよう要求してくるでしょう。金融取引に際して，貸借したお金などに対して支払われる対価を利子または利息と

呼びます。利子は，元々の貸し出された額（元本）との割合で支払うよう取り決められます。元本に対する利子の割合を利子率と呼びます。例えば，元本100万円を1年後に10万円の利子で返済する場合，この取引における利子率は10%（＝10万円÷100万円×100）となります。

利子率は資金の需給状況に応じて決定されます。資金を借りたいという需要量が，資金を貸し出そうとする供給量を上回りますと，資金市場において必要とされる資金が不足し，資金のレンタル料である利子率の水準は上昇します。反対に，資金の供給量が資金の需要量を上回りますと，資金市場において資金がだぶつくため，利子率の水準は低下します。以上のような需給調整の結果，資金需要と資金供給が等しくなる均衡状態で利子率の水準が落ち着くというのが，市場（価格）メカニズムが機能する資金市場での利子率の決定メカニズムということになります。通常の財・サービス市場と同様に，資金市場では利子率が財・サービス市場での価格の役割を果たしています。このように，利子率は資金の価格とみなすことができます。

なお，利子は金利と呼ばれることがありますね。金利は特に金銭での対価に限って使う用語で，利子「率」の意味も含んでいます。いまでこそ，金銭で利子を支払うことが一般的ですが，昔は物品での利子支払いが見受けられました。例えば，古代の日本のように，税制の一環で，国が春に稲を民衆に貸し出して，秋にはその収穫から高い利子を徴収する「出挙（すいこ）」というローンの仕組みがありました。この場合，稲という「物品」が利子として徴収されますので，これを金利と呼ぶのはおかしいということになります。もっとも，現代社会では資金での貸借取引が一般的ですので，利子（率）と金利は同じ用語として用いてもほぼ問題ありません。

● 利子の源泉

ここで少々立て込んだ議論をしましょう。そもそも，なぜ貸し手は借り手に対して利子を要求するのでしょうか。利子の源泉とは一体どのような要因に基づくのでしょうか。ここでは，この問題について代表的な2つの考え方を紹介します。

第1に，利子は「現在の消費を我慢することに対する対価」として発生するという考え方があります。このような利子の源泉のとらえ方は時間選好説と呼

ばれます。

　本章のレクチャー1.1中「金融取引の意義」で説明したように，手許の資金を貸すことは，自らの「現在の消費」を「将来の消費」に回そうとしている行為であり，金融取引には異時点間の消費を比較し選択するという側面があります。いうなれば，貸し手は「現在の消費」を我慢しなければいけないわけで，その分の現在の効用を犠牲にしています。

　一方，借り手は「将来の貯蓄」を前借りすることで，その分の現在の効用を享受している，といえます。このような意味で，同じ種類の財であっても，人は将来獲得される財よりも現在入手可能な財をより高く評価する，という心理が働きます。現在の消費を断念することが心理的に困難であればあるほど，このような心理状態を反映して利子が上昇する，というのが時間選好説の考え方です。

　時間選好説の代表的な提唱者として，米経済学者のアーヴィング・フィッシャー（I. Fisher）をあげておきます。ちなみに，第6章でフィッシャー方程式やフィッシャー効果という概念が登場しますが，これらはここで紹介したフィッシャーによって提唱されたものです。

　第2に，利子は「**便利な貨幣を保有すること（流動性）をあきらめることに対する対価**」である，という考え方があります。貨幣はすぐに交換取引に用いることができる便利さをもっています。先程説明した流動性という概念を用いると，貨幣は流動性そのものといってよいでしょう。人々が他の資産よりも貨幣（流動性）を手許に保有したいと考えれば考えるほど，自分の貨幣（流動性）を手放すことに対する対価としての利子をより多く求めようとします。

　このような人々の流動性の選好と利子率の関係について，より精緻な議論を展開したのが，先程も登場したケインズです。ケインズによると，流動性選好とは，他の資産よりも便利な貨幣を保有しようとする人々の欲求，ということであり，貨幣需要を意味します。ケインズは，人々の流動性選好を次の3つの動機に起因する貨幣需要，と考えました。

1. **取引動機**……日々の交換取引に必要な貨幣を手許にもっておきたい。
2. **予備的動機**……突然の出費に備えて貨幣を手許にもっておきたい。
3. **投機的動機**……資産選択において安全資産である貨幣を手許にもっておきたい。

このような動機に基づく貨幣需要量と，貨幣発行当局による貨幣供給量とが均衡する水準で利子率が決定される，というのがケインズの**流動性選好説（理論）**です。

以上のように，利子の源泉については複数の見解が存在します。前者の時間選好説は，現在の消費と将来の消費との選択問題から利子の源泉をとらえたものであり，実物的な観点からの考え方です。一方，後者の流動性選好説は，貨幣需要と貨幣供給との均衡関係から利子の決定を定式化したものであり，貨幣的な視点からの考え方です。要するに，利子の源泉を実物的利子としてとらえるのか，それとも，貨幣的利子としてとらえるのか，という考え方の違いが両者の背景にはあります。

それでは，両者は全くお互いに相容れない考え方なのでしょうか。ここでは，両者に共通する視点として，**リスク**という概念に注目してみたいと思います。リスクとはここでは，ある行動の結果が不確実であり，起こり得る事象に「ぶれ（ばらつき）」がある状態を指す，とお考えください。

時間選好説では，利子を「現在の消費を断念することに対する報酬」としてとらえていました。現在の消費の代わりに将来の消費を選択するという行動は，確実な現在の消費を手放して，不確実な将来の消費に賭けるようなものであり，その意味でリスクを背負う行為です。

一方で，流動性選好説では，利子を「便利な貨幣を一旦手放すことに対する報酬」ととらえていました。現在の貨幣の保有を手放すことによって，欲しい商品を買えなくなるかもしれません。あるいは，突然の事故に伴う支出に対処できなくなるかもしれませんし，せっかくの投資のチャンスを見逃すことになるかもしれません。このように考えますと，貨幣には将来の不確実な支出状況に対処するための保険という側面があります。貨幣をいま手放す行為は，将来の支出機会を失うことを意味しており，不確実な支出状況に対処できない状況に身を置いている，という意味で，リスクを背負っています。

このように整理しますと，利子は「**リスクを引き受けることに対する対価**」と考えることができます。例えば，資金を借り入れる期間が長くなればなるほど，このような取引のリスクは高まりますよね。こうして，長期的な金融取引に伴う利子は通常，短期のそれと比べて高くなります。近年発展が目覚ましいファイナンス理論において，リスクはリターン（期待収益）の源泉としてとら

● 金利の期間構造と金利裁定

先程少しふれたように，短期と長期の金融取引では，それぞれのリスクを反映して異なる金利水準が要求されます。1年までの短期貸借における金利を**短期金利**，1年を超える長期貸借における金利を**長期金利**と呼びます。短期金利と長期金利はお互い全く無関係に決定されているわけではありません。そこには，ある種の規則的な関係性を見出すことができます。満期までの期間が異なる金利の間の対応関係を**金利（利子率）の期間構造**と呼びます。

金利の期間構造を説明する理論はいくつかありますが，ここでは**期待理論（期待仮説）**という最も基本的な考え方を紹介します［☞この他の金利の期間構造理論については，古川（2014, 第4章第3節）や，福田（2013, 第4章第3節）を参照してください］。いま，投資家は将来の短期金利を完全に予想できるものとします。そして，債券取引に際して税金や手数料などの取引費用が一切かからず，すべての債券は確実に償還（元本返済）されるものとします。このような仮定のもとで，残存期間が T（>1）年（期間）である長期債券の利回り R_T（長期金利）と，現在の短期金利 r_1 および将来の短期金利の予想値 r_i^e（$i=2, 3, \cdots, T$）の間において，次のような元利合計（元本と利子の合計）の均等関係が成立します。

$$(1+R_T)^T = (1+r_1) \times (1+r_2^e) \times (1+r_3^e) \times \cdots \times (1+r_{T-1}^e) \times (1+r_T^e) \quad (1.1)$$

(1.1)式の左辺は，残存期間が T 年である長期債券を償還まで保有することによって得られる（投資1円当たりの）元利合計であり，同式の右辺は，残存期間が1年の短期債券を順次 T 回保有することで得られる（投資1円当たりの）元利合計です。

さて，(1.1)式が仮に不等号であった場合，どのようなことが起こり得るでしょうか。例えば，左辺が右辺よりも大きい状況

$$(1+R_T)^T > (1+r_1) \times (1+r_2^e) \times (1+r_3^e) \times \cdots \times (1+r_{T-1}^e) \times (1+r_T^e)$$

を考えてみましょう。

この場合，残存期間 T 年の長期債券を保有するほうが，短期債券を繰返し

T 回保有するよりも高い収益を上げることができますね。そこで，割安な短期金利で借金をしてこの長期債券を購入すれば，手持ちの資金がなくても収益を上げることができます。このように，元手となる資金をもたずに，損失を被ることなく確実に利益をあげられる取引の機会を**裁定機会**と呼びます（☞**コラム 1.2**「ハリスの錬金術とインフレーション」(p.30)）。多くの投資家がこのような裁定機会に気付くと，金利格差の中で割安か割高かを判断して利鞘を得ようとする**金利裁定**行動をとります。こうして，この長期債券の需要が高まって，長期債券の価格が上昇します。実は，債券価格と金利の間には，お互いに反対の方向に動くという関係（☞レクチャー 7.2）がありますので，債券価格の上昇に伴って，長期金利が下落します。このような金利裁定の結果として，両辺は（1.1）式のように等しくなります。右辺が左辺よりも大きい場合も金利裁定が働き，両辺は均衡します。

実は，(1.1)式を線形近似しますと，

$$R_T \approx \frac{r_1 + r_2^e + r_3^e + \cdots + r_{T-1}^e + r_T^e}{T} \quad (1.2)$$

という関係が得られます（☞練習問題 8）。記号 $\approx$ は「近似の関係にある」ときに用いられます。例えば，「r が $\bar{r}$ に十分近い」関係にあるとき，$r \approx \bar{r}$ と表されます［尾山・安田（編）(2013, p.117)］。(1.2)式によって，長期金利は，現在から将来にわたって予想される短期金利の平均になる，というとてもシンプルな期間構造として表現されます。この式によりますと，投資家による将来の短期金利の予想動向が，残存期間と利回りの対応関係に大きな影響を及ぼします。

そこで，残存期間と利回りの関係をグラフで表してみましょう。縦軸に異なる残存期間ごとの利回りをとり，横軸に償還までの残存期間をとり，この両者の関係を表したグラフを**利回り曲線（イールド・カーブ）**と呼びます（図 1.9）。将来の短期金利がどのように

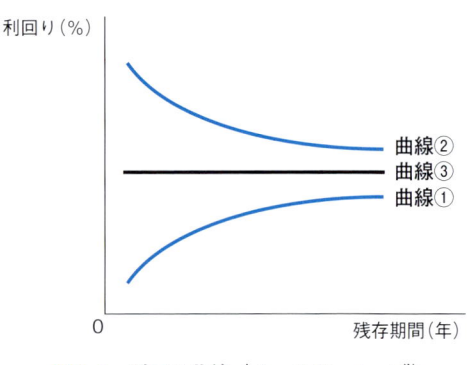

図 1.9 **利回り曲線（イールド・カーブ）**

予想されるのかによって，利回り曲線の形状は異なります。ここでは，典型的なパターンとして，図1.9のように，次の3つの状況を考えてみましょう。

まず，短期金利が将来上昇すると予想されるときには，利回り曲線は単調に右上がりの形状となります（曲線①）。金利先高観がある場合，債券の利回りは満期までの残存期間が長いほど高くなります。これを順イールドと呼びます。

反対に，短期金利が将来下落すると予想されるときには，利回り曲線は単調に右下がりの形状となります（曲線②）。金利先安観がある場合，債券の利回りは満期までの残存期間が長いほど低くなります。これを逆イールドと呼びます。

そして，短期金利が変化しないと予想されるときには，利回り曲線は水平となります（曲線③）。この場合は先行きの金利動向が一定であると予想されているため，利回りと残存期間の関係もフラットな形状をとるのです。

現実の経済において，投資家は様々な金融資産の間で裁定機会を見つけて，利益を上げようと虎視眈々としています。こうして，各種の金融資産に付与された金利の間では，いつもお互いに裁定が働きます。期待理論のエッセンスは，金利裁定が働くもとで，投資家の将来金利の予想を反映させながら，満期が異なる金利間において，一定の相互関係の範囲で平準化される，という点にあります。

このような金利の期間構造の理解は，実際の金融政策（☞第6章）においても活用されています。例えば，日本銀行は金融緩和（引き締め）政策の際に，短期金利を政策的に低め（高め）に誘導しようとします。金融政策の変更による短期金利の変化は，金利裁定を通じて，長期金利に波及することが期待されます。このように，長期金利と短期金利は投資家の裁定行動を通じて密接な連動関係にあり，金融政策当局はこの金利裁定の機能に着目して，短期金利を誘導目標として動かそうとするのです。

コラム1.2　ハリスの錬金術とインフレーション

　幕末に総領事として来日した米国人ハリスという人物をご存知ですか。小中高の歴史の授業で習った記憶があろうかと思います。彼はかの不平等条約として名高い日米修好通商条約の締結（1858年）に枢要な役割を果たした人物です。と書くと外交の話になりそうですが，ここではハリスの資産運用術にまつわるエピソードを紹介しましょう。

　実は当時，世界の金と銀の交換比率は金1：銀15～16である一方，日本での交換比率は金1：銀4.638でした。議論の見通しをよくするために，世界の交換比率は金1：銀15，日本の交換比率は金1：銀5として，話をすすめます。

　この状況で，ハリスは金を1単位もっており，米国でこれを銀15単位に交換して日本にもってきました。すると，日本ではその銀15単位を金3単位に交換してくれました。はじめの金1単位を3倍に増やすことができたのです。ハリスをはじめ，多くの外国人がこのカラクリを利用した，といわれています。

　実はこれは裁定機会の実例です。ハリスは金1単位を米国で借りて，上述の交換取引を行えば，借りた金1単位を返済しても（利子は無視するものとして），手許に金2単位が残ります。そう，元手なく利益をあげることができるのです。このような金銀交換によって，日本からあっという間に大量の金が流出しました。このときの金貨流出額は，藤野（2004，第1章第7表項目②）の推計によりますと，なんと858万両（！）にものぼる，とのことです。

　幕府はこのような事態に対処するべく，世界の金銀交換比率と同じになるように，品質を落とした小判を大量に発行しました。これによって，流通する金貨の額面が急激に上昇し，幕末開港貿易による国内の品不足と相まって，インフレーション（一般物価の上昇）が発生しました。庶民の生活は圧迫され，幕府に対する民意は失われていき，倒幕運動の遠因になったのです。

復習

(1) 物々交換は，取引者相互の欲求を同時に満足させられる ☐ という状況のもとで成立する。裏を返せば，物々交換はお互いの欲求が不一致となる ☐ という状況のもとでは成立しない。

(2) ☐ は，上述のような物々交換の不便さを解消し，交換取引において支払いを完了させる手段として発明されたものである。

(3) 貨幣は，取引者全員にどのような物とでも交換可能な支払手段として受け入れられている ☐ という性質をもっている。

(4) ☐ は，一般的受容性をもつ物として，石・貝・布などの特定の商品を用いるようになった貨幣である。

(5) ☐ は，金や銀といった希少性のある貴金属を価値の裏付けとする貨幣である。

(6) ☐ は，貴金属の一定の含有量を保証して鋳造された貨幣である。

(7) ☐ は，「重量」によって交換される財の価値を規定する貨幣である。

(8) ☐ は，その「個数」で交換価値を表す貨幣である。

(9) ☐ は，その素材価値と額面価値とが一致している貨幣である。

(10) ☐ は，その額面価値が素材価値にとらわれない形で発行され，その通用力が発行主体の信用力によって支えられている貨幣である。

(11) 紙幣には，発行主体から金や銀との交換が保証されている ☐ と，発行主体の信用力で発行され，金や銀との交換が保証されていない ☐ がある。

(12) ☐ は，取引に当たってその受け取りを拒否できないという ☐ が「法律」によって与えられた貨幣である。

(13) 貨幣は，欲求の一方的一致のもとでも取引を仲介する ☐ としての機能をもつ。

(14) 貨幣は，取引対象の交換価値を表す ☐ としての機能をもつ。

(15) 貨幣は，購買力を減退させることなく保有できる ☐ としての機能をもつ。

(16) ☐ とは，貨幣は物価水準を除いて実体経済に影響を与えない中立的な存在である，という考え方である。

(17) ☐ とは，資産を貨幣（現金）に変換するための容易さの度合いのこと

である。

(18) 　　　とは，貸借したお金やものなどに対して支払われる対価のことである。なお，　　　は特に金銭での対価に限って使う用語である。

(19) 　　　とは，利子の源泉を「現在の消費を我慢することに対する対価」ととらえる実物ベースの考え方である。他方，　　　とは，利子の源泉を「便利な貨幣を保有することをあきらめることに対する対価」ととらえる貨幣ベースの考え方である。

(20) ケインズは人々の流動性選好を次の3つの動機，すなわち，日々の交換取引に必要な貨幣を手許にもっておこうとする　　　，突然の出費に備えて貨幣を手許にもっておこうとする　　　，資産選択において安全資産である貨幣を手許にもっておこうとする　　　，などの保有動機に基づく貨幣需要と考えた。

(21) 満期までの期間が異なる金利の間の対応関係は　　　と呼ばれる。

(22) 　　　は金利の期間構造を説明する最も基本的な考え方である。これによると，　　　金利は現在から将来にわたって予想される　　　金利の平均になる。

(23) 　　　とは，元手となる資金をもたずに損失を被ることなく確実に利益をあげられる取引機会である。多くの投資家が金利格差の中でこのような利益機会に気付くと，割安か割高か判断して利鞘を得ようとする　　　行動をとる。

練習問題

問題1　金融取引の役割

金融取引に関する次の記述 A・B について，空欄に当てはまる語句の組合せとして，適切なものはどれか。　　　　　　　　　　　　　　　　　　**ヒント**：p.4 を読もう！

A　資金の借り手は，金融取引を通じて（ a ）所得を（ b ）時点での購買力に変換することで支出を行うことができる。

B　資金の貸し手は，利息や配当を受け取ることで（ c ）時点での所得が増加する。

	a	b	c
(1)	現在	将来	将来
(2)	将来	現在	将来
(3)	現在	将来	現在
(4)	将来	現在	現在

[2011 年（春）証券アナリスト 1 次試験　改]

問題2　金融の取引主体

ある年において，所得が 800 万円で消費が 600 万円，投資が 300 万円であった家計は，この年，次のうちどのような主体であったといえるか。　**ヒント**：p.3 を読もう！

(1) 黒字主体・貯蓄超過主体　　(2) 黒字主体・投資超過主体
(3) 赤字主体・貯蓄超過主体　　(4) 赤字主体・投資超過主体

[2011 年 12 月　第 21 回 ERE　改]

問題3　異時点間の資源配分

本章の図 1.3 に関する次の記述の空欄に当てはまる適切な語句・記号を記載せよ。

ヒント：pp.6–7 を読もう！

この消費者の効用が最大になる現在消費と将来消費の組合せは点（ 1 ）である。それにもかかわらず，もし金融市場が存在しない場合，この消費者の選択は点（ 2 ）となろう。もし金融市場が存在すれば，貸借が可能となるため，点（ 1 ）を選択できる。この資金過不足の調整によって，資源配分の（ 3 ）が高まるのである。

問題4　日本の資金循環

本章の図 1.4 から読み取れる内容として，誤っているものはどれか。

ヒント：pp.10–14 を読もう！

(1) 1990 年代までは家計部門が最大の資金余剰主体であった。
(2) 1990 年代末から 2000 年代前半にかけて政府部門が大幅な資金不足に陥っている。

(3) 1990年代末から非金融法人企業部門が資金余剰主体に転換している。
(4) 海外部門の資金不足は日本が経常収支赤字に陥っていることを示している。

[2012年7月　第22回 ERE　改]

問題 5　貨幣の機能

貨幣の機能として，誤っているものは次のうちどれか。**ヒント**：pp.20–21 を読もう！

(1) 財の価値をはかる単位としての機能
(2) 物価水準の変動リスクを回避して一定の価値を維持する機能
(3) 交換取引を仲介して取引費用を節約する機能
(4) 将来消費のための購買力を保存する機能

[2002年3月　第1回 ERE　改]

問題 6　流動性選好理論

AさんとBさんはどちらも1カ月当たり20万円の給料をもらっているものとする。Aさんは1カ月の給料をそのまま生活費に使い，Bさんは1カ月の給料のうち10万円を生活費にあて，残り10万円を急な支出に備えて1カ月定期預金として預金した。AさんとBさんの取引動機に基づく貨幣需要額はいくらか。**ヒント**：p.25 を読もう！

　　　Aさん　Bさん
(1)　10万円　10万円
(2)　10万円　20万円
(3)　20万円　10万円
(4)　20万円　20万円

[1985年　地方上級　京都市　改]

問題 7　金利の期間構造

国債の利回りの期間構造について期待理論が成立しているとする。現在の1年物国債の利回りが2%で，1年後の1年物国債の利回りは3%になると予想されている。リスク・プレミアムや手数料等は無視できるものとする。このとき，2年物国債の現在の利回りは約何%になるか。　　　**ヒント**：(1.2) 式を使おう！

(1) 約2.0%　　(2) 約2.5%　　(3) 約3.0%　　(4) 約3.5%

[2010年12月　第19回 ERE　改]

問題 8　金利の期間構造 [(1.2)式の導出]

(1.2)式が(1.1)式の線形近似となっていることを確かめよ。

ヒント：対数を使おう！

練習問題解答

問題1　正解（2）：金融取引は，赤字主体（借り手）の将来所得を現在時点での所得あるいは購買力に変換させることによって，その資金不足を解消する。また，黒字主体（貸し手）はその対価として利息や配当を得ることで将来所得を増やすことができる。

問題2　正解（4）：収入800万円に対して，支出900万円（＝600万円＋300万円）である。したがって，収入＜支出であることから，赤字主体である。また，貯蓄額は200万円（＝800万円－600万円）であり，貯蓄＜投資であることから，投資超過主体である。

問題3　正解：(1) A　(2) B　(3) 効率性

問題4　正解（4）：海外部門の資金不足は，日本が経常収支黒字であることを示している。

問題5　正解（2）：物価上昇によって貨幣の実質価値は目減りする。

問題6　正解（3）：生活費は取引動機，急な支出に備えた短期定期預金は予備的動機に基づく貨幣需要と考えられる。したがって，両者の取引動機に基づく貨幣需要額はそれぞれ，Aさんの生活費＝20万円，Bさんの生活費＝10万円，ということになる。

問題7　正解（2）：2年物国債の利回りをR_2とすると，(1.1) 式より，

$$(1+R_2)^2 = (1+0.02) \times (1+0.03)$$

という関係が成り立つ。また，この式は近似的には，(1.2) 式より，

$$R_2 \approx (0.02 + 0.03) \div 2 = 0.025$$

となる。したがって，rは約2.5％となる。

問題8　導出例：(1.1) 式を対数変換すると，

$$\ln(1+R_T)^T = \ln[(1+r_1) \times (1+r_2^e) \times (1+r_3^e) \times \cdots \times (1+r_{T-1}^e) \times (1+r_T^e)]$$

となる。対数の公式より，この式の左辺は，

$$\ln(1+R_T)^T = T \ln(1+R_T)$$

であり，この式の右辺は，

$$\ln[(1+r_1) \times \cdots \times (1+r_T^e)] = \ln(1+r_1) + \cdots + \ln(1+r_T^e)$$

である。これより，次式が成り立つ。

$$\ln(1+R_T) = \frac{\ln(1+r_1) + \cdots + \ln(1+r_T^e)}{T}$$

実は，対数 $\ln(1+x)$ の線形近似（$x=0$ の周りにおける 1 次のテイラー展開）は，

$$\ln(1+x) \approx x$$

である。この関係より，

$$\ln(1+R_T) \approx R_T$$

$$\ln(1+r_1) + \cdots + \ln(1+r_T^e) \approx r_1 + \cdots + r_T^e$$

である。したがって，(1.2) 式が (1.1) 式の線形近似式として導出される。

第2章
金融市場と金融機関

予習

金融市場　資金の提供者と調達者が出会う場
- **相対取引**　（1対1）⇔ **市場取引**　（不特定多数）……狭義の金融市場
- **短期金融**　満期が1年未満ないし1年まで
  - **インターバンク市場**　（コール・手形）
  - **オープン市場**　（債券現先・レポ・CD・CP・T-Bill）
- **長期金融**　満期が1年以上ないし1年超
  - **証券市場**　発行市場　と　流通市場
  - **証券会社**　引受・募集売出・自己売買・委託売買

- **株式**　資本への算入項目・経営への参加権　……　**エクイティ・ファイナンス**
- **債券**　負債への算入項目・確定利子　……　**デット・ファイナンス**

- **金融機関**　情報生産・リスク管理の専門化 ➡ 費用節約・取引の効率化
- **日本の金融組織**　専門金融機関から成る分業主義（部分的に兼営主義）
  - **商業銀行主義**（業務を限定）⇔ **総合銀行主義**（様々な業務を兼営）
    - ……日本の金融組織に影響　　　　……金融自由化・規制緩和に影響
  - **業務分野規制**　長短分離・銀信分離・銀証分離 ➡ 業態別子会社の設立可
  - **その他の規制・慣行**　金利・内外市場分断・有担保原則 ➡ 撤廃・見直し

学びのポイント
1. 金融市場の役割・分類，株式・債券の違いについて学ぼう。──➡ p.38
2. 日本の金融市場や証券会社の業務について知ろう。──➡ p.43
3. 金融機関の存在意義や日本の金融組織について学ぼう。──➡ p.54
4. 日本の分業主義的な金融組織の背景について考えよう。──➡ p.58

レクチャー **2.1** 金融市場と金融取引

● 金融市場の役割

　一口に金融取引と申しましても，その取引の中身は資金の貸し借りだけに留まりません。金融取引には，資金がやり取りされることもありますし，株式や債券のような証券の形で取引される場合もあります。そして，金融取引が行われるためには，資金の提供者（貸し手）と調達者（借り手）とが出会う場が必要です。このような様々な金融商品が取引される場を総じて**金融市場**と呼びます。

　ただし，金融市場という用語は金融取引が行われる場を概念的に表したものです。と申しますのは，金融市場は必ずしも物理的な取引場所をもつわけではなく，通信回線網を通じた取引によって形成されることが一般的になっています。例えば，かつて株式市場では，株式取引所の立会所で手振り（手による合図）によって取引される「場立ち」が行われていましたが，現在では機械化によって電子取引が可能になったため，場立ちによる株式取引はすっかり過去のものになってしまいました。

　金融市場では，資金の提供者（貸し手）と調達者（借り手）とが取引を行うことで，誰が実際にどのような内容の取引を行ったのかが記録されます。これを金融市場の**取引記録機能**と呼びます［鹿野（2013，p.229）］。

　加えて，金融市場では，取引対象となっている金融資産の価格（金利や資産価格）が決定されます。すなわち，金融市場の参加者はそれぞれが保有する情報に基づき，その時々の経済環境のもとで，その金融資産の価値評価を行っています。これを金融市場の**価値評価機能**と呼びます［鹿野（2013，p.229）］。

　こうして，当該資産の価格は様々な市場参加者がもっている多様な情報を集約して形成されています。例えば，金利は景気動向やインフレ率の動きに関して市場参加者がどのような見通しをもっているかを反映して決定されますし，株価は企業収益や経済の先行きに関する投資家の予想に基づいて変動します。このように，金融市場は金利や資産価格などの価格情報を通じた**情報伝達機能**をもっています。

　金融市場の役割としては，**リスク移転機能**も重要です。例えば，ある投資プロジェクトをもっている企業がおり，そのための必要資金として1億円必要で

ある，としましょう。ここで，（ケースA）ある富豪に単独で1億円融資してもらう場合と，（ケースB）金融市場を通じて一口1万円の債券を1万人に購入してもらう場合，の2ケースを考えてみましょう。ケースAでは，富豪が一人でこの事業すべてのリスクを抱えていることになります。極端な話ですが，この企業の投資が物の見事に失敗したとき，富豪は1億円の損失を一人で被ることになります。一方，ケースBでは，1万人に対して金融市場を通じて事業資金に伴うリスクを分散・移転しています。万が一この事業が失敗したとしても，一人ひとりの損失は提供した1万円分ですみます。金融市場は単なる資金の提供者と調達者が出会う場に留まらず，価格決定を通じた情報伝達やリスクの分散・移転などの重要な役割を果たしているのです。

● **相対取引と市場取引**

　金融市場は様々な観点から類型化されます。まずは，「**取引方法の違い**」によって分類してみましょう。一つは，資金の提供者と調達者が1対1で交渉して取引内容を決定するタイプの取引方法があります。このような取引方法は**相対取引**と呼ばれます。相対はこの場合「あいたい」と読みます。代表的な相対取引の市場には，貸出市場や預貯金市場があります。例えば，貸出市場では，貸し手となる金融機関と借り手が1対1で金利や担保などの諸条件を交渉して取引内容が決定されます。

　いま一つは，不特定多数の取引者による競争を通じて，取引対象となっている金融商品の価格（金利）や取引量などが決定されるタイプの取引方法があります。この種の取引方法は**市場取引**と呼ばれます。実は，このような不特定多数の参加者による取引が行われる金融市場は，「狭義の金融市場」と位置づけられています。したがって，単に金融市場という場合は通常，市場取引の市場を指します。本章ではこの後で，市場取引の市場に位置付けられる日本の個別市場を取り上げます。

　ただし，相対取引と市場取引の区別は，近年の金融技術の発展に伴って，徐々に薄れつつあります。例えば，銀行貸出は通常，貸し手と借り手が1対1で行われる「相対」取引ですが，資産の証券化（☞レクチャー3.4）という金融技術を活用することで，貸出債権を市場性のある金融商品に組み替えることが可能になります。また，預金市場は相対型取引の市場に位置付けられています

が，近年では市場取引が可能な CD（譲渡性預金）というタイプの預金商品が登場しています。

● 短期と長期

　金融論の世界では，取引対象である金融資産の満期までの期間が 1 年「未満」である金融取引を**短期金融**，1 年「以上」の金融取引を**長期金融**と呼びます。ただし，このような学術上の定義に対して，実務上の表現では，満期が 1 年「以内」の取引を短期，1 年「超」の取引を長期と呼んでいます。短期金利と長期金利の定義（☞レクチャー 1.4）を振り返ってみてください。

　ここで借り手としてある企業を想定してみましょう。企業が必要とする資金には，短期の性格が強いものと，長期にわたるものがあります。企業が生産活動を行う場合，原材料と生産設備が必要となります。原材料の購入資金のような，日々の経済活動のために必要となる資金は**運転資金**，機械や工場のような生産設備の購入資金は**設備資金**と呼ばれます。

　原材料の購入資金は，その原材料を用いて生産された製品を販売した代金から，比較的短い期間のうちに返済されます。一方で，生産設備は原材料のようにすぐに費消されるのではなく，一旦据え付けられてからしばらくの期間，生産活動に使われます。また，設備の価格は原材料と違って高額ですので，設備資金の調達から返済までには一定の時間を要します。このような意味で，多くの運転資金は短期的な性格が強く，設備資金は一般的に長期資金となる場合が多い，といえます。

　金融市場はこのような「**取引期間の違い**」によって，短期金融市場と長期金融市場の 2 種類に大別されます。図 2.1 は，日本における主要な金融市場を，短期金融と長期金融に分類したものです。

　短期金融市場（マネー・マーケット）は，市場参加者の範囲に基づいてインターバンク市場とオープン市場に大別されます。かいつまんで説明しますと，市場参加者が金融機関のみに限定される（インターバンク市場）か，一般企業などの非金融部門も取引に参加できる（オープン市場）かの違いです。

　長期金融市場は，満期までの期間が 1 年以上の有価証券が取引されています。代表的な証券として，国や企業が発行する債券や，企業が資本調達のために発行する株式があります。証券市場は，有価証券が新規に発行される発行市場と，

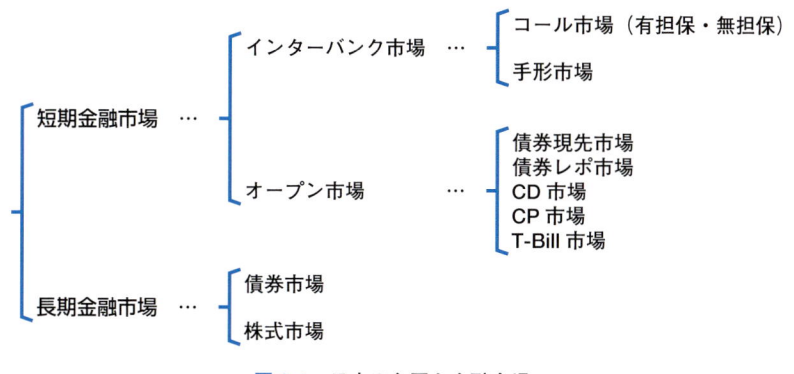

```
                              ┌─ コール市場（有担保・無担保）
           ┌─ インターバンク市場 … ┤
           │                  └─ 手形市場
短期金融市場 …┤
           │                  ┌─ 債券現先市場
           │                  │  債券レポ市場
           └─ オープン市場    … ┤  CD 市場
                              │  CP 市場
                              └─ T-Bill 市場

           ┌─ 債券市場
長期金融市場 …┤
           └─ 株式市場
```

図 2.1　日本の主要な金融市場

すでに発行された有価証券が売買される流通市場に分類されます。

短期金融市場と長期金融市場の個別の市場については，次節で詳しく説明します。

● **債券と株式**

個別の金融市場をみていく前に，**債券**と**株式**の違いについて説明しておきましょう。債券と株式はいずれも資金調達のために発行される有価証券です。ただし，次のような特徴的な違いがあります。

一つは，バランスシートでの取り扱いが異なります。**バランスシート（貸借対照表）** とは，ある時点での企業の財政状態を表す会計書です。図 2.2 をご覧ください。バランスシートの左側は企業がどのような**資産**を保有しているのかを表しています。一方，この右側は企業が資産を形成するためにどのようにして資金を調達してきたかを表しており，資金提供者に対して返済義務がある**負債**と，返済義務がなく自己の資金として扱われる**純資産（資本）**という項目ごとに記載されます。

債券とは，簡単にいうと借金の証書を第三者に売買可能な有価証券の形で発行したものです。借金ということは「負債」取引であり，貸し手に対して返済する義務があります。よって，債券発行による資金調達分はバランスシートにおいて，負債の項目に記載されます。他方，株式は資本調達として発行され，その企業の自己資金として取り扱われますので，出資者に対して返済の義務は課されません。よって，株式発行による資金（資本）調達分は，バランスシー

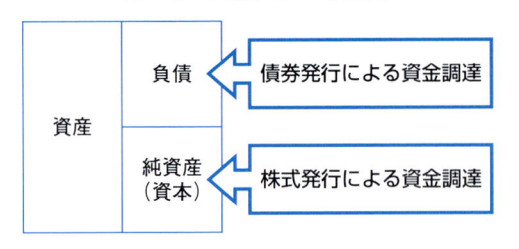

図 2.2　バランスシート上での債券・株式発行による資金調達の取り扱い

ト上では純資産（資本）の項目に記載されます。なお，負債による資金調達は**デット・ファイナンス**，新株発行を伴う資金調達は**エクイティ・ファイナンス**（☞レクチャー 3.3）と呼ばれます。

　いま一つの違いは，**経営への参加権**があるか否かという点です。債券の場合は，満期まで保有すれば，その事業が失敗しない限り，あらかじめ定められた条件に基づいて貸した元本と金利が支払われますが，当該企業への経営に参加する権利は付与されません。一方で，株式の場合は，保有株式数に応じて，その株式会社の利益から配当を受け取る権利と同時に，その会社への経営に参加する権利が与えられています。株式の保有者である**株主**は会社の最高意思決定機関である**株主総会**に参加し，役員の選任や経営方針などの経営上の重要な決議に対して**議決権**を行使することができます。ただし，株式の中には優先株（☞レクチャー 5.4）のように通常は議決権が付与されないタイプの株式もあります。ある株式会社について議決権のある株式数のうち過半数を握ることができれば，その会社の**経営権**を取得することができます。

　最後に，債券と株式の間の弁済（債務の弁償）の順位については，原則として，返済義務を負うところの「負債（借金）」である債券が，自己資金としての「資本」である株式に優先します。要するに，会社が倒産して解散に追い込まれた場合，借入金や債券調達分などの債務を弁済した後に，清算後の財産が残っておれば，その残余財産が保有株式数に応じて株主に分配されます。また，会社の財産が債権者への弁済額に足りなくても，出資者としての株主が出資額以上の財産提供を求められることはありません。株主の会社債務に対する責任は，出資額の範囲に限定されます。これは**有限責任の原則**と呼ばれます。

レクチャー 2.2 日本の金融市場

● 日本の短期金融市場①：インターバンク市場

　インターバンク市場は，市場参加者が金融機関のみに限定される金融市場です。インターバンク（interbank）は「銀行間の」という意味です。「銀行間」では，支払準備の短期的な過不足が調整されます。**支払準備**とは，市中銀行が預金者から集めてきた預金の支払いに備えて保有するお金のことです。銀行は支払準備を主に中央銀行への預金の形で保有します。日本では，**準備預金制度**（☞レクチャー 6.2）という仕組みがあります。この制度のもとで，日本の市中銀行は，中央銀行である日本銀行の当座預金口座に毎月定められた額の支払準備（**所要準備**）を預けなければならないのです。また，原則として，日銀当座預金には金利が付きません。

　当然のことながら，日々の銀行業務を行う中で，個別の銀行では所要準備を上回ることもあれば，下回ることもあります。所要準備を上回る場合は，金利の付かない日銀当座預金で保有していても何の利益も生みませんから，短期的にどこかへ貸したほうが銀行の収益になりますね。反対に，所要準備を下回る場合は，準備預金制度上の義務を全うするために，短期的にどこかから借りてこなければなりません。

　このような支払準備の短期的な過不足を相互に調整する場がインターバンク市場なのです。実は，この支払準備は市中銀行による信用創造メカニズム（☞レクチャー 5.2）と密接な関係を持っています。信用創造の詳細な説明は第5章に譲りますが，先取りして簡単に申し上げますと，支払準備は市中銀行による預金通貨の供給メカニズムの基礎の一部をなしているのです。預金通貨は現金通貨と並んで，マネー・ストック（☞レクチャー 5.3）の構成項目です。マネー・ストックは市中に出回っている通貨の総量であり，一般物価の動きと深い関係をもっています。このため，インターバンク市場は日本銀行による金融調節の対象となっており，金融政策を行う上で重要な金融市場であるといえます（☞第6章）。

　なお，銀行以外の金融機関は預金取扱金融機関ではないので，準備預金を中央銀行に預ける義務はありません。ただし，これらの各種金融機関も短期的な資金決済や資金仲介のために中央銀行当座預金に口座を開設しています。この

ように現在では，銀行間のみでの取引に留まらず，証券会社や保険会社などの各種金融機関もインターバンク市場に参加しており，お互いに一時的な資金過不足を調整し合っています。

　日本のインターバンク市場には，コール市場と手形市場があります。ただし，手形市場は現在，実質ほぼ機能していない状態であり，コール市場が主要なインターバンク市場である，といえます。以下で順にみていきましょう。

1. コール市場

　コール市場は代表的なインターバンク市場で，金融機関がお互いに比較的短期の資金を貸借し合う市場です。その歴史は 1902 年前後に始まり，日本でもっとも古い短期金融市場です。「コール」という名称は，money at call（呼べばすぐに戻ってくるお金）という表現に由来します。コール取引では，満期が翌日や 1 週間以内という超短期の取引が大部分を占めています。コール取引の中心である翌日物（オーバーナイト物）は「今日借りて明日返す」取引ですから，「呼べばすぐに戻ってくる」というのもあながち誇張ではありません。

　コール市場には，有担保取引である有担保コール市場（翌日物，期日物：2 日～1 年物）と，無担保取引である無担保コール市場（オーバーナイト（翌日）物，期日物：2～6 日物，1～3 週間物，1 カ月～1 年物）があります。かつては日本の金融慣行として有担保原則（☞レクチャー 2.4）があり，1970 年代までは有担保コール市場が日本のインターバンク市場の中心でした。その後，1985 年 7 月に無担保コール市場が創設され，現在では有担保コール市場の取引規模を上回る中核的なインターバンク市場としてその枢要性を高めています。

　コール市場での取引金利をコールレートと呼びます。この中でも特に，無担保コール取引の翌日物に適用される無担保コール翌日物金利（☞レクチャー 6.2）は，短期金融市場での資金需給の実勢を敏感に反映することから，日本銀行の金融調節において誘導対象とされており，我が国の金融政策において政策金利としての役割を果たしています。

2. 手形（売買）市場

　手形とは，発行者が一定の金額の支払いを他人に委託，ないしは，約束した有価証券のことです。手形には為替手形と約束手形があります。為替手形は発行者が他人に支払いを「委託」している手形であり，約束手形は一定期日までの支払いを「約束」している手形です。手形とよく似たものに小切手がありま

す。**小切手**とは，振出人が支払人である銀行に宛てて，受取人に対して一定の金額の支払いを委託した有価証券のことです。手形と小切手の違いは，小切手がもっぱら支払いの手段に使われるのに対して，手形は支払いのみならず，取り立てや信用取引の手段として広く用いられます。

手形（売買）市場は1971年にコール市場よりも比較的長い取引（数カ月以上）を分離する形で創設されました。その規模は先述の無担保コール市場などの台頭により徐々に縮小の一途を辿り，現在では目立った取引は行われておらず，ほぼ自然消滅の状態にあります［鹿野（2013, p.242）］。

この背景としては，次のような事情があります。一般企業の中でも信用力の高い優良企業はかつてほどには手形割引や手形貸付の形で銀行から短期資金を借り入れておらず，より使い勝手が良いコマーシャル・ペーパー（CP）を利用するようになっています。CPについては後述します。

このような手形市場の縮小傾向に止めを刺したのが，日本銀行による手形オペレーションの見直しです。日本銀行は2006年6月に手形買入れオペレーションを廃止して，共通担保資金供給オペレーションに移行しました。ただし，日本銀行は手形売出オペレーションを現在でも用いており，手形市場が制度上廃止されたわけではありません。

● **日本の短期金融市場②：オープン市場**

日本の短期金融市場は，以上のインターバンク市場のように市場参加者が金融機関に限定されるものばかりではありません。金融機関に加えて，一般企業など非金融機関も自由に参加できる金融市場を**オープン市場（公開市場）**と呼びます。ここでは，日本における短期金融のオープン市場をみていきましょう。

1. 債券現先市場

債券市場については後ほど，長期金融市場の一つとして取り上げますが，**債券現先市場**は，債券（公社債）の現先取引が行われる短期金融市場の一つです。**現先取引**とは，一定期間後に一定の価格で「**売り戻す**」，あるいは，「**買い戻す**」ことを約束して，債券を買い入れる，あるいは，売却するという条件付きで行われる売買取引のことです。平たく言いますと，現先取引とは，一定期間が経ったら一定の価格で「**反対**」の売買を約束して取引する，ということです。

債券を売り戻す約束で買い入れることを**現先**ないし**買い現先**と呼び，買い戻

す約束で売却することを逆現先あるいは売り現先と呼びます。手許の資金に余裕がある場合に行われるのが，買い現先です。この場合，資金調達者から一時的に債券を現先で買い入れて，後ほどその債券を相手に売り戻すのです。反対に，手持ちの債券でもって資金を調達したい場合に行われるのが，売り現先です。この場合，資金提供者に自分の手持ちの債券を逆現先で売却し，後ほどその債券を相手から買い戻すのです。

いずれの場合も，債券売買の形をとっていますが，実質的には短期的な資金の貸し借りになっていることにお気づきになられることでしょう。このように，買い現先取引は短期的な余裕資金の運用手段，売り現先取引は短期資金の調達手段に使われています。この市場の歴史は案外古く，1949年の起債市場再開後から証券会社が手持ち証券を逆現先で売却したことに由来しており，日本のオープン市場の中で最も古い市場です［鹿野（2013, p. 249）］。

2. 債券レポ（債券貸借）市場

債券レポ市場は正式には現金担保付債券貸借取引市場と呼ばれます。なんか長ったらしい名称ですね。元来は，米国の国債市場でレポ取引という売買手法があり，このレポ取引を行う場をレポ市場といいます。債券レポ市場は日本版のレポ市場として1996年4月に開設されました。

本来のレポ取引は，一定期間後に買い戻す（売り戻す）条件で，国債を売却（購入）する取引のことであり，日本では先述の債券現先取引に相当するものです。それではなぜわざわざ日本版レポ市場なるものを開設することになったのかと申しますと，それには次のような背景があります。債券現先取引は1999年3月末まで有価証券取引税が課されており，他の短期金融市場と比べてコスト高であったため，取引が低迷していました。この状況の中で，1995年12月に債券貸借取引の際の現金担保に対する付利制限が撤廃されました。要するに現金担保を用いると税金を安くすることができるようになったわけです。これが日本版レポ市場誕生のきっかけとなりました。

こうして，日本における債券レポ取引（現金担保付債券貸借取引）は，現金を担保として債券（主に国債）の貸し借りを行う取引として始まりました。その仕組みは次のようなものです。

AさんがBさんに手持ちの債券を貸し出して，その代わりにAさんはBさんから現金を担保として受け取ります。一定期間が経ちますと，AさんはB

さんから債券を返してもらい，Bさんに担保の現金を返却します。この取引の決済の際に，Bさんは借り入れた債券とその貸借料をAさんに渡して，Aさんは担保の現金と，現金担保に対する利息をBさんに渡します。なお，債券の貸借料率と担保金の金利の差を**レポレート**と呼びます。

　何やらややこしいようですが，債券レポ取引とは要するに，債券と資金を短期的に交換する取引なのです。こう言ってしまうと身も蓋もないのですが，現金担保で債券を貸借する，というよりも，債券を担保に現金を貸借する，と言ったほうが分かりやすいでしょう。この取引において実質的には，債券の貸し手（Aさん）は資金を調達しており，債券の借り手（Bさん）は資金を貸し出しています。AさんとBさんは債券レポ取引を通じて短期的な資金の貸借を行っているのです。

3. 譲渡性預金（CD）市場

　譲渡性預金（CD）市場は，譲渡性預金を取引する金融市場です。譲渡性預金とは何やら聞きなれない用語ですね。通常の預金との違いに注意して，簡単に説明しておきましょう。

　通常，銀行でお金を預けますと，預金通帳が手渡されます。近年はインターネットによる預金サービスを利用する人が増えており，通帳が発行されないタイプの預金をご利用の方も多いと思います。しかし，従来のように銀行の窓口で預金口座を開設された場合は大抵，その銀行から預金通帳を渡されるはずです。このような預金通帳は銀行が預金という債務を負った証拠として発行される借用証書であり，株式や債券のように金融市場で取引できる有価証券ではありません。

　これに対して，**譲渡性預金**（Negotiable Certificate of Deposit；**CD**）（☞レクチャー 5.1）は文字通り，第三者への譲渡が可能な預金です。日本では，1979年5月から銀行等によって取り扱われるようになりました。金利自由化が行われる以前のCDは数少ない自由金利商品として取引されていました。現在のCD市場では主に，金融機関が短期資金を調達したり，一般の企業（事業法人）が短期的な余剰資金を運用したりしています。

4. 国内コマーシャル・ペーパー（CP）市場

　コマーシャル・ペーパー（Commercial Paper；**CP**）は，信用力の高い優良企業が短期資金の調達のために無担保で発行する約束手形（または短期社債）

のことです。約束手形の一種ですから，手形市場の箇所で解説した通り，一定の期日までに一定の金額の支払いを「約束」する有価証券です。

ただし，CP は従来の手形市場のような金融機関間の取引に限定されず，オープン市場で取引されており，発行企業の信用力を反映して金利が決定します。CP 発行企業は市場で一流企業と認められれば，その信用力に見合った低い金利で短期資金を調達することが可能というわけです。CP はこのように社債に類似したところがあり，近年では手形というよりも短期社債としてとらえられるようになってきています。

コマーシャル・ペーパー（CP）市場はもともと，米国で発展した金融市場です。日本では，金融自由化の流れの中で 1987 年 11 月に国内 CP 市場が創設されました。かつては発行企業に関する規制が存在しましたが，現在ではそのような規制は特にありません。このため，市場が受け入れるならばどのような企業でも自由に発行することができるようになりました。このような意味で CP は特に優良企業にとって，従来の手形市場で取引される手形と比べて，格段に使い勝手がいい短期資金の調達手段になっています。

5. 国庫短期証券（T-Bill）市場

国庫短期証券（Treasury Discount Bills；T-Bill）は国が一時的な資金調達を行うために発行する短期国債のことです。かつては，国庫の一時的な資金不足を補うための政府短期証券（FB）と，借換債である割引短期国債（TB）の 2 種類が発行されていました。その後，2009 年 2 月に FB と TB が統合され，現在の国庫短期証券（T-Bill）という名称に統一されています。償還期間は 1 年未満であり，2 カ月，3 カ月，6 カ月，1 年の 4 種類が発行されています。

● **長期金融市場（証券市場）：債券市場と株式市場**

長期金融市場は主に有価証券を取引する証券市場が中心となっています。代表的な証券市場として，株式市場と債券市場があります。このような証券市場では，債券や株式といった有価証券が新たに発行されたり，すでに発行された有価証券が売買されたりしています。前者のような新たに発行される有価証券の募集が行われる市場を発行市場，後者のようなすでに発行された有価証券が売買される市場を流通市場と呼びます。ただし，発行市場や流通市場は長期金融に限った話ではありません。証券は長期的な資金調達のみならず，短期的な

資金調達にも活用されています。実際のところ，先述の短期金融のオープン市場で取り上げた各種市場，例えば，CD市場やCP市場，T-Bill市場は発行市場と流通市場から成ります。

　証券市場では，証券会社が重要な役割を果たします。証券の発行市場では，証券会社が証券の発行体と投資家の間を仲介する引受業者としての役割を果たしています。証券の流通市場では，証券取引所で行われる取引所取引と，主として証券会社の店頭で行われる店頭取引という2つの形態があります。取引所取引の場合でも，われわれのような個人が株式や債券を購入するときには，証券会社を仲介して購入することが多いでしょう。このように，証券会社は証券の発行や流通に関する業務を行っています。

● 証券会社の役割

　ここで，証券会社がどのような金融機関なのか，についてみておきましょう。証券会社は，有価証券の売買やその仲介などの証券業務を専門とする金融機関です。従来は，旧証券取引法に基づく「証券業者」として位置付けられていました。現在では，旧証券取引法を基礎とした金融商品取引法（金取法）の制定に伴い，より幅広い範囲の関連業務を含む形で定義変更された「金融商品取引業者」に分類されています。証券会社の業務は主に次の4つから成ります。

1. 自己売買（ディーラー）業務（ディーリング）

　これは，証券会社が自らの資金運用のために，投資家の売買注文に対して，自己の計算で自らが売買の相手方となって売買を行い，その売買差益を得ようとする業務です。

2. 委託売買（ブローカー）業務（ブローキング，ブローカレッジ）

　これは，証券会社が投資家から受けた売買注文を店頭で媒介したり，証券取引所（流通市場）に取り次いだりして，委託手数料を得る業務です。

3. 引受（アンダーライター）業務（アンダーライティング）

　これは，発行者（国債：国，社債・株式：企業）が有価証券を新規発行するとき，売り出すことを目的として証券会社が全部または一部を引き受け，引受手数料を得る業務です。もし引き受けた証券が売れ残ったとき，証券会社は責任を持って引き受けなければなりません。

4. 募集・売出業務（セリング）

これは，新規に発行したものや既に発行した有価証券を多くの投資家に買ってもらうよう営業し，募集手数料を得る業務です。引受業務によく似ていますが，売れ残った場合でも証券会社が引き取る必要はありません。

　最初の2つの業務，すなわち，自己売買業務と委託売買業務は証券の流通市場に関する業務であり，残りの2つの業務，すなわち，引受業務と募集・売出業務は証券の発行市場に関する業務です。なお，以上の4つの業務を全て行っている証券会社は**総合証券会社**と呼ばれます。

● その他の金融市場

　本節では，日本の主要な国内金融市場について取り上げてきました。実際の経済では，国内取引に限らず，海外との取引も活発に行われています。例えば，本書で取り上げた個別市場の他にも，外国為替市場やデリバティブ市場など，実に多彩な金融市場が開設されています。本書では，紙幅の関係上，これらの金融市場の詳細には立ち入りません。関心がある読者は，鹿野（2013）のような金融制度の概説書をご参照ください。

コラム 2.1　証券会社は銀行の一種？

　以前，ある大手証券会社にお勤めで海外経験が豊富な方から，次のようなお話を伺ったことがあります。その方曰く，
　「私が日本にいるときの自己紹介では，『証券会社』に勤めていると言います。一方，海外では『投資銀行』に勤めていると自己紹介したほうが先方に通りがよろしいのです。」
　欧米では，**投資銀行（インベストメント・バンク）** と呼ばれる金融機関があります。投資銀行は基本的に我が国の証券会社と同様に証券業務を行うのですが，特にその違いに注意すると，①主な顧客層を大企業，機関投資家や富裕層に絞っている，②証券の引受けや売買仲介のみならず，債権の証券化や M&A（企業の買収・合併）の仲介を行う，③以上に関わるコンサルティング業務を行う，といった特徴をもっています。最新の金融技術で大口顧客を相手として，手数料収入・売買益をベースとした高い収益力をもっていることから，日本でも主に大手証券会社が上記のような投資銀行業務に乗り出しています。ただし，日本の証券会社は個人のような小口顧客向けの証券仲介も合わせて行っていますので，厳密には欧米の投資銀行とは完全に同列の存在ではありません［柴田（2009, p.90）］。
　それにしても，日本の感覚では，証券会社≒投資「銀行」という言い方に引っかかるものをお感じの方がおられるかもしれませんね。第2次世界大戦後の日本では，業務分野規制（☞レクチャー 2.4）のもとで，銀行業と証券業の間に業界の垣根が設けられてきました。他方，欧米の金融業界では，銀行業・証券業の兼営を唱えるユニバーサル・バンキング（☞レクチャー 2.4）という考え方が色濃く反映されるようになっており，証券業務をバンキング（銀行業務）の一つとして位置付けることに日本ほどの違和感をもっていないのです。先の自己紹介話の背景には，このような事情があるのです。
　では，投資銀行という業態は日本では馴染まないのでしょうか。金融史をひも解くと，そうともいえないようです。第2次世界大戦以前の日本では，銀行による社債引受けや信託業務の兼営が可能な時期がありました。当時の大手銀行には，短期金融に特化した商業銀行（普通銀行）というよりも，投資銀行と呼んだほうがしっくりくるものもありました。実際，1920年代半ばから1930年代半ばにかけて，銀行は社債発行の引受けシェアにおいて50%を超えるほどの優位的な立場にありました［星・カシャップ（2006, 表 2.6）］。このような業務内容を反映してか，当時の普通銀行は戦後の欧米の投資銀行と比べても遜色のない高い収益性を誇っていました［星・カシャップ（2006, 表 2.8）］。歴史を振り返ると，日本にも投資銀行に相当する金融機関が存在していたのです。

復習

(1) 金融市場の機能には，金利や資産価格などの資産価値を評価する[　　]や，リスクの分散・移転を可能とする[　　]などがある。

(2) [　　]とは，資金の提供者と調達者が1対1で交渉して取引内容を決定する取引方法である。他方，[　　]とは，不特定多数の取引者による競争を通じて，取引対象となっている金融資産の価格（金利）や取引量などが決定される取引方法である。

(3) 取引対象である金融資産の満期までの期間が1年「未満」である金融取引を[　　]，1年「以上」の金融取引を[　　]と呼ぶ。

(4) 原材料の購入資金のような日々の経済活動のために必要となる資金は[　　]，機械や工場のような生産設備の購入資金は[　　]と呼ばれる。

(5) [　　]（マネー・マーケット）は，市場参加者が金融機関のみに限定される[　　]と，一般企業などの非金融部門も取引に参加できる[　　]に大別される。

(6) 負債による資金調達は[　　]，新株発行を伴う資金調達は[　　]と呼ばれる。

(7) 株式の保有者である[　　]は会社の最高意思決定機関である[　　]に参加し，経営上の重要な決議に対して[　　]を行使することができる。

(8) 株主の会社債務に対する責任は，[　　]によって，出資額の範囲に限定される。

(9) [　　]とは，市中銀行が預金の支払いに備えて保有するお金のことである。

(10) [　　]は，金融機関がお互いに比較的短期の資金を貸借し合う市場であり，日本の代表的なインターバンク市場である。

(11) [　　]はコール市場での取引金利のことであり，この中でも特に[　　]は日本銀行の金融調節において誘導対象とされている。

(12) [　　]とは，発行者が一定の金額の支払いを他人に委託，ないしは，約束した有価証券のことである。

(13) [　　]とは，一定期間後に一定の価格で債券を売り戻す約束で買い入れる，あるいは，買い戻す約束で売却する取引のことである。

(14) [　　]は，信用力の高い優良企業が短期資金の調達のために無担保で発行する約束手形（または短期社債）のことである。

レクチャー2.2 日本の金融市場

(15) 証券市場は，新たに発行される有価証券の募集が行われる［　　　］と，すでに発行された有価証券が売買される［　　　］から成る。

(16) ［　　　］は有価証券の売買やその仲介などの証券業務を専門とする金融機関である。

(17) ［　　　］は，証券会社が投資家の売買注文に対して自己の計算で自らが売買の相手方となって売買を行い，その売買差益を得ようとする業務である。

(18) ［　　　］は，証券会社が投資家から受けた売買注文を店頭で媒介したり，証券取引所（流通市場）に取り次いだりする業務である。

(19) ［　　　］は，発行者が有価証券を新規発行するとき，売り出すことを目的として証券会社が全部または一部を引き受ける業務である。

(20) ［　　　］は，新規に発行したものや既に発行した有価証券を証券会社が多くの投資家に買ってもらうよう営業する業務である。

レクチャー 2.3　日本の金融機関

● 金融取引に伴う困難

　本節では，金融機関の役割や存在意義についてみていきましょう。金融機関とは，様々な金融取引に携わっている専門機関です。もちろん個人でも金融取引を行うことは可能ですが，どうしても個人では対処が難しいことがたびたび起こり得ます。

　例えば，適切な取引相手を探し出すための労力や時間が考えられます。貸し手の立場でしたら，ちゃんと約束通り返済してくれる借り手に出会いたいでしょうし，借り手の立場であれば，こちらの都合に合わせてくれる貸し手が望ましいでしょう。よしんば取引相手に出会えたとしても，取引条件の面ですぐに合意できるとは限りません。このような金融取引が貸し手，借り手ともに全て個人で行われるとしたら，経済全体で取引相手を探し出すために途方もないコストをかけていることになります。

　また，特定の相手のみと取引するのは，自らの資産価値を守る観点から，あまり望ましい金融取引とはいえません。例えば，貴方が自分の財産をある取引相手に全て貸してしまいますと，相手次第で全財産を失うリスクを抱えることになります。ある程度は取引相手を選び，かつ，複数の借り手に分散して投資したほうがリスクを軽減できるでしょう。しかし，個人レベルで多種多様な借り手を見つけ出すことはそれ自体，なかなか手間なことです。

　それだけではありません。金融取引には，貸し手は借り手の信用度に関する情報を借り手本人ほどには把握できない，という情報の非対称性（☞レクチャー4.1）の問題が横たわっています。貸し手と借り手の間で，情報の非対称性が存在しますと，逆選択（☞レクチャー4.2）やモラル・ハザード（☞レクチャー4.3）といった問題が引き起こされ，金融取引が麻痺してしまいます。そうしますと，情報の非対称性を少しでも軽減するために，取引相手の信用度を調査する必要がでてきます。しかし，個人で取引相手のことを調べるには，探偵のようなノウハウが求められ，困難な事態に直面するであろうと考えられます。

● 金融機関の存在意義

　このように個人レベルで全ての金融取引を行うには，様々なコストや困難が存在します。しかしながら，現実の経済をみてみますと，以上のように多くの困難があるにも関わらず，それなりに金融取引は円滑に行われています。これは，冒頭で紹介した金融機関という専門機関が，資金の提供者（貸し手）と調達者（借り手）の間において仲介することで，こうした困難を解消すべく，その役割を果たしているからなのです。ここに金融機関が存在する意義があります。それでは，どのようにして金融機関が上記の金融取引に伴う困難の解消に努めているのか，についてもう少し掘り下げて考えてみましょう。

　第1に，金融機関が情報生産活動やリスク管理を**専門化**することによる利益が挙げられます。**情報生産活動**（☞レクチャー4.4）とは，貸し手が借り手に資金を提供する際に，借り手の信用度に関する情報を収集・分析・評価する行動のことで，貸し手と借り手の間における情報の非対称性を緩和するために行われます。そして，**リスク管理**とは，複数の投資先や資産に資金を振り分ける**分散投資**を通じて，金融取引に伴う様々なリスクを適切に管理することを指します。情報生産やリスク管理は，個別の貸し手によって行われるよりも，これらの活動に特化した金融機関によって営まれるほうが，金融取引に伴う費用やリスクを軽減できますし，より効率的に金融取引を行うことが可能になります。

　第2に，情報生産やリスク管理については，**規模の経済性**が働きます。規模の経済性とは，生産規模が大きくなるほど製品単位当たりの生産費用が低下することで，よく製造業において「大量生産のメリット」として知られている性質です。審査・監視などの情報生産活動やリスク管理に伴う費用は，一人の借り手相手であろうと，複数の借り手相手であろうと，一定の人員や事務所などの設備が必要になります。このように，これらに要する費用は**固定費**的な要素をもっており，投資の規模（貸出規模）が大きくなるほど投資先1件当たりの費用，すなわち，**平均費用**は小さくなります。

　第3に，情報生産やリスク管理については，**範囲の経済性**が働きます。範囲の経済性とは，複数の製品やサービスを生産する場合に，それぞれ単独で生産するよりも，同時にまとめて生産するほうが費用を節約できるという性質です。この背景には，同じ業種や複数の企業で「**共通に利用できる投入物**」が存在していたり，1社の業務を多角化することで「**他分野に利用できるノウハウ**」が

存在していたりすることが鍵になります。ある借り手の信用度に関する情報は，他の貸し手が情報生産やリスク管理を行う際にも，共通して利用できそうですね。また，金融機関が業務分野を多角化することで，これまで培ったノウハウを他の分野で活用することも可能でしょう。

以上から明らかなように，個々の貸し手がそれぞれ個別に情報生産活動やリスク管理を営む場合に比べて，金融機関が専門的にこれらの活動を行ったほうが，経済全体での金融取引に伴う費用を軽減・節約することが可能になり，金融取引の効率化を図ることができるのです。

● 日本の金融組織

それでは現在の日本において，どのような金融機関があるのかを確かめておきましょう。図 2.3 は日本の金融組織について整理したものです。私が学生の頃に，このような金融組織の図を一目見てまず頭に浮かんだのは「なんと細かい」という印象でした。皆さんはどのような印象をおもちでしょうか。

日本の中央銀行は**日本銀行**です。**中央銀行**とは，銀行券（現金の一種）の発行や金融政策などの業務を通じて，通貨価値や金融システムの安定のために中核的な役割を果たしている金融機関です。通称「**通貨の番人**」と呼ばれています。中央銀行については，第 6 章で取り上げますので，詳しくはそちらをご参照ください。

民間金融機関には，預金取扱金融機関とそれ以外の金融機関があります。**預金取扱金融機関**は読んで字のごとく，預金を取り扱う金融機関です。要するに，**銀行**のことです。ただし，日本において制度上，銀行の名をもつ金融機関は，銀行法を根拠法とする**普通銀行**です。普通銀行に属する銀行の種類については，次節で取り上げます。

それ以外の預金取扱金融機関としては，**協同組織金融機関**があります。協同組織金融機関は信用金庫，信用組合，労働金庫，農協，漁協から成り，ある一定地域の個人や中小企業などの比較的小規模な特定の顧客への金融サービスを提供しています。普通銀行が営利を目的とする株式会社組織であるのに対して，協同組織金融機関は会員または組合員の相互扶助を目的とする協同組合組織に基づく非営利法人です。預金取扱金融機関としての「広義の銀行」の役割については，第 5 章で詳しく取り上げます。

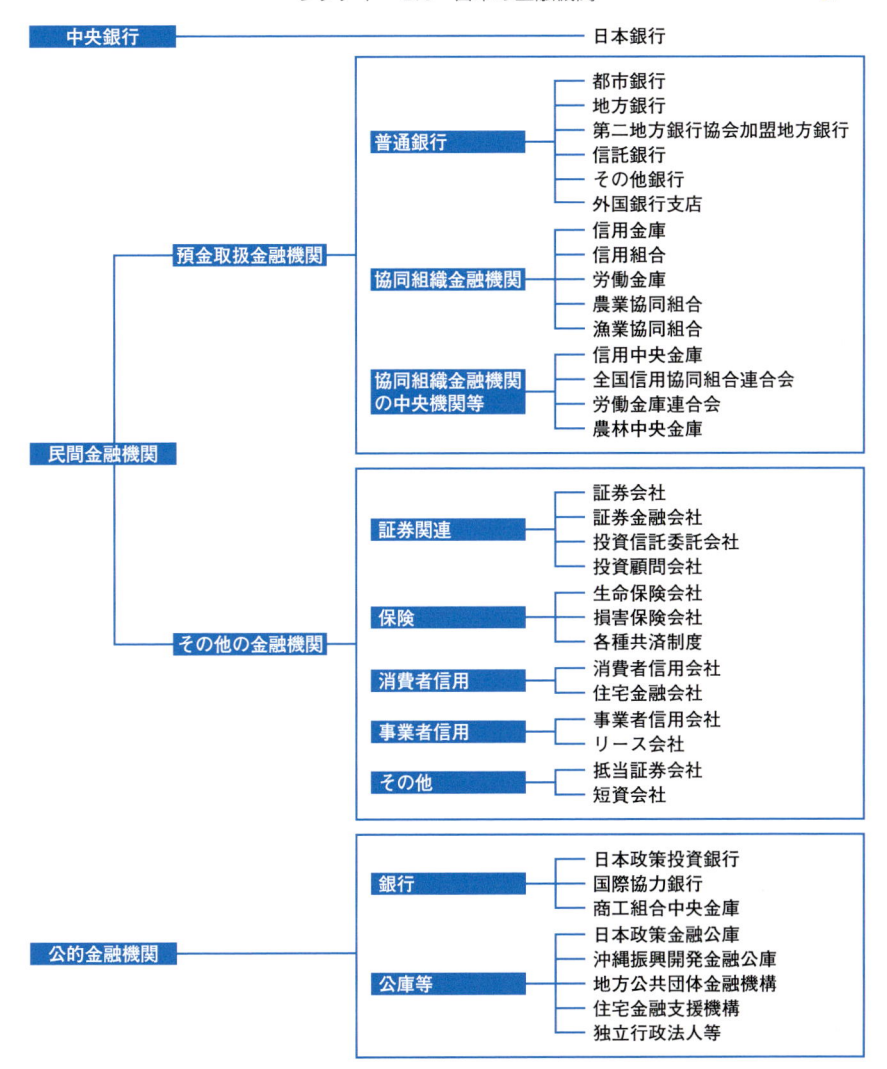

図 2.3　日本の金融組織

- 中央銀行 ────── 日本銀行
- 民間金融機関
  - 預金取扱金融機関
    - 普通銀行
      - 都市銀行
      - 地方銀行
      - 第二地方銀行協会加盟地方銀行
      - 信託銀行
      - その他銀行
      - 外国銀行支店
    - 協同組織金融機関
      - 信用金庫
      - 信用組合
      - 労働金庫
      - 農業協同組合
      - 漁業協同組合
    - 協同組織金融機関の中央機関等
      - 信用中央金庫
      - 全国信用協同組合連合会
      - 労働金庫連合会
      - 農林中央金庫
  - その他の金融機関
    - 証券関連
      - 証券会社
      - 証券金融会社
      - 投資信託委託会社
      - 投資顧問会社
    - 保険
      - 生命保険会社
      - 損害保険会社
      - 各種共済制度
    - 消費者信用
      - 消費者信用会社
      - 住宅金融会社
    - 事業者信用
      - 事業者信用会社
      - リース会社
    - その他
      - 抵当証券会社
      - 短資会社
- 公的金融機関
  - 銀行
    - 日本政策投資銀行
    - 国際協力銀行
    - 商工組合中央金庫
  - 公庫等
    - 日本政策金融公庫
    - 沖縄振興開発金融公庫
    - 地方公共団体金融機構
    - 住宅金融支援機構
    - 独立行政法人等

(出所) 鹿野 (2013, p.12)　ただし，一部簡略化修正あり。

　それ以外の民間金融機関には，前節で取り上げた**証券会社**や，特定の事故のリスクへの保険サービスを提供する**保険会社**，預金業務を行わないで与信業務（☞レクチャー 5.2）を行う**ノンバンク**（☞練習問題 7）などがあります。

　また，民間金融機関の役割を補完するために，政府によって**公的金融機関**が設置されています。かつては，国営であった郵便局が郵便貯金や簡易保険を通

じて資金を集め，政府がそれらの資金を社会資本整備のような民間部門のみでは困難な分野に投下する財政投融資という仕組みが機能していました。しかし徐々に，「財政投融資の手法は無駄な公共事業の温床になっているのではないか」，「肥大化した郵政事業は民業（民間金融機関）を圧迫している」と広く社会から批判されるようになりました。こうして，2001年の財政投融資改革，および，2007年10月の郵政民営化などが実施されました。財政投融資の「出口」のみならず，その資金源という意味で「入口」とみなされた郵便貯金などの公的金融を縮小させる，というのが公的金融機関をめぐる近年の方向性です。

レクチャー 2.4　金融機関と金融組織

● 商業銀行主義と総合銀行主義

　前節の図 2.3 をみると，日本では様々な業務ごとに実に細かく金融機関が設置されています。なぜ日本の金融機関はこれほど細分化されているのでしょうか。この背景には，金融システムの設計に関する考え方が影響しているのです。金融システムを構築するに当たって，銀行をどのように位置づけるのか，ということが問題になります。このあるべき銀行像について，大別すると次の2つの考え方が存在します。一つは「銀行の業務をある分野に限定させる」という考え方であり，いま一つは「銀行に様々な業務を兼営させる」という考え方です［☞本節での以下の説明は，酒井・鹿野（2011, pp. 20-22）と寺西（2011, p. 393）を参考にしています］。

　前者の設計思想として，商業銀行主義という考え方があります。これは，短期の預金を資金源とする銀行は，その資産内容を短期の安全確実なものにしなければならないため，原則として短期の商業貸付にその業務を限定すべきである，というものです。このような銀行像は，19世紀のイギリスで生まれた考え方です。この背景には，当時のイギリスが世界有数の資本主義先進国であり，長期金融（工業資金）は資本市場（社債市場）に任せて，商業銀行は短期金融（商業資金）を担当する，という役割分担が可能であったことにあります。

　一方で，19世紀後半にようやく国家統一を成し遂げたドイツは，イギリスの後を追う立場でした。当時のドイツは英仏のような他の先進国と比べて資本主義後発国であり，後者の「銀行に様々な業務を兼営させる」という発想に基

づいて，金融組織を構築しようとしました。このときに生まれたのが**総合銀行主義（ユニバーサル・バンキング）**と呼ばれる考え方です。これは，1つの金融機関（銀行）が短期金融業務だけでなく，長期金融や証券などのあらゆる金融業務を兼営するべきである，という考え方です。このもとでは，銀行が証券発行のような資本市場からの資金調達に直接関わること（普通銀行は証券業務を兼営すること）が可能になります。

それでは，日本は金融システムの設計に当たって，どちらの考え方の影響を受けたのでしょうか。結論から申しますと，日本の場合は，商業銀行主義の影響を受けました。ただし，本来のイギリスでの考え方は「商業銀行と資本市場の分業」を意味していましたが，我が国では，「**専門金融機関の分業**」という形で金融組織を構築しました。すなわち，短期金融や長期金融，証券などの各業務に特化した専門金融機関を，必要に応じて分業的に創設していけばよい，という**分業主義**的な金融システムを選択したのです［☞もっとも，日本の金融組織は部分的には兼営主義の特徴も併せもっていました。この点については，練習問題8を参照してください］。こうして，図2.3にみられるように，日本では専門金融機関がきめ細かく設立されているのです。

ただし，近年の金融制度改革によって，銀行・証券・信託などの業務を子会社方式で兼営することが可能になっており，日本でも「総合銀行主義」的な方向への動きがみられます。金融業界が「総合銀行主義」志向なのは，伝統的な商業銀行よりも投資銀行（☞**コラム2.1**「証券会社は銀行の一種？」(p.51)）のほうが高い収益構造をもっている点にあります。

このような動きに対して，銀行業と証券業の兼営に伴って，預金者と投資家の間で利害が衝突する可能性（☞**コラム2.2**「銀行業と証券業の利益相反問題」(p.62)）や，資産取引が活発になって金融市場が不安定なものになる可能性が高まることを指摘する声があります。高収益な金融構造を志向しすぎると，金融システムが不安定化して資産バブルを引き起こしやすくなるかもしれません。一方で，安定的な金融システムを志向しすぎますと，規制の雁字搦めで金融サービスの利便性を損ない，経済を停滞させてしまうかもしれません。

このようにとらえますと，商業銀行主義や総合銀行主義は対立する概念ではなく，結局のところ，現実的にはどの辺りで両者の考え方のバランスをとればよいのか，が問われているのです。

● **業務分野規制**

　日本の分業主義的な金融システムを支えていたのが，銀行の業務範囲を規定する**業務分野規制**です。戦後日本の銀行監督当局（旧大蔵省）は基本的に，経営体力が弱い銀行に配慮して，競争制限的かつ保護的な銀行行政を行っていました。このような銀行行政のありかたは，**護送船団方式**と呼ばれています。これは，船団の護送に当たって，最も船足の遅い船に合わせて航行速度が決定されたことに由来する用語です。業務分野規制はこのような競争制限的かつ利害調整的な規制方針の下で，高度経済成長期（☞レクチャー3.2）を中心として適用されていました。具体的には，次のような各業務間の「垣根」が設けられていました。

1. 長短金融の分離（長短分離）

　これは，短期金融と長期金融の各業務をそれぞれ別の金融機関に行わせるという規制です。具体的には，短期金融は普通銀行，長期金融は長期信用銀行や信託銀行にそれぞれ分業的に担当させていました。ここで，これらの銀行について説明しておきましょう。

　普通銀行は銀行法を根拠法として，本来は短期金融を主たる業務としていました。より具体的には，大都市に本店を置くとともに全国に多数の支店をもつ**都市銀行**，全国の大・中都市に本店をもつとともに本店所在地の都道府県を主たる営業基盤とする**地方銀行**，かつての相互銀行から普通銀行に転換した**第二地方銀行協会加盟地方銀行**（第二地銀），在日外国銀行の支店などから成ります（図 2.3）。

　一方で，長期信用銀行と信託銀行は，長期金融を主たる業務とする銀行として位置付けられました。**長期信用銀行**は，長期信用銀行法を根拠法として産業に対する長期資金の供給を目的として設立された銀行です。信託銀行については次の箇所で説明します。

2. 銀行・信託の分離（銀信分離）

　これは，原則として銀行業務と信託業務の兼営を禁止したうえで，信託業務を主たる業務とする金融機関の範囲を制限する規制です。**信託**業務とは，資産の委託を受け，管理運用し，運用益を配当する業務です。レクチャー3.4で，投資信託について取り上げていますので，そちらもご参照ください。**信託銀行**はこの規制のもとで，普通銀行でありながら，特例的に信託業務との兼営が認

められた銀行です。

3. 銀行・証券の分離（銀証分離）

これは，証券業務と銀行業務との兼営を禁止する規制です。この規制の背景には，銀行による証券業務の兼営は，銀行業での顧客である預金者と，証券業での顧客である投資家との間で**利益相反**（利害の衝突）を招きやすい，という考えがあります（☞**コラム 2.2**「銀行業と証券業の利益相反問題」(p.62)）。大恐慌後の米国が 1933 年に導入したグラス＝スティーガル法に基づき，戦後日本でも 1948 年に旧証券取引法第 65 条において，銀行による公共債（国債，地方債，政府保証債）以外の有価証券の引受け・販売などの証券業務の兼営を原則禁止しました。

以上の業務分野規制は現在，そのほとんどが緩和されており，実質的に形骸化しています。まず，長短分離は現在，名実ともに撤廃されたといってよい状況です。日本経済の構造変化とともに，普通銀行は長期金融に，長期信用銀行は短期金融にそれぞれ手を伸ばし始め，両銀行の同質化が進みました。もっとも，普通銀行は高度成長期においても短期貸出の**ロール・オーバー**（ころがし）によって，実態としては長期貸出を行っていました［寺西 (2003, p.296)］。ロール・オーバーとは，満期日に短期貸出の借り換えを繰り返すことであり，実質的に長期貸出と同様の効果をもっています。

ちなみに，長期信用銀行に至っては，現時点ではもう存在していません。最後の長期信用銀行が 2006 年 4 月 1 日に普通銀行へ転換したことに伴い，長期信用銀行法に基づく銀行は消滅しました。長期信用銀行がなぜこのような末路を辿ったのかについて関心がある方は，第 3 章のレクチャー 3.2 と 3.3 を読んでいただきたいと思います。

銀信分離や銀証分離についても，1992 年の金融制度改革関連法を一つの契機として，ようやく緩和されています。1993 年 4 月以降，銀行・証券会社・信託銀行は，銀行・証券・信託の各業務に特化した**業態別子会社**を設立できるようになり，それぞれの業務に参入することが可能になりました。

さらに 1997 年の独占禁止法の改正によって 1998 年以降，**金融持株会社**の設立が解禁されました。**持株会社**とは，他の企業の株式を所有することによって，それらの企業を自分の企業グループ傘下に組み入れて経営支配するグループの

中核的な会社のことです。戦前の「財閥」が用いていた企業統治の仕組みであり，戦後長らく禁止されていました。金融持株会社は，銀行・証券会社・保険会社などの金融機関を子会社とする金融グループの中心的な持株会社です。近

> ### コラム2.2　銀行業と証券業の利益相反問題
>
> 　銀証分離規制の背景として，銀行による証券業務の兼営は預金者と投資家との間で「利益相反」を招きやすい，という考え方がある，と指摘しました。このコラムでは，このような利益相反の具体例を次のような架空のお話で説明します。
> 　いま，銀行業と証券業の兼営が制度的に可能であり，吹澤銀行はレストラン一葉に融資しつつ，レストラン一葉の債券発行も引き受けている，とします。そして，Aさんは吹澤銀行に預金しており，Bさんは吹澤銀行の証券仲介を利用している，としましょう。
> 　さて，実はレストラン一葉の経営状態はあまり芳しくなく，吹澤銀行はこのままではレストラン一葉向けの貸出が不良債権化してしまうことを恐れています。世の中はまだレストラン一葉の経営実態を知りません。そこで，吹澤銀行はレストラン一葉に債券を発行させ，これによって調達した資金で融資した資金を返済させます。吹澤銀行はレストラン一葉の債券を有望な投資先だと喧伝して，Bさんにこの債券を購入させることに成功します。
> 　果たせるかな，レストラン一葉が経営努力もむなしく倒産しました。当然，Bさんは大損します。Bさんからしますと，寝耳に水です。一方で，吹澤銀行はレストラン一葉からの融資をすでに回収済みですので，Aさんの預金は無事なままです。すなわち，吹澤銀行はレストラン一葉の不良債権をBさん（投資家）に振り向けて銀行本体の経営を守り，その結果としてAさん（預金者）の預金を守る，という行動に出たことになります。いうなれば，銀行が証券引受けを悪用することで，貸し倒れリスクを投資家に転嫁しているのです。この結果として，預金者の損失が投資家に押し付けられた格好になり，預金者と投資家の間で利害が衝突する事態に陥っています。
> 　このような事態を防ぐために，銀証分離という規制は提案されたのです。もっとも，金融業界関係者には，収益性を高めるねらいから，銀行と証券の垣根を取り払おうとする志向があるように見受けられます。ただし，金融システムがこのような「ユニバーサル・バンキング」の方向に傾斜するときには，常にこのような利益相反問題が横たわっていることを忘れてはならないのです。

年，規模の大きな都市銀行はこの金融持株会社方式によって**メガバンク**と呼ばれる一大金融グループを形成しています。

● その他の規制・慣行

戦後日本では，業務分野規制の他にも規制・慣行が存在しました。本章を締めるに当たり，その他の規制・慣行を次の3点にまとめておきましょう。

第1に，人為的に金利水準を低く抑えるための**金利規制**が存在しました。この規制は1947年制定の**臨時金利調整法**（臨金法）に由来します。この法律は，預貯金金利と貸出金利に対して上限金利を設定するというもので，政府や日本銀行が事実上，金利水準の決定権を握るものでした。

臨金法の元々のねらいは，高騰する金利水準を低く抑えることで，戦後復興を支援するところにありました。ところが，戦後復興が一段落着いてからも，経済成長を促進する意図からこの規制が残ったのです。このため，高度成長期における金利規制は**人為的低金利政策**と呼ばれることがあります。

やがて，1970年代に入ると，高度成長から低成長へ経済構造が転換する時期を迎えます。大量の国債発行と金融国際化の進展という**2つのコクサイ化**（☞レクチャー3.2）を契機として，日本は**金融自由化**へと舵を切るようになりました。1979年の譲渡性預金（CD）の導入を皮切りに，**金利自由化**が推し進められた結果，金利規制は1994年10月に完全に撤廃されました。

第2に，かつては為替管理を通じて国内金融市場と海外金融市場を分断する**内外市場分断規制**が行われてきました。終戦直後の日本は深刻な外貨不足に悩まされていました。また，日本の金融機関は海外の金融機関との競争に耐えるだけの経営体力をもっていませんでした。そこで政府は1949年制定の**外為法**（＝外国為替及び外国貿易管理法）において，内外通貨の交換を厳しく規制することで，経済復興のための原資が国外へ流出するのを防ぐのみならず，国内の金融機関を海外勢から保護していました。しかし，日本経済が成長していくとともに，海外との経済関係が深まっていきました。こうして，為替管理は徐々に緩和されるようになりました。現在では，1998年4月に改正外為法（＝外国為替及び外国貿易法）が施行され，外国為替取引は全面的に自由化されています。

第3に，かつて日本では金融取引の安全性を確保するために，社債発行，銀

行貸出，銀行間取引において担保（☞レクチャー 4.4）を必要とする有担保原則という取引慣行がありました。これは，1927 年の昭和金融恐慌のときに当時主流であった無担保社債のデフォルト（債務不履行）が多発した経験から導入されました［鹿野（2013，p.51）］。その後，資本市場の整備や日本企業の財務内容の改善を背景として，現在の日本の金融市場では無担保取引が広く行われています。社債市場ではいまや無担保社債が中心ですし，コマーシャル・ペーパー（CP）の取引が盛んになったのも，担保を付ける必要がなくなったからだといえます。インターバンク市場についても，1970 年代までは有担保コール市場が主流でしたが，現在は無担保コール市場が中核的な役割を果たしています。

復習

(1) 情報生産やリスク管理は個別の貸し手によって行われるよりも，これらの活動に特化した☐によって営まれるほうが，金融取引に伴う費用やリスクを軽減できる。

(2) ☐とは，生産規模が大きくなるほど製品単位当たりの生産費用が低下することである。情報生産活動やリスク管理に伴う費用は☐的な要素をもっており，貸出規模が大きくなるほど☐（投資先1件当たりの費用）は小さくなる。

(3) ☐とは，複数の製品やサービスを生産する場合にそれぞれ単独で生産するよりも同時にまとめて生産するほうが費用を節約できるという性質である。ある借り手の信用度情報は他の貸し手が☐や☐を行う際にも共通して利用できる。

(4) 預金取扱金融機関には，銀行法を根拠とする☐，信用金庫・信用組合などから成る☐などがある。

(5) 銀行以外の民間金融機関には，特定の事故のリスクへの保険サービスを提供する☐，預金業務を行わないで与信業務を行う☐などがある。

(6) ☐は，民間金融機関の役割を補完するために政府によって設置されている。

(7) ☐とは，短期の預金を資金源とする銀行は原則として短期の商業貸付にその業務を限定すべきとする考え方である。

(8) ☐とは，1つの金融機関が短期金融業務だけでなく，長期金融や証券などのあらゆる金融業務を兼営するべきとする考え方である。

(9) 日本の金融組織は，専門金融機関がきめ細かく☐的に設立されている。

(10) ☐は，短期金融と長期金融の各業務をそれぞれ別の金融機関に行わせるという業務分野規制である。

(11) 普通銀行は，大都市に本店を置くとともに全国に多数の支店をもつ☐，全国の大・中都市に本店をもつとともに本店所在地の都道府県を主たる営業基盤とする☐，かつての相互銀行から普通銀行に転換した☐などから成る。

(12) ☐は，産業に対する長期資金の供給を目的として設立された銀行である。

(13) ［　　　］は，原則として銀行業務と信託業務の兼営を禁止したうえで，信託業務を主たる業務とする金融機関の範囲を制限する業務分野規制である。

(14) ［　　　］とは，資産の委託を受け，管理運用し，運用益を配当する業務である。

(15) ［　　　］は，特例的に信託業務との兼営が認められた普通銀行である。

(16) ［　　　］は，証券業務と銀行業務との兼営を禁止する規制である。銀行による証券業務の兼営は預金者と投資家との間で［　　　］を招きやすいという指摘がある。

(17) 銀行・証券会社・信託銀行は1993年4月以降，銀行・証券・信託の各業務に特化した［　　　］を設立できるようになり，それぞれの業務に参入することが可能になった。

(18) ［　　　］は，様々な金融機関を子会社とする金融グループの中核的な会社である。独占禁止法改正により1998年以降，この設立が解禁された。

(19) ［　　　］は人為的に金利水準を低く抑えるための規制である。1994年10月に完全撤廃された。

(20) ［　　　］は為替管理を通じて国内金融市場と海外金融市場を分断する規制である。1998年4月の改正［　　　］施行により，外国為替取引は全面的に自由化された。

(21) かつての日本では，社債発行・銀行貸出・銀行間取引において［　　　］を必要とする［　　　］という取引慣行があった。

練習問題

問題1　金融市場の役割

金融市場の意義と機能に関する次の記述のうち，誤っているものはどれか。

ヒント：pp.38-39 を読もう！

(1) 市場取引では，不特定多数の取引者が競り合いを行うため，各取引での参加者相互の強い結びつきが重要な役割を果たす。

(2) 金融市場には，取引対象となっている商品の価値をその時々の経済環境の下で評価する価値評価機能がある。

(3) 相対取引市場では，借り手が個別に特定の金融機関と取引条件を決める。

(4) 金融市場には，経済主体の資金の運用・調達等をどのように行ったかの取引を記録する機能がある。

[2011 年（春）証券アナリスト 1 次試験　改]

問題2　日本の金融市場

日本における金融市場の分類として，誤っているものはどれか。

ヒント：図 2.1 をみよう！

(1) 債券レポ市場は短期のオープン市場である。

(2) コマーシャル・ペーパー（CP）市場は短期のインターバンク市場である。

(3) 譲渡性預金（CD）市場は短期のオープン市場である。

(4) 手形市場は短期のインターバンク市場である。

[2012 年 7 月　第 22 回 ERE　改]

問題3　株式と負債

A 株式会社は，株式と負債のみで資金調達を行っている。A 社の 1 年後の総企業価値を Y で表すものとする。A 社の負債はすべて 1 年後に満期をむかえる。その際の負債の返済額を D で表す。A 社の 1 年後の株式の総価値を E で表すものとすると，正しい関係式はどれか。

ヒント：p.42 を読もう！

(1) $\{E = Y - D$

(2) $\begin{cases} E = 0 & Y < D \text{ のとき} \\ E = Y - D & Y \geq D \text{ のとき} \end{cases}$

(3) $\begin{cases} E = Y & Y < D \text{ のとき} \\ E = Y + D & Y \geq D \text{ のとき} \end{cases}$

(4) $\begin{cases} E = Y - D & Y < D \text{ のとき} \\ E = Y + D & Y \geq D \text{ のとき} \end{cases}$

[2006 年 12 月　第 11 回 ERE　改]

問題4　短期金融市場

次の金融市場のうち，短期金融市場に分類されるものは，いくつあるか。

ヒント：図2.1をみよう！

| コール市場　CP市場　債券現先市場　債券市場　手形市場　株式市場 |

(1) 2つ　　(2) 3つ　　(3) 4つ　　(4) 5つ

[2005年7月　第8回 ERE　改]

問題5　金融機関の存在意義

金融機関の存在意義に関する次の記述のうち，正しいものはどれか。

ヒント：p.55を読もう！

(1) 金融機関は取引の仲介のみを行うので，資金の貸し手は，借り手の返済能力を判断したり，返済まで借り手を監視するリスクやコストのすべてを自ら担う。
(2) 金融機関は借り手のリスク評価・管理について，規模の経済性や専門化の利益が働くと期待できる。
(3) 一般に金融機関は資金提供先を資金使途別に管理するが，地域別に管理することは地方銀行のみが行う。
(4) 金融機関が市場リスクをデリバティブでヘッジすることは金融商品取引法で禁止されている。

[2011年（春）証券アナリスト1次試験　改]

問題6　日本の金融機関

日本の金融機関に関する次の記述のうち，正しいものはどれか。

ヒント：p.56とp.61を読もう！

(1) 銀行業は免許制であるが，証券業（金融商品取引業）は登録制である。
(2) 預金取扱業務は株式会社組織にのみ認められている。
(3) 金融商品取引法では，有価証券の募集・引受・売出の業務がすべての金融機関に解禁された。
(4) 投資顧問契約に基づく投資の助言は，金融商品取引業に含まれない。

[2012年（春）証券アナリスト1次試験　改]

問題7　ノンバンク

下記の金融機関のうち，一般にノンバンクに分類されないものはどれか。

ヒント：pp.56-57を読もう！

(1) 信販会社　　(2) リース会社　　(3) 信用金庫　　(4) 消費者金融会社

[2010年12月　第19回 ERE　改]

問題 8　日本の金融組織の特徴

　高度成長期における日本の金融組織について，「業務分野規制の下で専門金融機関による分業主義が徹底されており，単一の金融機関による複数業務の兼営は不可能であった」といえるか。この論点について，簡潔に論じよ。

ヒント：ロール・オーバーとは？

練習問題解答

問題 1 正解（1）：市場取引では，「不特定多数」の取引者が「競り合い」を行うため，各取引での参加者相互の「強い結びつき」といった「固定的な関係」はない。

問題 2 正解（2）：コマーシャル・ペーパー（CP）市場は短期のオープン市場である。

問題 3 正解（2）：株式と負債の支払い優先順位は負債が優先である。このため，株主の取り分は，すべての負債支払いを終えた後の残余分 $E = Y - D$ になる。ただし，「出資に伴う責任は出資額の範囲に限定される」という有限責任の原則から，株式の総価値の最低水準は $E = 0$ である。このため，負債返済額が総企業価値を超えている場合は，$E = 0$ になる。

問題 4 正解（3）：コール市場・CP市場・債券現先市場・手形市場は短期金融市場に，債券市場・株式市場は長期金融市場にそれぞれ分類される。

問題 5 正解（2）：（1）間接金融（☞レクチャー3.1）の場合，金融仲介機関が一定のリスク負担の役割を果たすため，資金の最終的貸し手は審査や監視に要するリスクやコストのすべてを自ら担う必要はない。（3）地方銀行のみが行うわけではない。（4）禁止されていない。

問題 6 正解（1）：（2）信用金庫などの協同組織金融機関も預金取扱業務を行っている。（3）銀証分離規制により，原則として金融庁に登録された証券会社に限定されている。（4）含まれる。

問題 7 正解（3）：信用金庫は預金取扱金融機関に分類される。

問題 8 解答例：普通銀行は本来，短期金融を主たる業務としている。しかし，長短分離規制が機能していたとされている高度成長期でさえ，普通銀行は短期貸出のロール・オーバー（ころがし）によって，長期貸出を行うことが可能であった。換言すれば，普通銀行による長短金融の兼営が可能であった。このような意味で，日本の金融組織は**兼営銀行主義**（銀行による長短金融の兼営）の特徴をもっており，専門金融機関による分業主義が徹底されているわけではなかったといえる。

第3章
金融取引とリスク移転

予習

直接金融　　資金余剰者 ➡ 資金不足者

間接金融　　資金余剰者 ➡ 金融仲介機関 ➡ 資金不足者
　　資産変換機能：本源的証券をより低リスクの間接証券に転換　➡　リスク負担

銀行中心型の金融システム
　　高度成長期：　キャッチ・アップ過程　➡　間接金融の優位
　　安定成長期：　金融自由化　➡　大企業の銀行離れ

　　バブル　　ファンダメンタルズ（実体価値）から乖離した資産価格の膨張
　　平成バブルの発生：
　　　　円安・ドル高　➡　日米貿易摩擦　➡　プラザ合意
　　　　➡　金融緩和　➡　過剰流動性　➡　土地・株式の資産バブル発生
　　　　土地神話　➡　土地担保融資の拡大
　　平成バブルの崩壊：
　　　　リスクが銀行部門に集中　➡　不良債権問題　➡　公的資金の投入

　　市場型間接金融　　間接金融（銀行中心）と直接金融（市場中心）の中間型
　　　　投資信託・協調融資（シンジケート・ローン）・資産の証券化

学びのポイント
1. 直接金融と間接金融の特徴について学ぼう。　　　　　　　　➡ p.72
2. 日本の金融システムの特徴について考えよう。　　　　　　　➡ p.77
3. バブル経済と金融システムの動揺について考えよう。　　　　➡ p.85
4. 中間型としての市場型間接金融について学ぼう。　　　　　　➡ p.92

レクチャー 3.1　直接金融と間接金融

● 内部金融と外部金融

　皆さんは欲しい物があるとき，その資金をどのように捻出していますか。学生の方はアルバイトに励むのでしょうか。子どもの頃は，大人から貰ったお小遣いやお年玉をこつこつ貯めて，お目当ての物をようやく購入したことでしょう。中には，知り合いから借りたり，お小遣いの前借り交渉をして捻出したりした方がいるかもしれません。

　このような必要資金を調達する手段には，大別すると次の2つの金融方式があります。まず，**内部金融（自己金融）**です。これは，これまでの収入から支出を除いた残額（**貯蓄**）を蓄積した自己資金によって，必要な資金を賄う金融方法です。先の話で申しますと，お小遣いやお年玉を貯めて購入資金とする場合がこれに当たります。企業の場合ですと，過去の利潤を蓄積した**内部留保**などが内部金融に当たります。

　他方，**外部金融**とは，他の資金余剰者から必要な資金を調達する方法です。先の話で必要資金を知人や保護者から借りてくる場合がこれに相当します。通常，金融という言葉は，この外部金融のことを指すのが一般的です。

　別の角度から見ますと，内部金融は貸し手と借り手が同一の方式であり，外部金融は貸し手と借り手が別個の方式である，といえます。無論，必要資金の捻出に当たって，自己資金が潤沢であれば，これに越したことはありません。ただし，経済活動の規模が大きくなると，なかなか内部金融だけでは必要資金を賄えないでしょう。もし当該経済における資金調達手段が内部金融の範囲に留まるならば，このときの投資水準は潜在的に実現可能な水準よりも低位にとどまるかもしれません。こうして，多くの資金調達の場面では，外部金融が主要な役割を果たします。

　世の中で貸し手から借り手への資金移転が上手くいかないと，資金の過不足を調整することが難しくなります。そうなりますと，この経済の資源配分は非効率的な状態に陥ってしまいます。経済活動が円滑に行われるためには，資金が黒字主体（最終的貸し手）から赤字主体（最終的借り手）へスムーズに流れることが望ましいですね。

　このための工夫として，貸し手と借り手の間で資金が移転する過程で，両者

の橋渡しとなる方法が編み出されました。このような資金移転の方法について，アメリカの経済学者のガーレイ（J. G. Gurley）とショー（E. S. Shaw）は大きく2つに分類しました。それが，「直接金融」と「間接金融」と呼ばれる金融方式です。以下で，これらの金融方式についてみていきましょう。

● 直接金融

　直接金融とは，資金余剰者（最終的貸し手）が資金不足者（最終的借り手）に「直接」，資金を融通する方式です（図3.1）。例えば，あなたは昼食時に手持ちのお金が足りなくて隣の友人に今日のお昼代を無心し，友人があなたに幾ばくかのお金を貸してくれたとしましょう。これが一番身近な直接金融の例です。

図 3.1　直 接 金 融

　もう少し金融の範囲を広げて，皆さんがある企業の株式や社債を購入したとしましょう。実はこれも直接金融の一例なのです。株式や社債はその企業が資金を調達するために発行する証書（有価証券）です。最終的な資金不足者が資金調達の際にその証しとして発行する証書を本源的証券と呼びます。代表的な本源的証券として，企業が発行する株式・社債・手形，政府が発行する公債（国債・地方債）などがあげられます。株式や社債を購入するという行為は，発行企業に対して資金を直接提供していることです。これと同様に，国債を購入するという行為は，発行国に対して資金を直接貸していることに他なりません。

　ただし，直接資金を提供しているとはいうものの，皆さんが株式や社債を購入する際に，発行企業からこれらを直接購入しているとは限らないでしょう。おそらく，証券の売買を仲介する証券会社（☞レクチャー2.2）を通じて，株式や社債を購入するのが一般的でしょう。実は，証券会社は単に証券売買を仲介するだけでなく，証券の発行に携わる業務を行っています。要するに，証券

会社は代表的な直接金融の担い手であるといえます。

● 間接金融

　一方で，間接金融とは，直接金融方式のように資金余剰者（最終的貸し手）から資金不足者（最終的借り手）へ資金が直接移転するのではなく，両者の間で金融機関がその資金移転を仲介する方式です（図 3.2）。このような資金移転の仲介を金融仲介と呼びます。そして，金融仲介を行う金融機関を特に金融仲介機関と呼びます。代表的な金融仲介機関として，銀行が挙げられます。

```
資金余剰者              資　金               資　金      資金不足者
（最終的貸し手）    ─→  金融仲介機関  ─→  （最終的借り手）
                ←─                    ←─
                  間接証券              本源的証券
```

図 3.2　間接金融

　例えば，皆さんが手許で余っているお金を銀行に預けるとしましょう。さしあたり皆さんは最終的貸し手という立場にあるとします。皆さんが銀行に預金すると，銀行は預金残高が記載されている預金通帳を発行し，預金者に手渡してくれます。金融仲介機関が資金調達の際に発行する証書を間接証券と呼びます。預金通帳は典型的な間接証券の一種といえます。

　銀行に預金する人は皆さんの他にもたくさんおられることでしょう。一人ひとりの預金は小口かもしれませんが，それらが集まればかなりの金額の資金となります。こうして大口化した預金を原資として，銀行は企業などの最終的借り手へ資金を貸し出します。この場合，貸し手である銀行は借入企業に対して貸出債権を保有していることになりますが，この貸出債権がこの取引における本源的証券に相当します。

　このように，金融仲介機関である銀行は，小口資金である預金を大口化することによって，金融仲介を行っているのです。もし一人ひとりの手許で余っているお金が少額のままですと，社会が必要とする資金額には不足であるため，これらのお金はその経済にとって有効活用できないという意味で「死に金」のままであったかもしれません。このとき，少額のお金をプールして貸し出す銀行のような金融機関が存在すれば，それらのお金を「生き金」として有効活用

できます。金融仲介機関は資金余剰者（最終的貸し手）と資金不足者（最終的借り手）の間に立って資金の流れを仲介し，貯蓄と投資を効率的につなぐ**金融仲介機能**を果たしています。

上記でみてきた通り，銀行や信用金庫などの預金を資金調達手段とする**預金取扱金融機関**は典型的な金融仲介機関です。この他にも**保険会社**は金融仲介機関の特徴をもっている金融機関といえます。保険会社は保険加入者から保険料を集め，それと引き換えに保険証書を発行します。この保険証書が間接証券の一種です。そして，保険加入者から集めた積立金を有価証券投資で運用したり，企業に貸し付けたりしています。すなわち，保険料をプールした保険積立金の運用を通じて，保険加入者の貯蓄をさまざまな金融資産に分散投資している（＝本源的証券と引き換えに資金を提供している）といえます。この意味で，保険会社は間接金融の担い手としての側面をもっている金融機関なのです。

● 金融仲介とリスク負担

ここまで基礎概念を説明するための便宜上，直接金融と間接金融はそれぞれ別個の金融機関によって担われているかのように解説してきました。ただし，実際には，両者はそれぞれの業務に特化した金融機関によって営まれているとは限りません。

例えば，銀行は預金や貸出のみを行っているわけではなく，自己勘定で株式や債券のような有価証券の投資も行っています。この意味では，銀行は直接金融にも関わっているといえます。ユニバーサル・バンキング（☞レクチャー2.4）を採用している金融システムのもとでは，1つの金融機関が銀行業務と証券業務を兼業している場合すらあります。

現実の経済では，直接金融と間接金融の両方式が併存しており，両者は資金の提供側や引き受け側の状況に応じて使い分けられています。したがって，直接金融と間接金融のいずれかが特に優れているというわけではありません。

ただし，直接金融と間接金融にはある本質的な違いがあります。それは，取引過程における**リスクの負担構造**にあります。**図 3.1** と **図 3.2** を再度ご覧ください。これらの取引において，どのようなリスクが発生しうるでしょうか。また，そのリスクはどこで発生しているのでしょうか。

最初の問の答は，最終的借り手が調達した資金を返済できないというリスク

です。したがって，第2の問であるリスクの発生源は最終的借り手ということになります。

それでは，第3の問です。さらにいま一度，図 3.1 と図 3.2 にご注目ください。直接金融・間接金融のそれぞれの取引過程において，リスクを引き受けているのはどこでしょうか。

「**リスクの本源**」である最終的借り手が発行した「本源的」証券は，そのまま発生源からのリスクを背負った形でその保有者の手許に届きます。言い方を変えれば，本源的証券の保有者は最終的借り手からリスクを「直接」引き受けているのです。直接金融における本源的証券の保有者は最終的貸し手です。したがって，直接金融については，最終的貸し手がリスクを負担しています。

一方，間接金融では，金融仲介機関が本源的証券を引き受けています。実は，間接金融では，金融仲介機関がリスクを引き受けているのです。この辺りについて，詳しくみておきましょう。先述の間接金融の解説で，金融仲介機関である銀行は，小口資金である預金を大口化することによって，金融仲介を行っていると説明しました。このような捉え方は最終的借り手の立場からの視点でした。いまこの視点を逆転させましょう。すなわち，最終的貸し手である預金者の立場から取引過程を眺めてみます。

各預金者が保有する余剰資金は少額であり，多くの預金者はいつでも必要なときに引き出せる短期運用を選好しているとしましょう。一方，最終的借り手が必要とする資金は大金であり，かつ長期にわたる投資資金とします。この両者の間で金融取引が円滑に進むためには，長期の大口資金を短期の小口資金に変換する何らかの仕組みが必要になります。

実はこの仕組みの鍵となるのが，金融仲介機関が発行する間接証券なのです。金融仲介機関（銀行）は長期かつ大口の投資資金を，短期かつ小口の間接証券（預金）に変換することで，最終的貸し手（預金者）の選好に合致した金融資産を提供し，ひいては最終的貸し手と最終的借り手の資金移転を円滑にしているのです。

間接証券である預金は，本来の投資資金（本源的証券）の特性と比較して，長期から短期に満期構造が短縮化され，かつ，大口資金が小口化されることで，よりリスクの低い金融資産に作り替えられています。このような金融仲介機関の役割を**資産変換機能**と呼びます。

また，金融仲介機関は本源的証券から間接証券への資産変換を通じて，本源的証券がもつリスクの一部ないしは全てを負担することで，最終的貸し手のリスク負担を軽減しています。この意味で，この機能は**リスク負担**という機能を合わせもっているといえます。

　要約しますと，金融仲介機関は，資金余剰者と資金不足者の間に立ち，金融仲介機能と資産変換機能を通じて，その資金移転を円滑化する役割を担っています。このような事情から，金融仲介機関は「狭義の金融機関」として位置付けられています。

　このように，直接金融と間接金融は本来，最終的貸し手の立場からみた取引区分といえます［池尾（2006，p.34）］。すなわち，この2つの取引分類は，最終的な資金提供者が全てのリスクを負担するのか，金融仲介機関の資産変換によって一部のリスク負担に留まるのか，という点において本質的な違いがあります。

レクチャー 3.2　日本経済と金融システム①

● 高度経済成長と銀行中心型の金融システム

　本節では，戦後日本経済の流れを振り返りながら，日本の金融システムがどのような特徴をもつのか，についてみていきましょう。日本の金融システムの特徴として，間接金融の占めるウエイトが直接金融のそれよりも優位である，という指摘があります。この特徴は，米国などのアングロ・サクソン諸国では直接金融の占めるウエイトが高いといわれている点と対照的です。

　近年，日本は現在の**銀行中心型**の間接金融システムから，資本市場を活用するような金融システムに構造転換することが志向されています。この背景には，銀行中心型の金融システムが現在の経済構造に即応していないのではないか，という問題が意識されはじめたことにあります。

　とは申しましても，1950年代後半から1970年代初めにかけての**高度経済成長期**には，銀行を中心とする金融システムが非常に上手く機能したと考えられています。高度成長期の金融構造の特徴としては，鈴木淑夫氏による下記の見解，すなわち，①間接金融の優位，②オーバーボローイング，③オーバーローン，④資金偏在，という整理がよく知られています［鈴木（1974）］。これらの

内容について，順を追ってみていきましょう。

　高度成長期の企業金融の全体的な傾向として，**間接金融の優位**という特徴が挙げられています。当時の法人企業部門は十分な内部留保（自前の資金）を蓄積しておらず，慢性的な資金不足の状態にありました。このような事情から，法人企業部門の資金調達はほぼ外部資金に依っており，間接金融による調達割合が過半を占めていました。このうち，銀行借入への依存度がとりわけ高かったことから，この状態を**オーバーボローイング**と呼んでいます。企業の資金調達が銀行からの借入（ボローイング）に過剰（オーバー）なまでに依存している様子をこのように表現したのです。

　一方で，民間金融機関部門（銀行部門）の法人企業部門に対する貸出は，家計部門から集めてきた預金を上回る状態にありました。このような状態を「与信超過」の状態にあると呼びます（与信☞レクチャー 5.2）。要するに，集めてきた預金だけでは企業部門の旺盛な資金需要を満たすことができなかった，ということになります。実は，民間金融機関は日本銀行から資金を借り入れることで，この資金不足分を調達していました。このような状態を**オーバーローン**と呼んでいます。上記のオーバーボローイングと似たような用語で混同しそうですね。オーバーローンとは，銀行をはじめとする民間金融機関部門が，預金を上回るほど過剰な（オーバー）水準で貸し付けていた（ローン）様子を指しています。

　このように民間金融機関部門全体では与信超過状態でしたが，個々の民間金融機関をみると，中には貸出が預金を下回る「受信超過」の状態にある金融機関もありました（受信☞レクチャー 5.2）。当時，都市銀行は与信超過，資金不足の状態にある一方で，地方銀行等は受信超過，資金余剰の状態にありました。と申しますのも，都市銀行は大企業を抱える主要都市圏に基盤を置いており，豊富な貸出先に恵まれていました。他方，地方銀行は預金吸収力こそ引けを取らないものの，国内の特定地域に営業活動が限定されています。これに伴い，銀行間の資金貸借の場であるインターバンク市場では，資金余剰の地方銀行から，資金不足の都市銀行へ，一方向に資金が流れていました。以上のように，民間金融機関において，資金不足にあるグループと，資金余剰にあるグループが固定化されている状況を，**資金偏在**と呼んでいます。

　ところで，都市銀行や地方銀行などの普通銀行は，主に短期資金を提供して

レクチャー3.2　日本経済と金融システム①

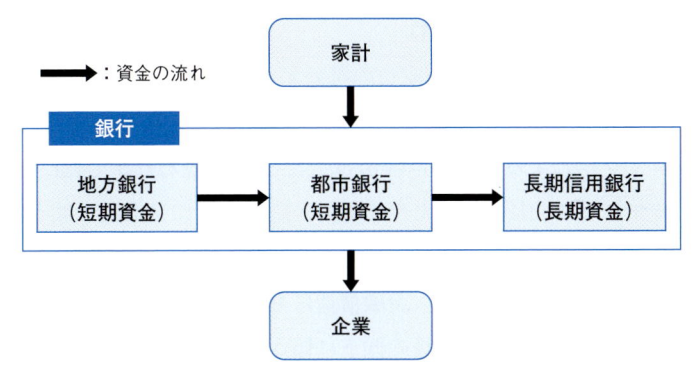

図3.3　高度成長期における資金の流れ：資金偏在

いました［☞ただし，実態としては，短期貸出のロール・オーバーによって，長期貸出を行っていたという寺西（2003, p.296）の指摘があります］。一方で，高度成長期の日本経済は旺盛な設備投資によって牽引されており，長期設備資金に対する需要は非常に高い水準にありました。当時，長期金融を主たる業務としていたのが，長期信用銀行でした。もっとも，長期信用銀行は大蔵省の店舗行政のもとで，普通銀行よりも店舗数が限られており，普通銀行ほど預金吸収力をもっていませんでした。その代わり，長期信用銀行は金融債を発行することが認められていました。つまるところ，普通銀行がこの金融債を購入することで，長期信用銀行は資金を調達することができました。こうして，短期金融と長期金融のミスマッチを解消することで，円滑に資金が流れ，企業部門の旺盛な資金需要に答えることができたのです（図3.3）。

　上記の仕組みは，高度成長期の日本経済では上手く機能していました。一方で，経済におけるリスク移転という観点から，このシステムはある興味深い特徴をもっていました。ここで，長期資金のほうが短期資金よりもリスクが高い，という事実に注目してください。この点を踏まえると，図3.3のような資金循環のもとで，長期信用銀行は普通銀行のリスクを負担していることになります。さらにいえば，普通銀行は家計部門からの短期性預金を集めています。したがって，長期信用銀行は，この資金循環の過程において，究極的には家計部門のリスクを肩代わりしている構図になっています［酒井・前多（2004, pp.60-61）］。実は，このリスク負担構造が後々，日本経済に大きな激震をもたらすことになります。この点については次節において触れたいと思います。

● 金融自由化と大企業の銀行離れ

　1970年代に入ると，高度経済成長の勢いに陰りが見え始めました。1973年10月の第4次中東戦争を契機として，石油価格が急騰する**第1次石油危機**（オイル・ショック）によって，日本経済は大混乱に見舞われました。1974年は戦後初めてマイナス成長に陥った年であり，これを境に日本経済はその成長速度を落としつつ，やがて**安定成長期**に突入していきます。

　このような経済構造の激動は，金融構造にも変化をもたらします。それは**金融自由化**への動きです。経済成長の低下に伴う税収減や経済対策等の歳出増の結果，日本の財政赤字は拡大します。このため，日本政府は1975年以降，赤字国債の発行を続けます。大量の赤字国債の発行を円滑に進めるためには，発行された国債を流通させる市場を整備することが必要です。ところが，預金金利などの金利水準は当時，金融当局によって規制されていました（金利規制☞レクチャー2.4）。既発国債の流通市場では，需給状況に応じて国債利回りが決定されるのですから，金利規制の存在はこのような金利決定メカニズムと矛盾することになります。すなわち，国債市場の整備は，**金利自由化**への圧力になったのです。

　また，1971年の**ニクソン・ショック**，1973年の変動為替相場制度への移行を端緒として，内外金融市場の一体化と金融業務の国際化が進展したことも忘れてはなりません。ちなみに，大量の国債発行と金融国際化の進展を**2つのコクサイ化**と呼ぶことがあります。このような2つのコクサイ化が契機となり，資本市場の整備や金利自由化などの金融自由化が推し進められることになりました。

　資金調達の選択肢が増えたという意味で，この金融自由化の恩恵を最も受けたのは，大企業でした［☞金融自由化後の金融システムについてより詳しくは，星・カシャップ（2006, 第7章）を参照してください］。大企業はその信用力を背景に直接，資本市場から資金を調達することが可能になりました。この結果，多くの大企業が従来の銀行借入一辺倒の調達から離れていき，機関投資家（保険会社など）や企業などから債券市場を通じて資金を調達するようになります（図3.4）。このような**大企業の銀行離れ**は，銀行部門にとっては，優良顧客の離反を意味しており，従来の銀行のビジネスモデルから脱却する必要に迫られました。こうして，銀行部門の貸出先は，大企業向けから中小企業向け

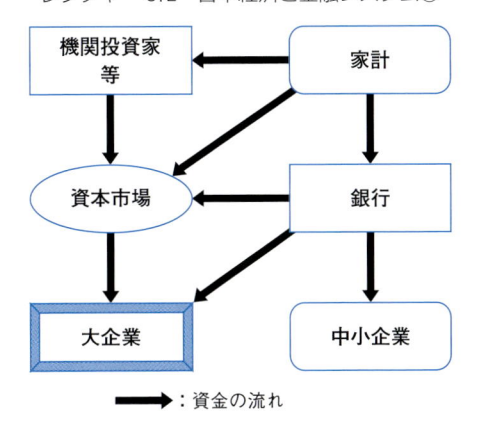

図3.4 安定成長期における資金の流れ：大企業の銀行離れ

へとシフトするようになりました。

　一方で，企業金融の変化に比べると，金融機関の業務分野規制や家計部門の資産運用の選択肢に関する改革は，非常にゆっくりとしたものでした。銀行部門からしますと，金利自由化によって，従来の金利規制のもとでの利鞘の確保もままならなくなり，しかも，大企業の銀行離れによって優良顧客が離れていく，という営業上の困難に直面しました。銀行部門は，このような事態に対応すべく業務範囲の多角化に乗り出しますが，その速度は周りの環境の変化と比べれば遅々としたものでした。加えて，銀行業界，郵便貯金，証券業界において業態間の利権争いがあり，それぞれ政治工作を交えて相争った結果，業態間の垣根がなかなか崩れにくい状態であった，という指摘があります［寺西(2003, pp. 316–317)］。

　結局のところ，民間金融機関部門は，家計のリスク負担能力に見合い，かつ，銀行預金に代わり得るような魅力的な金融商品を家計部門に提供できなかった，といえます。家計部門にとっては，依然として資産運用の選択肢の幅は限られたものに留まっており，家計金融資産の大半は銀行預金で保有される実態に変わりはありませんでした。このように，1970年代以降の金融自由化は，ゆっくりとした速度で，かつ，その恩恵が一部の部門に留まり，全ての経済主体に及ばない，という歪んだ形で進められたのです。その渦中にあって，銀行を中心とした金融システムは徐々にそのほころびをみせ始めていました。

コラム 3.1　浮利追うものは結局不利

　平成バブル前後の銀行融資をめぐるエピソードには，いまから聞くと，俄かには信じられないものが数多くあります。ここでは，日本経済新聞でかつて連載されていた「検証バブル　犯意なき過ち」の記事から，そのいくつかをご紹介いたします［「第4回・加速する歯車」2000年2月7日朝刊5面］。

　旧住友銀行（現三井住友銀行）は1979年にアメリカのコンサルティング会社のマッキンゼー・アンド・カンパニーの指導によって，営業推進と審査機能を一体化する大胆な機構改革を実施しました。これは審査部門による情報生産を犠牲にしてでも，総本部の権限を強化させてすぐに融資を行えるようにするという意味で，経営のスピード化を図るものでした。この流れのなかで住銀は1984年にはとうとう本部長に青天井の与信権限を与えてしまいました。こうして，審査が機能せず本部が猛進する，という事態に陥ります。

　日本銀行は旧富士銀行（現みずほ銀行）に対する1989年10月の定例考査で，同銀行本店が全国の支店に向けた一枚の指示書をみつけました。その内容は「全預金者を債務者にせよ」という耳を疑う趣旨の通達でした。例えば，預金口座に数百万円預けている個人が百万円ずつ借りれば，融資額は数兆円に達する，というわけです。さすがに日銀は富士銀に対して是正を求めます。これを受けて，富士銀は通達を撤回しましたが，その後も他行との熾烈な競争の渦中で，個人向け融資を拡大させていきました。

　当時の個人向け融資については，ある大阪の料亭経営者が，長期信用銀行が発行していた金融債や預金証書を担保に，金融機関を手玉にとって，個人の立場でなんと数千億円もの融資を受けていた，というとんでもない実例があります。例えば，旧日本興業銀行（現みずほ銀行）からは総額で2,900億円もの割引債を購入しており，かつ，ピークで900億円もの融資を受けていたそうです。当時の興銀大阪支店副支店長が件の料亭経営者への担当専門に付いていたといいますから，その異常ぶりが伝わってきます。ちなみに，件の元料亭経営者は結局，旧東洋信用金庫などを舞台にした偽造預金証書事件で詐欺や背任などの罪に問われ，2003年4月に実刑が確定しています。

　また，銀行は直接の貸し手としてのみならず，系列ノンバンクに資金を融資して，それを子会社のノンバンクが不動産関連融資に回す，という一種の迂回的な

融資行動に手を染めていました。銀行は直接の貸し手として表には出ずにすみ，かつ，ノンバンクから紹介料を得られる，というわけです。加えて，当時の銀行監督官庁であった旧大蔵省は，銀行を通した指導には及び腰でした。このような親銀行から子ノンバンクへの水面下の資金供給経路が，後になって深刻な不良債権問題をもたらすことになるのです。

　以上のように，銀行がバブル拡大に一役買っていたことはぬぐい去れない歴史的事実です。この事実を重く受け止め，銀行がもつ公共性をいま一度よく考え直したいものです。

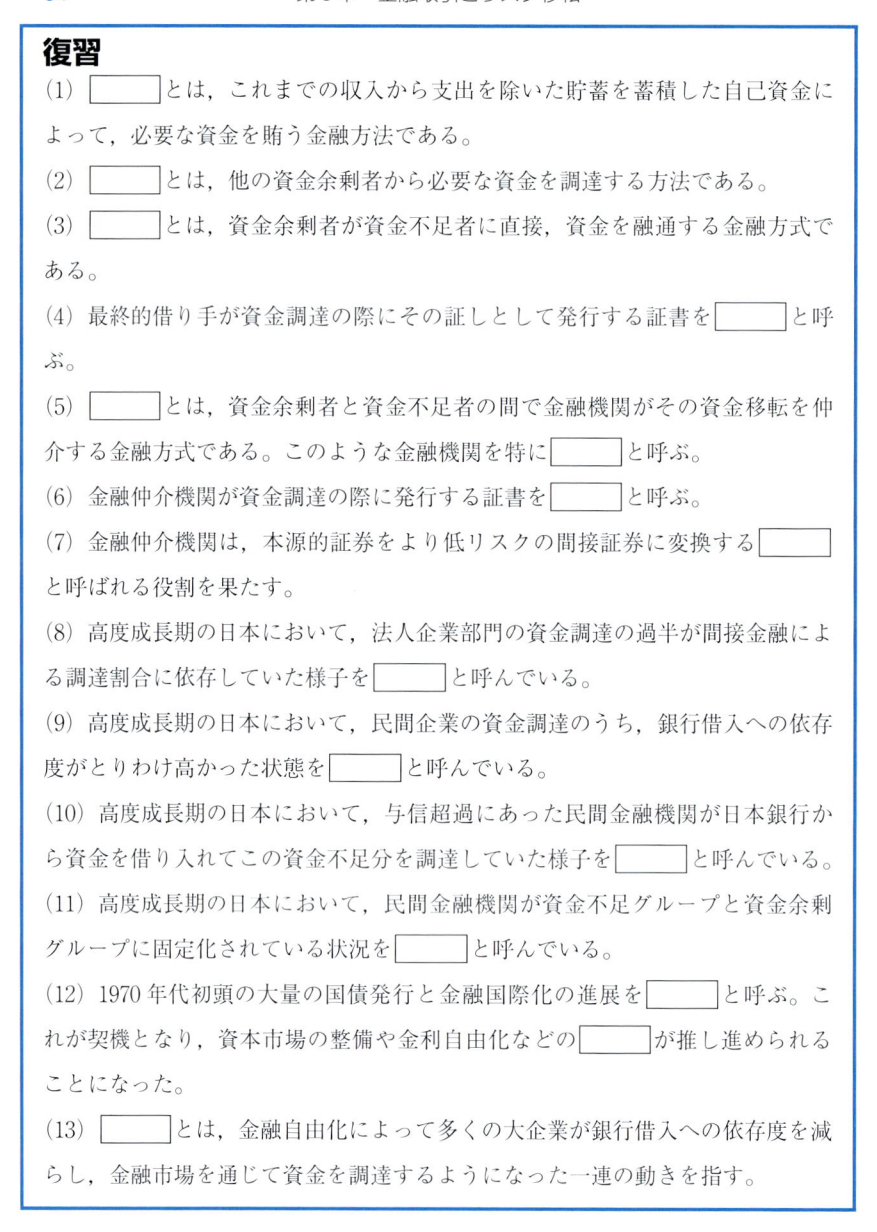

復習

(1) ［　　］とは，これまでの収入から支出を除いた貯蓄を蓄積した自己資金によって，必要な資金を賄う金融方法である。

(2) ［　　］とは，他の資金余剰者から必要な資金を調達する方法である。

(3) ［　　］とは，資金余剰者が資金不足者に直接，資金を融通する金融方式である。

(4) 最終的借り手が資金調達の際にその証しとして発行する証書を［　　］と呼ぶ。

(5) ［　　］とは，資金余剰者と資金不足者の間で金融機関がその資金移転を仲介する金融方式である。このような金融機関を特に［　　］と呼ぶ。

(6) 金融仲介機関が資金調達の際に発行する証書を［　　］と呼ぶ。

(7) 金融仲介機関は，本源的証券をより低リスクの間接証券に変換する［　　］と呼ばれる役割を果たす。

(8) 高度成長期の日本において，法人企業部門の資金調達の過半が間接金融による調達割合に依存していた様子を［　　］と呼んでいる。

(9) 高度成長期の日本において，民間企業の資金調達のうち，銀行借入への依存度がとりわけ高かった状態を［　　］と呼んでいる。

(10) 高度成長期の日本において，与信超過にあった民間金融機関が日本銀行から資金を借り入れてこの資金不足分を調達していた様子を［　　］と呼んでいる。

(11) 高度成長期の日本において，民間金融機関が資金不足グループと資金余剰グループに固定化されている状況を［　　］と呼んでいる。

(12) 1970年代初頭の大量の国債発行と金融国際化の進展を［　　］と呼ぶ。これが契機となり，資本市場の整備や金利自由化などの［　　］が推し進められることになった。

(13) ［　　］とは，金融自由化によって多くの大企業が銀行借入への依存度を減らし，金融市場を通じて資金を調達するようになった一連の動きを指す。

レクチャー3.3　日本経済と金融システム②

● ドル高是正と平成バブルの発生

　高度成長の終焉とその後の金融自由化によって、銀行を中心とする金融システムがほころび始めたとは申しましても表面上、実体経済のパフォーマンスは決して悪いものではありませんでした。1970年代後半の日本経済は、1978～79年にかけての第2次石油危機をうまく乗り切りました。世界各国がインフレーションのもとで失業が増大するスタグフレーションに苦しむ中、日本は経済の省エネルギー化に専念し、いち早くスタグフレーションを克服しました。こうして、1980年代の日本経済は世界が羨むほどの絶頂期を迎えます。

　当時の日本の生産構造は、典型的な加工貿易によって支えられていました。すなわち、天然資源に乏しい日本は、エネルギー源（石油）や原材料（鉱物資源）を海外から輸入し、それらを加工して生産し、外国に輸出する、という過程によって、経済を大きく成長させました。

　しかも、当時の為替レートは、米ドルに対して円安（裏を返すと、日本円に対してドル高）基調であったこともあり、日本の対米輸出に有利な状況でした。果たせるかな、日本にとっては対米貿易黒字、米国にとっては対日貿易赤字が拡大し、日米間で深刻な貿易摩擦を引き起こしました。1984年には、日本は世界最大の債権国となり、米国は債務国に転落してしまったのです。

　さすがにこれは行き過ぎた状況だ、と判断した米国をはじめとする先進諸国は、1985年9月に「ドル高是正」のための「国際的な政策協調」に取り組むことで合意します。これはプラザ合意と呼ばれています。このプラザ合意を契機として、急速にドル高が是正され、日本経済に大きな影響を及ぼしました。

　その一つは、金融緩和（☞レクチャー6.1）が実施されたことです。日本は国際社会なかんずく米国からドル高是正のために内需拡大を要求されました。ただし、日本政府や財政当局は財政赤字の削減を理由に、積極的な歳出拡大に及び腰でした。また、円高不況を深刻視した政策当局にとっては、何らかの景気対策を行うことが求められていました。こうして、日本銀行に過度の期待が寄せられた結果、長きにわたる低金利政策が続けられました。

　その結果として、世の中にお金が出回りすぎて、過剰流動性（カネ余り）の状況が生み出された、と考えられています。この過剰流動性（余剰資金）が土

地や株式などの資産投機に向かい，1980年代後半以降，日本の地価や株価が急速に上昇し始めます。これがいわゆる，資産バブルの発生です。一般には，この時期に発生した資産バブルを平成バブルと呼びます。

● バブルとは

　ここで，資産価格のバブルについて，説明しておきましょう。バブルとは，資産価格が当該資産の実体的な価値を超えた部分のことです。人々が土地や株式などの資産を保有しようとする動機は，将来その保有から収益が得られると期待できる点にあります。したがって，資産の実体的な価値というのは，将来発生し得る収益に基づいて決定されます。このような将来収益に裏付けられた実体価値のことを，資産のファンダメンタルズ（☞レクチャー7.2）と呼びます。資産価格のバブルとは，ファンダメンタルズのような妥当な価値と考えられる水準から乖離した部分のことであり，早晩「泡」の如くしぼんでしまう運命にあります。

　しかし，バブルの厄介なところは，たとえバブルが発生していようとも，その渦中にある人々はそれをバブルとは認識できない点にあります。資産価格が上昇している折に，さらなる値上がり期待が自己実現的に起こってしまい，更なるバブルが生み出されるのです。しかも，1980年代の日本経済は好調であり，このときの資産高騰をバブルと認識することは大変困難であったと推測されます。バブルという現象は，それが弾けてしまって初めて，これはバブルであった，と認識されるのが常なのです。よほどの冷静さと慎重さをもっていない限り，その渦中にある人間がバブルに気がつくことはかなり難しいといえます。

● 土地担保融資とバブルの拡大

　このとき，バブルを拡大させたメカニズムについては，様々な見解があります。ここでは，銀行や企業の行動が，どのような経路で資産価格のバブルを増幅させたのか，という視点を中心として，平成バブルの拡大過程を振り返ってみたいと思います。

　前述の通り，金融自由化によって，大企業の資金調達方法は多様化しました。1980年代後半には，大企業は新株発行を伴う資金調達であるエクイティ・フ

ァイナンス（☞レクチャー2.1）を急速に増大させ，銀行借入れへの依存度を低下させました。このような状況は，都市銀行や長期信用銀行などの大手銀行にとって優良顧客が離れることを意味しました。こうして，大企業の銀行離れに直面した大手銀行は，貸出先として中小企業や非製造業に注目するようになりました。とは申しましても，大手銀行はこれらの企業とこれまで深い取引関係を取り結んでこなかったため，相手の信用度に関する情報について十分に蓄積していませんでした。いわゆる情報の非対称性（☞レクチャー4.1）の問題が横たわっていたのです。

　貸出市場において情報の非対称性を軽減する一つの手段は，返済が困難になったときに備えて，代わりに処分されることで返済手段となる**担保**（☞レクチャー4.4）を設定しておくことです。このとき，担保として重用されたのが，**土地**でした。当時，日本の地価は1990年代に入るまで，戦後ほぼ一貫して上昇し続けていたこともあり，「土地は必ず値上がりする」という**土地神話**が定着していました。土地は，「値下がりしない」と信じられていたからこそ，担保価値の高い資産である，と広く認められていました。おまけに，1980年代後半以降，地価は高騰していました。

　こうして，銀行は**土地担保融資**によって新規の中小企業向け貸出や不動産関連融資を増やしました。企業は土地担保による借入れによって設備投資を増やし，好景気は過熱状態ともいえる状態でした。中には，金融機関からの借金で土地を購入し，この土地を担保に融資を受けて，さらに不動産に投資する，という企業や投機家が現れ，地価の上昇に歯止めがかからない事態になりました。銀行をはじめとする金融機関の側も，土地担保さえあれば，十分な審査をすることなく，野放図に貸し付けていたのです。

　また，当時は企業や銀行の間でお互いに相手の株式を保有し合う**株式持合い**が広く行われていました。例えば，A企業とB企業がお互いの株式を持ち合っているとしましょう。A企業の株価上昇は，その株式を保有するB企業に含み益をもたらすことから，B企業の株価上昇要因になります。続いて，B企業の株価が上昇したとき，同じ経路でA企業の株価も押し上げられます。このように，もし株価のバブルが発生しているとき，株式持合いは全体の株価をあぶくのように増幅させる土壌となります。

　加えて当時は，大手銀行を中核とする企業集団が形成されていました。いわ

ゆる，**メインバンク制**（☞レクチャー 4.4）と呼ばれる系列金融です。このもとで，銀行は関連企業の株式を多く保有しており，株価の上昇は銀行に分厚い含み益をもたらしました。株価バブルは地価バブルと同様に，企業や銀行の本業意識の緩みを招いたともいえます。

　もちろん，行き過ぎた資産価格のバブルはいつまでも続きません。日経平均株価の終値は，1989 年 12 月 29 日の東証大納会で，最高値 38,915 円 87 銭を記録しましたが，これを境に暴落します。地価は 1990 年を境にこれまでの上昇を嘲笑うが如く，ほぼ一貫して下落基調に転じます。平成バブルの崩壊です。

　バブル崩壊のきっかけとして，よく指摘されているのが，このときのバブル潰しのための急激な政策対応です。旧大蔵省（現財務省）は 1990 年 3 月に「土地関連融資の抑制について」と題する銀行局長通達を出し，この中で金融機関の不動産向け融資の伸び率を総貸出の伸び率以下に抑制するよう規制しました。これがいわゆる**総量規制**と呼ばれる地価引き下げのための行政指導です。この総量規制の効果は「絶大」［鹿野（2013，p.165）］で，地価バブル崩壊の引き金となりました。日本銀行は，1989 年 5 月に公定歩合（☞レクチャー 6.2）を 2.5% から 3.25% へ引き上げたのを皮切りに，ようやく**金融引き締め**（☞レクチャー 6.1）に転じました。その後，1990 年 8 月までの 5 回にわたる引き上げ措置で，公定歩合は 6% まで引き上げられました。

● **不良債権問題と金融システムの動揺**

　平成バブルの崩壊は，日本経済に大きな影響を与えました。とりわけ，銀行を中心とする金融システムに大きな打撃を加えました。この背景には，マクロ経済で発生した**リスク**が**銀行部門に集中**してしまう，という金融構造上の問題がありました。

　レクチャー 3.1 で説明した通り，間接金融では，「金融仲介機関」が資産変換を通じて「最終的な資金調達者」のリスクを引き受けており，「最終的な資金提供者」は一部のリスク負担に留まる，という点に特徴があります。この文において，「最終的な資金提供者→預金者」，「金融仲介機関→銀行部門」，「最終的な資金調達者→企業・投資家」と入れ替えてみてください。すなわち，銀行部門は企業や投資家のリスクの過半を引き受けており，預金者である一般国民は一部のリスク負担に留まる，という構図がみえてきますね。これが，銀行

を中心とする金融システムの弱点なのです。

　より具体的には，次のような形で日本経済のリスクが顕在化します。すなわち，資産バブルの崩壊に伴って，銀行をはじめとする金融機関が大量の不良債権を抱え込みます。不良債権とは，貸出先の業績不振や倒産などによって，回収困難になる貸出債権のことです。わかりやすく言えば，貸したけど返ってこないお金のことです。なぜバブル崩壊が金融機関の不良債権問題を引き起こしたのでしょうか。考えようによっては，不思議な話です。例えば，次のような状況を考えてみましょう。

> **ケース1　自己資金による土地投資**
> 　AさんはBさんから100万円でα町の土地を購入しました。その後，バブル崩壊でその土地が40万円に値下がりしました。

　この場合，Aさんにとって，差し引き60万円の損失が発生しています。裏を返せば，Aさんに土地を売ったBさんは値下がり前に売り抜けたわけで，その分の利得を手にしているはずです。Aさんの損失とBさんの利得は同じ額であり，換言すれば，この土地取引では，単にAさんからBさんにお金が移動しただけです。すなわち，経済全体でみれば，バブルによって得も損もしていない，ということになります。いわゆるゼロサム・ゲームの一例です。この場合は特に，バブル崩壊によって不良債権は発生していません。

　ただし，これはAさんが「自己資金」で土地を購入していた場合に成立する話です。実は，Aさんが他の人から借り入れた資金で土地投資をしていたとしたら，どのような事態が起こるでしょうか。

> **ケース2　外部資金による土地投資**
> 　AさんはCさんから100万円の借金をして，Bさんから100万円でα町の土地を購入しました。その後，バブル崩壊でその土地が40万円に値下がりしました。

　こうなると，話は変わってきます。残念ながら，α町の土地は半値以下まで値下がりしています。Aさんの資産がこの土地のみであれば，どれだけ頑張っても40万円しか返済できません。こうして，Cさんは100万円の貸出債権のうち，40万円しか回収できず，差し引き60万円の損失を被ることになります。

この60万円という金額がCさんの抱える不良債権額です。要するに，他人から「借金」をして資産投資をしている場合，バブル崩壊による資産価格の下落は当該資産の含み損を発生させるため，不良債権を生み出すことになります。

さらに次のような状況を考えてみましょう。バブルが崩壊するまで，誰でも土地さえあれば，これを担保として差し出すことで，簡単に資金を借りられました。このもとで活発になったのが，土地担保融資による貸出でした。地価が長期的にほぼ一貫して値上がりしている状況で，土地の担保価値は非常に高いといえます。このとき，AさんやCさんが土地神話の虜であったとしたら，彼らはどのような行動に出るでしょうか。

> **ケース3　土地担保融資による土地投資**
>
> 　AさんはCさんから100万円の借金をして，Bさんから100万円でα町の土地を購入しました。AさんはBさんから購入したα町の土地を担保に，さらにCさんから100万円を借り入れて，Dさんから100万円でβ町の土地を購入しました。その後，バブル崩壊でBさんから購入したα町の土地は40万円に，Dさんから購入したβ町の土地は30万円に値下がりしました。

こうなると，大変です。Cさんはα町の土地の担保価値を信じて，さらに100万円を追加でAさんに貸し出しました。ところが，この資金で購入されたβ町の土地が30万円まで暴落してしまい，この分の貸出債権が70万円も回収できなくなります。担保であるα町の土地価格も100万円から40万円に下落しているため，土地担保によって回収することもできません。しかも，Cさんはα町の土地投資にも資金を提供しています。こうして，Cさんは当初のα町の土地投資への貸出に伴う60万円の損失額と合わせて，130万円（＝60万円＋70万円）の不良債権を抱えることになります。バブル崩壊に伴う資産価格の下落は，「担保」となっている資産の価値を毀損させます。つまり，担保の売却による債権回収が困難になるのです。このように，地価下落に伴う土地担保価値の低下は，不良債権発生の原因になるのです。

　Cさんを銀行，それ以外を企業・投資家，と置き換えれば，話は明白でしょう。企業・投資家が銀行から借り入れた資金で株式や土地の投機を行ったところ，バブル崩壊で返済困難になり，これが銀行の不良債権になります。しかも，

銀行は土地担保融資による貸出を拡大していました。地価下落に伴う土地の担保価値の低下は，土地担保融資の機能不全を起こします。これに伴って，企業は以前ほど融資を受けにくくなります。こうして，設備投資の減退が起こり，実体経済が低迷したのです。これは企業の営業活動（収益）が低下することを意味しますから，融資の返済が滞る要因になります。このような**実体経済の停滞も不良債権発生の原因**になりました。

　銀行が抱えた大量の不良債権の山は，彼らの野放図な貸し付けの結果に違いはありませんが，その一方で，マクロ経済のリスクが銀行に集中した結果という側面もあります。結局のところ，銀行部門はそのつけを払うことになります。1990年代後半以降の日本では，金融機関の破綻が頻発します。1998年には，日本長期信用銀行と日本債券信用銀行が相次いで経営破綻し，一時国有化の措置がとられました。両行は長期信用銀行という業態に属する銀行であり，高度成長期には産業金融の担い手として日本経済を牽引する存在でした。

　このような大銀行が経営破綻に追い込まれた背景として，先の**図 3.3** で表したように，長期信用銀行が家計部門のリスクを最終的に負担していた，という資金循環構造が想起されます。高度成長期のように民間部門の資金需要が旺盛な時期には，このような構造は特に大きな問題にはなりませんでした。ところが，平成バブルのように，マクロ経済のリスクがひとたび経済の許容範囲を超えるほど巨大化したとき，このようなリスク移転構造は銀行を中心とする金融システムに激震をもたらしたのです。

　それでは，一般の預金者は銀行の不良債権発生に伴い，自らの銀行預金を失ったのでしょうか。現在の日本では，銀行預金は預金保険制度の下，一定の範囲で保護されています。こうして，一般国民の銀行預金は保護されました。この意味で，預金者たる一般国民はマクロ経済のリスクを銀行部門に転嫁していたともいえます。しかし，一般国民が全く何も負担をしなかったわけではありません。金融機関の救済や不良債権の処理には，多額の**公的資金**が投入されました。公的資金の資金源の一つは当然，一般国民から集められた税金です。金融機関への公的資金が税収で賄い切れなければ，国債を発行して調達することになります。いうなれば，多額の公費が金融システムの安定化のために注ぎ込まれたのであり，これらは公的債務膨張（財政赤字）の原因の一つになっています［☞この点に関しては，池尾（2006, 第 5 章）を参照してください］。平

成バブルの発生と崩壊は，現在の日本経済に大きな後遺症を残した，といえるのです。

レクチャー 3.4　市場型間接金融
● 銀行中心型の金融システムの限界

　レクチャー3.2と3.3では，戦後日本経済の流れを振り返りながら，銀行を中心とする金融システムがどのような特徴をもつのか，についてみてきました。以上の議論から浮かび上がる銀行中心型の金融システムの特徴を簡潔にまとめておきましょう。

　高度成長期に確立された銀行中心型の金融システムは，先進国への**キャッチ・アップ**の過程では，非常にうまく機能しました。経済のキャッチ・アップ期には，どのような技術を用いて生産を拡大すればよいのか，また，どのような産業を育成すればよいのか，について，モデルとなるような先進国のお手本がありました。金融機関（銀行）の視点からしますと，どのような産業に融資すればよいのかが，ある程度は目に見えている状況といえます。要は，金融機関にとって，貸すべき相手が明確であり，しかも，技術や産業の動向に特に関心をもつ必要がないという環境だったのです。

　ところが，キャッチ・アップが終了し，今度は自らが世界経済を牽引する立場となると，話は変わってきます。この段階ではもはや，どのような新技術や新産業を育成するのかについて，目標とすべきモデルは何もありません。今度は自らが新技術や新産業のモデルを見つけ出さなければいけない状況に置かれることになります。一方で，銀行は，長期的・総合的な関係を築いたうえで企業情報を生産するのは得意なのですが，新しい技術や産業に関する情報を生産することには必ずしも向いていません［寺西（2003，p.305）］。

　おまけに，現在の経済環境は，グローバリゼーションの進行と情報技術の発展により，産業と技術が激変するという意味で，将来の動向を見渡すことが難しい時代です。一方で，銀行が生産した企業情報は，ある程度の量まで時間をかけて蓄積しないと役に立たないという側面があります。ところが，企業の資金調達手段が多様化して，企業が銀行から借りてくれなくなったら，どうなるでしょうか。銀行がせっかく集めた情報は瞬時で無価値になってしまいます。

例えば，大企業の銀行離れ（☞レクチャー 3.2）がこのような状況の一例です。また，今後の経済や産業の見通しについて，銀行内部の意見が割れているようならば，融資決定のコンセンサス（合意）形成に時間がかかってしまい，機敏な投資活動が妨げられてしまいます［寺西（2003, p.309）］。このように，変化の早い時代には，銀行の情報生産が世の中の動きに適合せず，うまくいかなくなる可能性があります［寺西（2003, p.308）］。

さらに銀行中心型の金融システムは，マクロ経済のリスクが銀行部門に集中する，という特徴をもっています。経済の一部門にリスクが集中することの帰結は，これまでの議論からすでに明らかでしょう。近年，銀行中心型の金融システムは，現在の経済構造や経済環境に即応していないのではないか，ということが意識されてきています。こうして，銀行に過度の役割を負わせることなく，マクロ経済のリスクを広く分散させるような仕組みを構築する必要性が生まれてきたのです。

● 中間型としての市場型間接金融

それでは，これからの日本では，どのような金融システムを構築すればよいのでしょうか。以上の議論から，産業と技術の変化スピードが速い時代に，新技術や新産業を速やかに見つけ出し，これらの育成に金融面からサポートし，かつ，マクロ経済のリスクを広く分散させる，という仕組みが望ましいことは分かっています。

このような条件は，銀行を通じた金融取引よりも，株式市場を通じた金融取引のほうに，一定の適合性が認められます。銀行中心型の金融システムでは，企業に関する情報や評価，それにリスクが銀行部門に集中していました。他方，株式市場では，多数の投資家が参加しています。それぞれの投資家は異なる考え方や視点，それに様々な情報をもっています。こうして，株式市場では，多数の市場参加者が投資案件を様々な視点から評価します。しかも，株式の価格情報を通じて，このような評価が瞬時に経済全体に伝達されます。また，その投資案件のリスクは株主に帰着しますので，リスクを広く分散させることも可能です［池尾・財務省財務総合政策研究所（編）（2006, 第 1 章）］。

このようにみますと，株式市場を通じた仕組みを構築すればよさそうですね。それでは，株式市場を中心とする直接金融システムへの完全な移行が望ましい

でしょうか。ところが，ことはそう単純にはいかないのです。極端なケースですが，株式市場が唯一の資金経路になるという一大改革を行ったとしましょう。いうなれば，この事態は，銀行に資産の大半を預けている預金者に対して，これからはすべて株式で運用せよ，と要求することに等しいことになります。おそらく大混乱が起こるでしょうね。それに，株式市場で運用するためには，相当の学習と知識が必要になります。また，市場が公正であるためのルールを整備することなく，株式市場における完全に自由な取引を認めると，激しい資産バブルのような市場の暴走が頻繁に起こりかねません。物事はあまり極端に進めても，ろくな結果を招きません。

そこで提案されているのが，間接金融（銀行中心）と直接金融（資本市場中心）の中間型としての**市場型間接金融**の仕組みを活用してはどうかというものです。間接金融取引は基本的に**相対型**（☞レクチャー2.1）の金融取引です。一方で，直接金融取引は**市場型**（☞レクチャー2.1）の金融取引と融和性が高い取引です。市場型間接金融とは，この両者の特徴を合わせた取引方法です。以下では順に，この市場型間接金融の代表例として，①投資信託，②協調融資（シンジケート・ローン），③資産の証券化，を取り上げます［☞詳しくは，岡村・田中・野間・藤原（2005, 第4章）をご参照ください］。

● **投 資 信 託**

先程，銀行に資産の大半を預けている預金者に対して，今後はすべて株式で運用するよう強制する措置を講じた場合，大混乱が起こるのではないか，という話をしました。もっとも，「ローリスク・ローリターン」の銀行預金と比べて，「ハイリスク・ハイリターン」の株式投資のほうがより大きな収益を期待できる，というのは多くの人が認識している事実です。あるいは，定期的な賃料収入を期待して，不動産投資に魅力を感じている人もいるかもしれません。この他にも，債券や外貨，外国証券のような収益性を見込めそうな金融商品が世の中にはあふれています。それにも関わらず，日本の多くの家計はなかなか金融市場への投資へ踏み出すのに躊躇しているようです。

一般の個人が株式投資や不動産投資に二の足を踏むのは，ある意味で当然のことです。これらの投資には，相応の知識と経験が求められます。そして，これらの投資を始める前も，始めてからも，十分な投資方法に関する学習を行い，

常に多くの情報を収集・分析し続ける必要があります。要するに、金融市場や不動産市場への直接投資は、素人にとって敷居が高いのです。

このような場合、一般の個人は金融市場や不動産市場への投資をあきらめざるを得ないのでしょうか。実は、このような人々にもこれらの市場への投資に参加する方法があります。それが**投資信託**と呼ばれる手法です。投資信託とは、自分の資産を他人であるプロの投資家を「信用」して、自分の代わりに「投資」するよう「委託」することです。もう少し具体的に申し上げますと、投資信託は、多数の投資家を対象として、小口の資金を大口化して、資産運用の専門家が株式・債券などの有価証券や不動産などに投資し、その成果として収益が生じた場合、これを投資家に分配する仕組みです。換言すれば、あまり金融や投資に詳しくない人でも、プロの投資家に「信じて託す」ことで、金融市場や不動産市場に投資することが可能になります。もっとも、投資信託には様々な種類の商品がありますので、その中から自分に合ったものを選び出す難しさはあります。

また、投資家にとって注意しておく必要があるのは、「その成果として収益が生じた場合」に限り、収益分配が行われるという点です。要するに、銀行預金とは異なり、元本保証はありませんので、場合によっては、家計部門にとって保有資産の価値が毀損し得るのです。逆にいうと、運用が上手くいけば、相応の高収益を見込めるというわけです。

加えて、もう一つ見落としがちなのが、投資信託に伴う手数料の存在です。ここでは、その一例として、信託報酬という手数料を取り上げましょう。運用会社は運用・管理等に伴う諸経費がかかりますので、投資信託の購入者はこれらの費用を負担する必要があります。これを**信託報酬**といいます。信託報酬は運用成績が良かろうが悪かろうが、運用残高に対して計算され、差し引かれます。例えば、あなたが運用残高に対して1.5%の信託報酬がかかる株式投資信託を購入したとします。他に手数料や税金がかからないと仮定した場合、もしこの商品が2%の運用成績を上げたとしても、実際の分配率は差し引き0.5%（＝2%−1.5%）となります。

以上のように、銀行預金に慣れきった一般の個人からすると色々と選択や手続きが面倒な投資信託ですが、銀行預金から投資信託に家計の資金が動くことで、家計の貯蓄が金融市場への投資資金として活用されるようになります。ま

た，家計の資金が多様な運用手段に投資されることによって，世の中に広くリスクを分散することができますので，銀行のような特定の部門にリスクが集中するのを抑制することが期待できます。このような意味で，投資信託の普及は今後の金融システムの再構築において，重要な意義をもっています。

ただし，依然として，日本における家計の金融資産が銀行預金に滞留している背景には，預金者にとって手軽な金融商品，より具体的には，あまりリスクが高すぎず，預金金利よりは程々に高い収益が見込めそうな商品が不足している，ということが考えられます。多くの家計のニーズに答えるような「ミドルリスク・ミドルリターン」の商品を金融機関側が開発し提供することが大きな課題といえます。

● **協調融資（シンジケート・ローン）**

銀行貸出は通常，貸し手と借り手が1対1で行う「相対型」取引です。例えば，吹澤銀行が新渡戸食品に単独で融資をするという場合を考えてみてください。言うまでもなく，このやり方ですと，貸し手である吹澤銀行が借り手である新渡戸食品の信用リスクを負担しています。

ここで取り上げる協調融資（シンジケート・ローン）では，このような単一の銀行が単独で融資するのではなく，貸し手側について，複数の金融機関から成る融資団（シンジケート）を組成して融資を行います。例えば，吹澤銀行が幹事となって，正徳銀行や板垣証券など他の金融機関が参加することで，新渡戸食品への融資団が組成されたとします。吹澤銀行のような幹事役となる金融機関は，アレンジャーと呼ばれます。正徳銀行や板垣証券などの融資団への参加金融機関は，パーティシパントと呼ばれます。そして，当事者間の調整・連絡役や元利金回収等の事務代行を行う金融機関は，エージェントと呼ばれます。多くの協調融資では，アレンジャーがエージェントを兼ねる場合が多いようです［岡村・田中・野間・藤原（2005, p.138)］。

協調融資では，単一の銀行が単独で融資する場合とは異なり，複数の金融機関の間で借り手の信用リスクを分散することができます。また，複数の金融機関が参加することによって，より大口の資金調達の要望に答えることができます。ただし，参加金融機関が多くなると，再交渉が必要になる局面で，参加機関間の利害対立によって，全参加者の同意を取り付けるのが難しくなる可能性

はあります。

● 資産の証券化

　銀行融資における本源的証券は，借り手に対する貸出債権です。そして，貸出債権は株式や債券のように転売が難しく，流動性に乏しい資産です。また，住宅やビルのような不動産もすぐに買い手がつくとは限りませんから，流動性は決して高くありません。金融機関にとって，住宅等の不動産ローン債権はそもそも原資産である不動産の流動性が低いことも加わって，やはり流動性に乏しい面があるのは否めません。

　このような流動性の低い資産を保有していることは，将来において流動性不足に陥る可能性が高まるばかりか，その資産保有に伴うリスクを他に移転することが難しい，ということを意味します。例えば，吹澤銀行は貸出債権や住宅ローン債権しか保有しておらず，これらの債権を転売することが全くできない，という状況を考えてみてください。ここで，吹澤銀行は何らかの理由で急に資金を必要とするようになったとします。ところが，貸出債権や住宅ローン債権は，株式や債券のように返済満期前に売却できません。必要とする資金の規模次第では，吹澤銀行の経営は流動性不足で行き詰まってしまうかもしれません。

　もしこのような流動性が低い資産を<u>流動化</u>するための方法があれば，リスク分散を行うことが可能になりますね。なお，資産の流動化とは，当該資産を返済満期前に売買して換金できることです。いつでも容易に売買可能なほど，その資産の流動化の程度は高いといえます。同じ債券でも，国債は流通市場が整備されているため流動化の程度が高いのですが，一方で私募債は流動化の程度が非常に低い債券です。いうまでもなく，貸出債権や住宅ローン債権は流動化の程度が低いので，先の例のように流動性不足に陥る恐れがあるといえます。しかも銀行は大量の貸出債権を抱えることで，これらのリスクを抱え込んでしまいます。このような資産を流動化させ，それらのリスクを分散化させるための金融手法として，<u>資産の証券化</u>と呼ばれる仕組みがあります。

　資産の証券化は，貸出債権や不動産，および不動産ローン債権などの流動性に乏しい資産を譲渡（売却）して自らのバランスシートから切り離し，小口化したうえで，流通市場で取引しやすくして，原資産の流動性を高めようとする金融技術です。先の例に即して，段階に分けて説明しましょう。

1. まず，吹澤銀行が貸出債権を証券化のために設立された**特別目的会社**（Special Purpose Company；以下ではSPCと表記）と呼ばれる業者に売却（譲渡）します。吹澤銀行はもともとの資産の持ち主であることから，**オリジネーター（原資産保有者）**と呼ばれます。吹澤銀行は貸出債権をSPCに譲渡することで，この債権を自らのバランスシートから切り離すのです。これを**オフバランス化**といいます。このオフバランス化によって，吹澤銀行は，この貸出債権が返済前に焦げ付くリスクをSPCに移すことができます。

2. 次に，SPCは買い取った貸出債権をもとに，より小口化した証券を発行し，投資家に販売します。小口の証券化商品にすることで，大口の貸出債権を流動化させることができます。ただし，証券として販売するからには，収益が得られなければ誰も購入しませんよね。ここで，元の貸出債権は，返済金利という**キャッシュ・フロー**を生みます。このキャッシュ・フローが新たに組成された証券の配当源になります。ここでは，証券化によって組成された証券を，証券化商品と呼んでおきましょう。SPCは投資家に証券化商品を販売することで，貸出債権に伴う信用リスクを回避（＝投資家に転嫁）することができます。

3. なお，証券化のもととなった原資産（この場合は貸出債権）の管理や，返済金利などのキャッシュ・フローの回収を行うのが，**サービサー**と呼ばれる業者です。貸出債権の証券化では，オリジネーターがサービサーを兼ねるケースが多く見受けられます［岡村・田中・野間・藤原（2005, p.131）］。

　以上のように，資産の証券化によって，当該資産を流動化させ，そのリスクを分散化させることが可能になります。しかも，キャッシュ・フローを生み出す資産であれば，どのようなものでも証券化を行うことができます。その意味で，証券化は適用範囲の広い，非常に柔軟な仕組みといえます。

　証券化などの市場型間接金融の各手法によって，資産バブルの崩壊のような事態が，特定の部門（銀行）に集中的にダメージを与えることを緩和することはできます。ただし，証券化によって資産の流動化やリスク分散は可能になりますが，肝心のリスクそのものが消えるわけではありません（☞**コラム3.2**「サブプライム・ローン問題と証券化」(p.100)）。

　私が大学生のときに受講した金融論の講義で，このとき担当されていた恩師の一人が金融におけるリスクを「ホットパイ」に例えておられました。曰く，

リスクの分散によって可能になるのはせいぜい，ある特定の個人が一人でずっと熱々のパイをもつのではなく，みんなでそれを順番に回してもつことで，特定の人が大やけどを負うのを防ぐぐらいのことだそうです。熱々のパイ（リスクそのもの）はやっぱり熱いまま（消えないまま）なのです。

この例え話になぞらえますと，市場型間接金融の諸手法によって，マクロ経済のリスクを分散化させることができる一方で，本丸のリスクそのものは消せない，という事実にお気づきいただけるものと考えます。望ましい金融システムが設計できたとしても，適切なリスクの管理ができなければ意味がありません。

どのような金融システムのもとにおいても，私達はリスクとどのように向き合うべきなのか，また，リスクが手に負えない「リヴァイアサン（巨大な怪物）」にならないようにするにはどうしたらよいのか，について，常に意識しなければなりません。金融システムの設計（リスクの負担構造）と金融規制・監督（リスクの管理）はまた別の問題ではあるものの，両者は経済安定のためにお互いを補完し合うものなのです。

コラム 3.2　サブプライム・ローン問題と証券化

　2007 年から 2008 年にかけて，米国のサブプライム・ローン問題が世界に飛び火しました。サブプライム・ローンとは，低所得者層向けの住宅ローンのことです。このサブプライム・ローン債権をもとにした証券化商品が広く販売されました。ところが，2006 年頃から米国の地価が下落し始め，サブプライム・ローン債権が焦げ付き始めました。これらを担保とする証券化商品の価値も低下し，購入した投資家が多額の損失を抱えました。しかも厄介なことに，これらの証券化商品をさらに証券化するといったことが行われており，問題が複雑化したのです。

　サブプライム・ローン問題は国境を越えて，これらの証券化商品を購入していた世界の金融機関や投資家にも波及しました。逆にいえば，米国は証券化によるリスク分散によって，これらのつけを広く世界に転嫁（というよりも拡散！）することができたので，日本の平成バブル崩壊後ほどには長期化せず，国内の打撃を緩和できた面はあったでしょう。しかし，証券化によってリスク自体が消滅するわけではなく，資産バブルの問題や金融危機がなくなるわけではないのです。経済危機後の欧米諸国において，金融規制強化の動きが出てきた背景の一端には，このような問題意識があったものと考えられます。

復習

(1) 1985年9月に，米国をはじめとする先進諸国は，ドル高是正のための国際的な政策協調に取り組むことで合意した。これを_____と呼ぶ。

(2) _____とは，資産価格が当該資産の_____（将来収益に裏付けられた実体価値）から乖離した部分のことである。

(3) 1980年代後半の日本の地価や株価で発生した資産バブルを_____と呼ぶ。

(4) 平成バブルの背景として，金融緩和などによって生み出された_____（カネ余り）が土地や株式などの資産投機に向かった，との指摘がある。

(5) 日本では1990年代まで「土地は必ず値上がりする」という_____が定着していた。

(6) 平成バブル期に好景気が過熱したメカニズムとして，_____融資による設備投資の増加が挙げられている。

(7) 旧大蔵省は1990年3月に金融機関の不動産向け融資の伸び率を総貸出の伸び率以下に抑制する_____と呼ばれる地価引き下げのための行政指導を行った。

(8) _____とは，貸出先の不振などによって回収困難になる貸出債権のことである。

(9) 1990年代後半の日本では金融機関の破綻が頻発し，金融機関の救済や不良債権の処理のために多額の_____が投入された。

(10) 平成バブルの崩壊を経て，銀行中心型の金融システムの限界が明らかになり，間接金融と直接金融の中間型としての_____の仕組みを活用することが提案されている。

(11) _____とは，資産運用の専門家が投資家から委託された資金を有価証券や不動産などに投資し，その収益を投資家に分配する仕組みである。

(12) _____とは，複数の金融機関から成る融資団を組成して融資を行う仕組みである。

(13) _____とは，流動性に乏しい資産を譲渡して自らのバランスシートから切り離し，小口化して原資産の流動性を高めようとする仕組みである。

練習問題

問題1　直接金融と間接金融
直接金融と間接金融に関する次の記述のうち，誤っているものはどれか。

ヒント：pp.73-77を読もう！

(1) 企業が社債や株式を発行し投資家から調達する資金の流れを直接金融という。
(2) 直接金融において，証券会社のような取引の仲介を行う金融機関はリスクをほとんど取らず，資金の流れに関する情報の収集と伝達を行う。
(3) 間接金融では，金融仲介機関はリスクを取って資産変換機能を果たしている。
(4) 間接金融では，銀行が預金者から受け入れた預金はその銀行の貸借対照表に資産として計上される。

[2012年（春）証券アナリスト1次試験　改]

問題2　間接金融
間接金融に関する次の記述のうち，誤っているものはどれか。

ヒント：pp.74-77を読もう！

(1) 銀行が個人等から預金として集めた資金で企業へ貸出を行う金融方式をいう。
(2) 集められた資金をどのように運用するかに関する決定は金融機関が行う。
(3) 資金運用に関するリスクはすべて預金者がとる。
(4) 金融機関は間接証券を発行し，預金者がこれを購入する。

[2002年3月　第1回ERE　改]

問題3　戦後日本経済史
戦後日本経済の流れに関する次の記述のうち，誤っているものはどれか。

ヒント：pp.77-86を読もう！

(1) 高度成長期の法人企業部門の資金調達は，間接金融に過半を依存していた。
(2) 1970年代以降の金融自由化の恩恵を受けた銀行は，優良顧客である大企業を取り込むことに成功した。
(3) 1970年代後半の日本経済は第2次石油危機をうまく乗り切り，いち早くスタグフレーションを克服した。
(4) 1985年のプラザ合意により，日本はドル高是正のために内需拡大を迫られた。

問題4　日本の金融動向
1990年代の日本の金融動向に関する次の記述のうち，誤っているものはどれか。

(1) 家計の金融資産残高に占める現金・要求払預金の割合は上昇した。
(2) 定期預金金利の自由化，当座預金を除いた要求払預金金利の自由化が，相次いで行われた。

(3) いわゆる日本版ビッグバン構想以降，金融業の業務分野の垣根が取り払われるようになった。
(4) 銀行のよる投資信託・保険の窓口販売は禁止されたままである。

[2005年7月 第8回 ERE 改]

問題 5　金融システム

一国の金融システムに関する次の記述のうち，誤っているものはどれか。
(1) ドイツとフランスは，典型的な資本市場型システムである。
(2) 日本は，典型的な銀行型システムである。
(3) 銀行型システムの特徴として，企業の負債比率が高いことが挙げられる。
(4) 資本市場型システムと銀行型システムのどちらがより発達した形態であるかは一概には言い難い。

[2010年（秋）証券アナリスト1次試験 改]

問題 6　金融システム

金融システムの意味と形態に関する次の記述のうち，正しいものはどれか。
(1) 金融危機に直面した借り手企業への銀行の経営介入に対する規制は，銀行型システム採用国のほうが，資本市場型システム採用国よりも厳しい傾向にある。
(2) 銀行型システムを特徴とする国では，株式の保有構造が拡散していない傾向にある。
(3) 金融システムには，企業破綻法制を含むが，会計制度は通常含まれないと解されている。
(4) 典型的な資本市場型システムである米国では，銀行の株式保有制限が撤廃されている。

[2010年（春）証券アナリスト1次試験 改]

問題 7　投資信託

日本の投資信託に関する次の記述のうち，正しいものはどれか。
(1) 個人は，不動産投資信託（REIT）を購入できない。
(2) MMFには，元本保証をしているものが多い。
(3) 公社債投資信託の運用に，株式は含まれない。
(4) 高利回り投資信託は，投資適格債券のみで構成されている。

[2004年 第98回銀行業務検定試験 金融経済3級 改]

問題 8　証券化

証券化商品に関する次の記述のうち，誤っているものはどれか。

ヒント：pp.97-99を読もう！

(1) SPCは，証券化商品の資産を特定化するために設立される機関である。
(2) サービサーは，特定化された資産からキャッシュ・フローの回収を行う。
(3) SPCに資産を売却する金融機関や一般事業会社をオリジネーターと呼ぶ。
(4) 証券化商品においては，住宅ローンやカードローン，不動産といった法律のもとで指定された資産だけを対象にすることができる。

[2010年（秋）証券アナリスト1次試験　改]

練習問題解答

問題 1 正解（4）：銀行にとって，預金は預金者から借りている「債務」である。したがって，預金者から受け入れた預金は銀行の貸借対照表に「負債」として計上される。

問題 2 正解（3）：間接金融では，資金運用に関するリスクは金融仲介機関によって負担される。

問題 3 正解（2）：金融自由化の恩恵を最も受けたのは，資金調達の選択肢が増えた大企業であった。こうして起こったのが，大企業の銀行離れである。このことは，銀行部門にとって優良顧客である大企業の離反を意味していた。

問題 4 正解（4）：いわゆる日本版ビックバン構想以降，銀行による投資信託・保険の窓口販売は解禁されている。

問題 5 正解（1）：ドイツとフランスは，銀行型と資本市場型の折衷型システムとみなされている。

問題 6 正解（2）：（1）銀行型システム採用国では，金融危機に直面した借り手企業への銀行の経営介入に対する規制は，資本市場型システム採用国よりも緩やかな傾向にある。（3）会計制度は通常含まれると解されている。（4）米国は典型的な資本市場型システムであり，商業銀行による株式保有は禁止されている。

問題 7 正解（3）：（1）購入できる。（2）MMF（Money Management Fund）は，国内外の公社債やCP・CDなどの短期金融商品で運用されている投資信託である。比較的安全性は高いとされているが，元本保証はない。（4）高利回り投資信託は運用収益を高めるために，投資適格債券よりも下位の格付けの債券も運用に組み入れている。

問題 8 正解（4）：キャッシュ・フローが発生する資産であれば，どのような資産でも証券化の対象になる。

第4章
金融取引と情報の非対称性

予習

情報の非対称性　　**依頼人（プリンシパル）** ↔ **代理人（エージェント）**
　　　　　　　　　　　　　（情報劣位）　　　　　　　（情報優位）

貸出市場の場合：　**貸し手（資金提供者）** ↔ **借り手（資金調達者）**

- **事前情報**： 代理人（借り手）の<u>属性</u>，財・サービスの<u>品質</u>
- **期中情報**： 代理人（借り手）の<u>行動</u>
- **事後情報**： 代理人（借り手）の行動の<u>結果</u>・仕事の<u>成果</u>

逆選択　　［取引前］<u>不良品が出回り，優良品の取引が縮小</u>

貸出市場の場合：<u>不良な借り手が借り入れ，優良な借り手が借り入れを断念</u>

モラル・ハザード　　［契約後］代理人の<u>注意</u>や<u>動機</u>を弛緩させる効果

貸出市場の場合：
- ［取引中］契約内容を守らず，ハイリスク・ハイリターンの投資を実行
- ［取引後］貸し手に嘘の収益報告を行い，債務返済を回避

［情報の非対称性への対処］
- **情報生産**： 審査・監視・監査…借り手の信用度情報の収集・分析・評価
- **担保**： 貸し手は担保資産を売却することで資金を回収
- ※ **メインバンク制**： 長期的・継続的な取引関係 ➡ 企業情報の蓄積

学びのポイント

1. 貸出市場における情報の非対称性について考えよう。　　➡ p.108
2. 貸出市場における逆選択について学ぼう。　　➡ p.111
3. 貸出市場におけるモラル・ハザードについて学ぼう。　　➡ p.116
4. 貸出市場での情報の非対称性への対処について考えよう。　　➡ p.120

レクチャー 4.1 情報の非対称性

● 見知らぬ相手に貸せますか？

　突然ですが，あなたは教室で偶然隣り合わせた見知らぬ他人に 1 万円貸してほしいと頼まれました。さて，ここで質問です。あなたはその人にあなたがもっている 1 万円を貸しますか。

　おそらく大半の方はこのような見知らぬ他人に対して自分のお金を貸すことを躊躇するはずです。なぜ躊躇するのでしょうか。得体のしれない他人から借金の申し出をされる不気味さもさることながら，どのような人物か分かりもしないのにお金を貸すというのは，誰でも戸惑うものです。そもそも，返済してもらえるかどうかも分からない相手にお金を貸すのは，よほどの度量の持ち主でしょう。

　この心の躊躇の正体は，経済学の考え方を用いますと，次のようにとらえることができます。貸し手であるあなたと，借り手である相手との間には，ある情報の格差が存在します。すなわち，あなたは本当に相手が返済する気があるのかどうかが分かりません。一方で，相手のほうは，返済する気があるのか，それとも，端から踏み倒す気なのか，について心の内にありながら，借金の申し込みをしています。返済の可能性に関する情報について，貸し手であるあなたよりも相手のほうが明らかに多くの情報をもっていることになります。残念ながら，あなたが借金を申し込んできた相手の心の内を見通すことは難しいでしょう。

● 情報の非対称性とは

　金融取引においては，このようなことが常に起こり得ます。通常は，自分の行動パターンや心情は，自分自身が最もよく知るところのものです。この意味で，借り手の信用度に関する情報は，借り手自身が一番よくわかっているものでしょう。いうなれば，借り手の信用度については，借り手は貸し手よりも多くの情報をもっており，反対に，貸し手は借り手よりも情報が少ない，といえます。このように，取引に関する情報が当事者の間で異なっている状態を，**情報の非対称性**が存在すると呼びます。

　ここで，貸し手と借り手の関係は，ある仕事内容をめぐる依頼側と引き受け

側というようにとらえられます。このようなある仕事をめぐる当事者の関係は，明示的にせよ，暗黙的にせよ，一種の**契約**状態にある，と見なすことができます。そこで，契約理論での慣習的な用語法に従って，契約において，ある仕事をするように頼む側を**依頼人（プリンシパル）**，頼まれてその仕事を引き受ける側を**代理人（エージェント）**と呼びます。

　契約の締結に際して，プリンシパルは契約内容を提示し契約書を作成する側であり，エージェントは契約内容に同意したうえで契約書に署名（サイン）する側です［永谷（2002, p.82）］。貸し手のような立場は依頼人サイド（契約主体者としての立場）であり，借り手のような立ち位置は代理人サイド（受身の立場）になります。したがって，「貸し手―借り手」関係は，「依頼人―代理人」関係（**エージェンシー関係**）の一種と理解することができます。

　さらにここでは，仕事内容に関する情報に関して，依頼人は代理人ほど情報を多くもっていないという意味で**情報劣位**者であり，代理人は依頼人よりも多くの情報をもっているという意味で**情報優位**者である，と仮定します。もちろん現実には逆の場合［☞例えば，契約前に情報保有者が取引相手に情報を開示する**シグナリング**のケースでは，情報を受け取る相手側は，その情報を信じるか否かを判断する立場という意味で，情報上優位に立つ場合があります］もあるのですが，代理人のほうが依頼人よりも情報上優位にある，ととらえたほうが，ここで紹介する具体例に即しているのです［永谷（2002, p.88）］。

　さて，貸し手（依頼人）と借り手（代理人）の間における情報の非対称性については，取引の段階に応じて次のように分類することができます［☞この分類については，酒井・前多（2003, pp.18-19）と福田（2013, pp.87-89）を参考にしています］。

1. 事前情報の非対称性

　まず，取引が行われる「**前**」の段階での情報偏在は，事前情報の非対称性，と呼ばれます。資金を貸し出す前の段階ですと，借り手が収益を上げるだけの投資能力をもっているのか，真面目に返済する気があるのか，といった借り手の「**属性**」に関する情報が融資決定の判断材料になります。しかし，貸し手が融資を行う前の段階において，借り手が本当に真面目に返済する気があるのかどうかについて，貸し手は借り手の本音をつかむことは難しいでしょう。取引前の段階では，貸し手にとって，借り手が優良か否かということが「**隠された**

情報」なのです。

2. 期中（中間）情報の非対称性

次に，取引が行われている「間（期間中）」の情報偏在は，期中（中間）情報の非対称性，と呼ばれます。いざ資金を提供した後は，借り手が当初に約束した通りの投資活動を行っているのか，また，投資成果を得るために不断の努力を続けているのか，について，貸し手としては非常に気になるところでしょう。ところが，貸し手は借り手の「行動」を完全に観察することはできません。資金を貸し出している間（期間中），貸し手は借り手の「隠れた行動」にひやひやし続けることになります。

3. 事後情報の非対称性

そして，取引満期「後」の段階での情報偏在は，事後情報の非対称性，と呼ばれます。返済段階においても，貸し手が直接把握するには難しい情報があります。それは借り手の投資活動の「成果」です。投資活動の結果，どれだけの

コラム 4.1　「情報の経済学」における「情報」

　本章の議論は，情報の経済学からの成果を金融取引の分析に適用したものです。では，ここでいう「情報」とは一体どういう意味で使われているのでしょうか。永谷（2002，第1章）の議論に沿って，この問題について考えてみましょう。

　貸し手と借り手の間で情報の非対称性が存在しているという状況は，貸し手が将来，借り手に資金を返済してもらえる場合と，返済してもらえない場合，という複数の選択肢に直面していることを意味しています。将来起こり得る事象が複数ある状況を「不確実性」が存在するといいます。借り手の信用度に関する情報は，貸し手にとって，返済に関する不確実性を軽減する役割を果たします。このようにとらえますと，「情報の経済学」における「情報」とは，「不確実性を減らす」ものとして定義されます。

　もっとも，世の中の情報の全てが「不確実性を減らす」ものとは限りません。例えば，音楽や文学は，それに接する人々の心や教養を豊かにするものであり，不確実性を軽減するものではありません。したがって，上記の定義は，世の中の全ての「情報」に適用されるものではありません。そうは申しましても，あくまでも限られた意味だと了解したうえで，この定義は不確実性の経済分析において重要な意義をもっています。金融機関による「情報」生産は，資金の返済に関する「不確実性」を少しでも「減らす」ために行われる活動といえます。

収益があがったか，については，借り手が最もよく知るところのものです。貸し手は仕事の「結果」について完全に知ることはできず，借り手からの報告によって投資収益を把握します。ここで，借り手は実際の収益情報を隠して，「低い収益に留まった」と嘘の報告を行うことで，金利や返済金額の減免を図る誘因（インセンティブ）をもちます。このように，取引終了後には「真の結果が隠されて，偽（嘘）の情報が流される可能性」が存在するのです。

　これらの取引段階ごとの情報偏在は，さまざまな問題を引き起こします。「事前情報」の非対称性は「逆選択」，「期中（中間）情報」や「事後情報」の非対称性は「モラル・ハザード」という問題を発生させる可能性があると，これまでの研究から指摘されています。以下では，これらの問題について順を追って考えてみましょう。

レクチャー 4.2　逆選択

● 逆選択とは

　先の仮定より，仕事内容に関する情報に関して，依頼人が情報劣位者で，代理人が情報優位者とします。いま，依頼人は代理人に仕事を依頼しようとしています。いわば取引契約を結ぶ「前」の段階です。取引前に依頼人が主に知りたいのは，「取引相手である代理人が真面目に仕事に取り組んでくれるのか」，あるいは，「取引対象となっている財・サービスの中身は信頼できるものなのか」，ということに関する情報です。

　前者のタイプの情報，すなわち，「取引相手は真面目で努力し続ける人物なのか否か」ということは，その人の「属性」に関するものです。また，後者のタイプの情報，すなわち，「財・サービスの内容」云々は，その財・サービスの「品質」に関わるものです。代理人は自分の属性や，自らが提供する財・サービスの質について誰よりもよく知っています。

　このように，取引の「事前」段階では，取引相手の「属性」や，取引しようとしている財・サービスの「品質」に関して，情報の非対称性が存在しています。前節では，これを事前情報の非対称性と呼びました。

　まずは，「品質」に関する情報の非対称性が存在する場合について，考えて

みましょう。依頼人は複数の代理人からある財を購入しようとしています。ただし，代理人は自分たちが提供する商品の「品質」についてよく知っている一方で，依頼人は財の「品質」について事前に知ることはできません（図 4.1）。

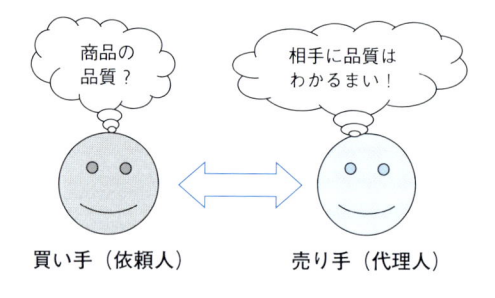

図 4.1 事前情報の非対称性と逆選択

そこで，依頼人はその財の平均的な品質に見合う価格を提示したとします。品質が平均以上の優良品をもっている代理人からしますと，その値段では割が合いませんので，その財の販売を手控えます。他方，品質が平均以下の不良品をもっている代理人は，その値段でも十分高価なので，喜んで売ろうとします。結果として，その財の市場には，不良品ばかりが取引されるようになってしまいます。

このように，不良品が優良品を市場から追い出してしまう現象を逆選択と呼びます。選択という言葉には，「良いものをとり，悪いものをすてる」（『広辞

コラム 4.2　桃は優良品で檸檬は不良品？

　情報の非対称性が市場取引に与える効果は，米経済学者アカロフ氏による中古車市場を例にとった分析が嚆矢となり，広く経済分析に応用されるようになりました。その要旨は，中古車市場において，売り手は自分が販売する車の性能を知っている一方で，買い手は車の性能を知らない，という情報の非対称性が存在するもとで，中古車市場で欠陥車が出回ってしまい，優良車の取引が十分に行われなくなる，というものです。これはレモンの原理と呼ばれます。なぜ「レモン」なのかと申しますと，アカロフ氏がこの分析において優良車をピーチ（peach），欠陥車をレモン（lemon）と呼んだことに由来します。桃が優良品の代名詞で，レモンが欠陥品の代名詞……と訝る方がおられるかもしれませんね。手許の『リーダーズ英和辞典［第2版］』（研究社）によると，peach には果物の「桃」の他に「すてきな人［もの］」，lemon には果物の「レモン」の他に「がっくりさせること［もの・人］」「不良品・きずもの」という意味があるそうです。なぜ lemon が「いやなもの」なのかと申しますと，前掲の同辞典によれば，「スロットマシンでレモンが出ると当たりはないことから」だそうです。

苑［第5版］』）という意味があります。財の品質に関して情報の非対称性が存在するとき，その財の市場から「悪いものが残り，良いものが消える」というように，「逆」の「選択」をせざるを得ない状況が生まれてしまうのです。市場が不良品ばかりであふれ，しかも，その価格が一層高くなると，取引が行われなくなるかもしれません。このような事態を市場崩壊と呼びます。逆選択は，市場の崩壊を招きかねない問題なのです。

● 貸出市場での逆選択

　以上のようなタイプの情報の非対称性が，貸し手と借り手の間に存在する場合，どのようなことが起こるでしょうか。この場合，貸し手は貸借取引を始める「前」に借り手の「属性」について知ることができない，という意味で情報の非対称性が存在しています（図 4.2）。

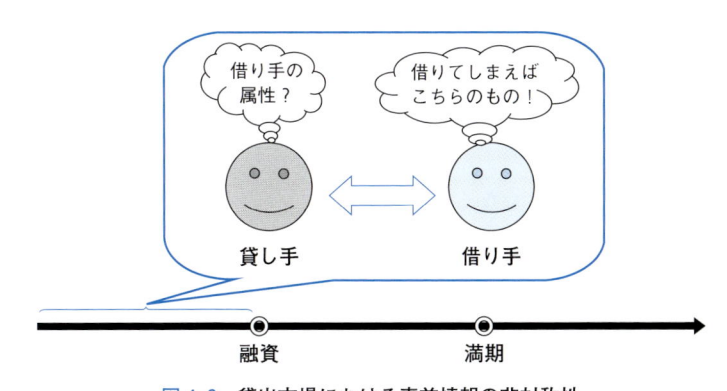

図 4.2　貸出市場における事前情報の非対称性

　いま，この問題を考えるために，両極端な2つのタイプの借り手が存在しているものとします［☞この設定は，村瀬（2006，第2.2節）のモデルを参考にしています］。すなわち，Aさんは投資能力をもち，真面目に返済する気がある優良な借り手であり，Bさんはたいした投資能力をもたず，いざとなれば踏み倒す気満々という不良な借り手とします。

　もし借り手の属性に関して情報の非対称性が存在しなければ，貸し手は信用度の高いAさんには低めの金利を適用することで融資関係をもちたがるでしょうし，信用度の低いBさんには高めの金利を提示することで融資への障壁を築こうとするでしょう。すなわち，貸し手はもてる情報を活用し，優良な借

り手を「選択」し，不良な借り手を避けようとします。

　しかし，実際には，貸し手は借り手の「属性」を完全に知ることはできません。そこで，貸し手は，AさんとBさんがどういう属性をもつタイプなのか全く観察できないという状況を想定しましょう。このとき，貸し手は相手の信用度に関する情報を持ちませんので，借り手の信用度に応じてきめ細かく金利を設定することができません。そこで，平均的な資金返済確率に見合う金利を一律にそれぞれのタイプの借り手に対して提示します。

　優良な借り手であるAさんからしますと，このような金利水準は高すぎると感じるでしょう。もし情報の非対称性が存在しなかったならば，Aさんはもっと低い金利で借りられたはずです。Aさんは真面目な借り手であり，自分がもっている投資能力を活用して得られる収益と比べて，この金利水準が返済額として高すぎる，と感じれば，資金の調達をあきらめてしまいます。

　一方，不良な借り手であるBさんは，この金利水準でも喜んで借りるでしょう。もし情報の非対称性がなければ，Bさんはもっと高い金利を要求されたはずです。しかも，Bさんは確固たる返済意思をもっていませんので，いざとなれば借りたお金を踏み倒す気でいます。Bさんは，自分の投資能力から得られる収益と比較するまでもなく，この平均的な金利水準での融資を受けようとします。

　この結果として貸出市場では，優良な借り手が借り入れを断念し，不良な借り手ばかりが借り入れを受けようとします。すなわち，**質の悪い（＝貸し倒れリスクの大きな）借り手が借り入れを受け，質の良い（＝貸し倒れリスクの小さな）借り手が借りられない**，という「逆選択」が起こってしまいます。貸し手としては，質の悪い借り手を避けて，質の良い借り手を選択したいのですが，情報の非対称性ゆえにこれとは「逆」の選択をせざるを得ない状況に直面します。このような状況が続きますと，貸出金利の水準がさらに高くなってしまい，取引の規模はだんだんと縮小しかねません。最悪な場合，貸出市場において，資金の貸借が全く行われなくなってしまう可能性を秘めています。こうなりますと，貸出市場は崩壊してしまいます。このように，逆選択の問題は，一つの市場を機能停止させかねないという厄介な問題なのです。

復習

(1) 取引に関する情報が当事者の間で異なっている状態を＿＿＿が存在すると呼ぶ。

(2) 契約において，ある仕事をするように頼む側を＿＿＿，頼まれてその仕事を引き受ける側を＿＿＿と呼ぶ。

(3) 取引開始前における，代理人の＿＿＿や取引される財・サービスの＿＿＿に関する情報偏在は＿＿＿と呼ばれる。

(4) 取引期間中の代理人の＿＿＿に関する情報偏在は＿＿＿と呼ばれる。

(5) 取引満期後の代理人の仕事の＿＿＿に関する情報偏在は＿＿＿と呼ばれる。

(6) 財・サービスの品質に関して事前情報の非対称性が存在するときに，不良品が優良品を市場から追い出してしまう現象を＿＿＿と呼ぶ。

(7) 貸出市場では，借り手の＿＿＿に関する情報偏在によって，優良な借り手が借り入れを断念し，不良な借り手ばかりが借り入れを受けようとする＿＿＿が起こり得る。

レクチャー 4.3 モラル・ハザード

● モラル・ハザードとは

　前節では，取引が行われる「事前」の段階における情報の非対称性のもとで，「逆選択」という問題が発生する可能性について，考察しました。本節では，取引が開始された「後」の段階における情報の非対称性がもたらす問題について，みていきましょう。

　先の仮定より，仕事内容に関する情報に関して，依頼人が情報劣位者で，代理人が情報優位者とします。いま，依頼人は代理人に仕事を頼んだとします。いわば取引契約を結んだ「後」の段階です。このとき，依頼人は「代理人が当初約束した通り真面目に仕事してくれるのか」，あるいは，「仕事の成果を誤魔化したりしないか」といった情報を入手したいと考えます。

　前者のタイプの情報，すなわち，「取引相手が約束通り真面目に仕事してくれるのか否か」ということは，その人の「行動」に関するものです。これを期中（中間）情報と呼びます。そして，後者のタイプの情報，すなわち，「仕事の成果」云々はその人の行動の「結果」に関するものです。これを事後情報と呼びます。代理人は自分の行動や結果について誰よりもよく知っています。

　このように，取引開始「後」の段階では，取引相手の「行動」やその「結果」に関して，情報の非対称性が存在しています。前節の表現を用いれば，「事前情報」や「期中（中間）情報」について非対称性が存在していることになります。

　もし代理人が「依頼人は自分の行動やその結果について観察することができない」ということを知っていたならば，どのような行動に出るでしょうか。有り体にいえば，真面目にやろうが，怠けようが，依頼人からは全く分からない状況だということです。しかも，仕事の成果についても依頼人は代理人に申告されたものしか目にできない，というわけです。引き受けた仕事に対して強い職業倫理をもっているか，依頼人に対してよほどの忠誠心をもっているのでなければ，仕事を貫徹することは難しいでしょう。こうして，「正直者は損をする」とばかりに代理人のサボタージュが起こり得ます。

　依頼人としては，代理人には常に，依頼人の利益を損なわないよう「注意」し，真面目に仕事に取り組もうとする「動機」をもちながら，仕事してもらい

たいと考えています。しかし，依頼人が代理人の行動やその成果を観察できない，という状況のもとでは，代理人はこれらの注意や動機をすっかり緩ませてしまいます。こうして，気の緩んだ代理人は，相手にばれないことをいいこと

> **コラム 4.3　モラル（moral）かモラール（morale）か，それが問題だ**
>
> 　モラル・ハザード（moral hazard）という用語は「道徳的危険」や「倫理崩壊」と訳されることがあります。経済用語の語義としては，依頼人と代理人の間での情報の非対称性の存在が，代理人の注意や動機を緩ませてしまう効果，ということでしたから，「道徳」や「倫理」が「崩壊」する，という訳語はあまりピンとこない気がします。
>
> 　田村（2008）によりますと，モラル・ハザードはもともと「保険詐欺」を表す保険用語として使用されており，後に情報の経済学において，情報の非対称性のもとで起こる一現象を表す用語として使われるようになりました。この用語は，保険用語から経済用語に転用される以前から，いろいろな意味をもつようになったようです。田村（2008）に従って，この辺りの事情について少々立ち入ってみましょう。
>
> 　ドイツやイギリスなど欧州系の保険研究では元来，保険金目当てに「故意」に保険事故を起こすこと，すなわち，「保険詐欺」を moral hazard と呼びました。ちなみに，moral（モラル）とは「道徳」や「倫理」という意味です。
>
> 　その後，第 2 次世界大戦前後の米国における保険研究において，morale hazard という用語の使用がみられるようになりました。これは，契約者が保険加入によって「安心」した結果，「注意」を欠き，事故の発生頻度を高めたり，損害規模を拡大させたりする可能性を意味しています。ちなみに，morale（モラール）は「士気」や「意気込み」といった意味で用いられます。表記が moral とよく似ていますので，混同しないように気をつけて下さい。
>
> 　さて，情報の経済学では，'moral' hazard という表記が用いられています。しかし，以上のような保険用語の使用例に鑑みますと，'morale' hazard という用語が情報の経済学での語義に近いような気もします。果たして，「注意弛緩効果」はモラル（moral）の問題なのでしょうか，それとも，モラール（morale）の問題なのでしょうか。というよりも，情報の経済学を構築した先達はなぜ，'morale' hazard ではなく，'moral' hazard を採用したのでしょうか。春日三球師の言を借りれば，この問題を考えていると一晩中寝られそうにありません。

にもっぱら自分の利得のために働き，結果として，依頼人の不利益になるよう行動してしまうのです。このような，取引開始「後」の情報の非対称性が，代理人の注意や動機を弛緩させる効果のことを**モラル・ハザード**と呼びます。

● 貸出市場でのモラル・ハザード

　貸し手が借り手に資金を貸し出した「後」の段階において，どのようなことが起こり得るか，についてみていきましょう。この場合，貸し手にとっては，自分の手元から離れた資金が借り手によって当初の約束通りの投資活動に使われているか，気になって仕方がありません。しかし，貸し手は借り手に対して情報劣位であり，借り手の行動を完全に観察することができません。一方で，借り手は自分たちのほうが情報優位であり，貸し手が自分たちの「行動」を完全には把握できないことを知っています。このような情報の非対称性が存在するもとで，貸し手や借り手はどのように行動するでしょうか。

　いま，この問題を考えるために，両極端な2つのタイプの借り手が存在しているものとします［☞この設定は，村瀬（2006，第2.3節）のモデルを参考にしています］。すなわち，Aさんは投資能力をもち，地道に努力を続ける正直な借り手であり，Bさんはたいした投資能力をもたず，努力することが嫌いでいざとなれば博打を打つ気満々という怠け癖のある借り手とします。

　仮に情報の非対称性が存在しなければ，貸し手はAさんとBさんの努力水準を見分けることができます。したがって，貸し手は努力家のAさんには低めの金利でその正直さと努力に報い，怠け者のBさんに対しては高めの金利を要求して借りにくくする，というように異なった対応を取ることが可能になります。

　残念ながら，現実世界では，貸し手は借り手の「行動」を完全に把握することはできません。このような状況において，貸し手は本当に努力してくれる借り手が誰なのか分からないあまりに，借り手の行動について疑心暗鬼になります。相手への疑念が高まれば高まるほど，その相手を信用できなくなります。

　こうして，貸し手は借り手に要求する金利水準を一律に高めていきます。Aさんのような正直者で努力家のタイプからしますと，自分の正直さや勤勉さが評価されないのですから，真面目に行動する動機を失ってしまいます。これは「モラル・ハザード」の一例といえます。こうしてせっかくの投資機会がみす

みす実行されなくなってしまうかもしれないのです。

一方で，Bさんのようなタイプは，最初から真面目に努力する気がありません。一発逆転を狙っているBさんは，貸し手が自分の行動やその成果を正確に観察できないことを逆手にとります。これが次のような「モラル・ハザード」を引き起こします。

一つの可能性は，いくつかの代替的な投資案件の中で，貸し手には低リスクの投資プロジェクトを実施すると約束しながら，ハイリスク・ハイリターンの投資を実行する，というものです（図4.3）。これは，貸し手がBさんの「行動」を把握できないことから発生し得るモラル・ハザードです。いわば，期中情報の非対称性がもたらす一つの可能性といえます。借り手の心境としては，所詮は他人のお金だと開き直り，大切に投資する動機を失っているのです。貸し手からしますと，貸し倒れの危険性が高まり，大きな損失を被る恐れがあります。Bさんの行為は，貸し手の利益を犠牲にして，自らの快楽を優先している，という意味で，モラル・ハザードといえるものです。

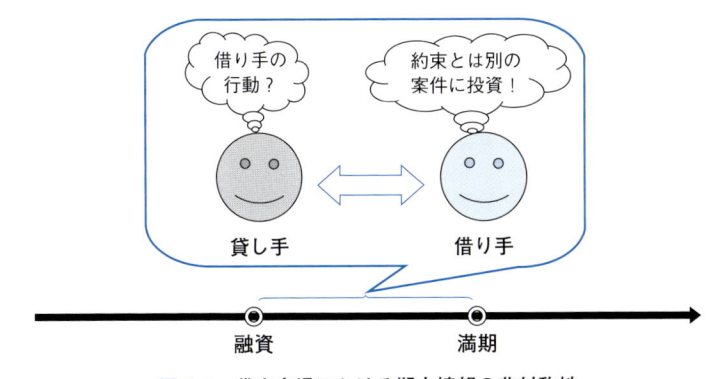

図4.3 貸出市場における期中情報の非対称性

いま一つの可能性は，Bさんの投資が高い収益を上げることに成功した場合に起こり得ます。このとき，Bさんは低い収益しか上げられなかった，と貸し手に嘘の報告を行い，債務返済を免れる誘因（インセンティブ）をもちます（図4.4）。これは，貸し手がBさんの行動の「結果（成果）」を把握できないことから発生し得るモラル・ハザードです。いわば，事後情報の非対称性がもたらす一つの可能性といえます。Bさんは貸し手の無知につけこみ，正直に返済する気持ちをなくしてしまっています。

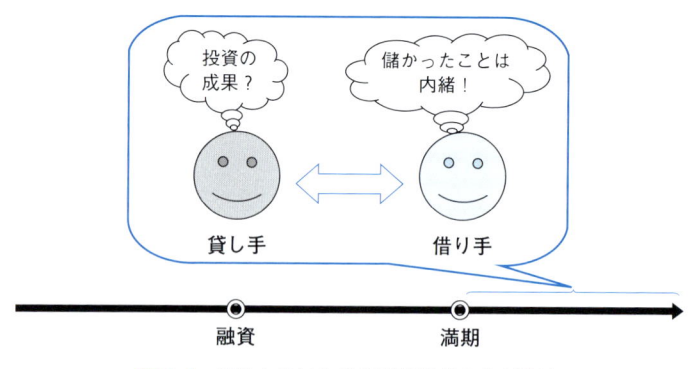

図 4.4　貸出市場における事後情報の非対称性

　以上は，Bさんが投資活動を行う場合に起こり得るモラル・ハザードです。ひどい場合には，Bさんはそのものずばり手抜きをしたり，投資自体を放棄したりしかねません。と申しますのも，真面目にやろうが，手を抜こうが貸し手には観察できないからです。しかも貸し手はその投資の成果を正確に把握できないのですから，Bさんは「真面目に投資したけど，うまく収益が上がらなかった」と虚偽の報告をすればいい，と高をくくってしまいます。期中情報および事後情報の非対称性の存在によって，Bさんは投資する気持ちすらなくしてしまっている，という意味で，モラル・ハザードを引き起こしています。こうなりますと，貸出市場は麻痺してしまいます。逆選択と並んで，モラル・ハザードも最悪の場合には，市場の機能不全を招きかねないのです。

レクチャー 4.4　金融機関と情報の非対称性

● 情報の非対称性を緩和するために

　ここまで，貸し手と借り手の間で情報の非対称性が存在しますと，逆選択やモラル・ハザードといった問題が引き起こされ，最悪の場合には，金融取引が麻痺してしまう可能性についてみてきました。説明の都合上，かなり極端なケースを取り上げましたので，ひょっとしたら，情報の非対称性にある種の恐怖感を与えてしまったかもしれませんし，金融取引に対して及び腰にさせてしまったかもしれません。

　しかし，貸し手の側は情報の非対称性に対して何も手を打てないわけではあ

りません。これまでに情報の非対称性を緩和するための工夫がいくつか提案されています。本節では，このような金融取引上の方法について，代表的なものを紹介したいと思います。

● **情報生産**

そもそもは情報の非対称性のもとで，貸し手の保有している情報が借り手のそれよりも少ないことが問題なのです。このようなとき，あなたが貸し手ならどうしますか。当然，貸し手は借り手との情報格差を縮めるために，少しでも多くの情報を集めようとするはずです。そして，それらの集められた情報を取捨選択しつつ，貸出相手の分析を行った結果，貸出相手の信用度に関して何らかの評価を下します。このように，貸し手が借り手に資金を提供する際に，借り手の信用度に関する情報を収集・分析・評価する行動のことを**情報生産**活動と呼びます。情報の非対称性と同様に，情報生産についても取引段階に応じて次のように分類することができます［岡村・田中・野間・藤原（2005, pp.4-6)］。

1. **事前の情報生産**

まずは，貸し手が借り手に融資を実施する「**前**」の段階をみてみましょう。この段階において，貸し手は借り手の「**属性**」に関する情報を必要とします。すなわち，貸し手は資金を貸し出す「**前**」に，借り手の支払い能力や支払い努力に関する情報を収集・分析し，貸出相手としてふさわしいか否かを評価します。このような活動を**審査（スクリーニング）**と呼びます。貸し手は審査によって，取引前の段階での事前情報の非対称性を軽減しようとします。この意味で，審査は「**事前**」の情報生産として位置付けられます。

2. **期中（中間）の情報生産**

次に，審査を通過し，貸し手が借り手に資金を貸し出した後の段階です。貸し手は借り手に資金を貸し出している「**間（期間中）**」，借り手が事前に取り交わした契約にしたがって行動しているか否かを絶えず観察し続ける必要があります。このような活動を**監視（モニタリング）**と呼びます。借り手が監視の目をくぐって手抜きをしたり，契約内容とは違う高リスクの投資案件に資金を振り向けたりしていないか，貸し手はモニターをし続ける必要があるのです。このように「期中（中間）情報」の非対称性を軽減しようとしている，という意

味で，監視は「**期中（中間）**」の情報生産といえます。

3. 事後の情報生産

最後に，ようやく「**返済段階**」にきました。しかし，ここでも貸し手は気を緩めるわけにはいきません。借り手はひょっとしたら返済段階で収益を低く見せかけて，金利や債務の軽減を謀ってくるかもしれません。貸し手は借り手のこのような行動を防ぐために，借り手の会計や業務内容を監督・検査します。このような活動を**監査（オーディティング）**と呼びます。「事後情報」の非対称性を緩和するという意味で，返済段階での活動である監査は「**事後**」の情報生産としてとらえられます。

以上のように，貸し手は取引段階ごとに情報生産を行うことによって，逆選択やモラル・ハザードが発生する可能性を防ごうとします。審査は，取引契約を結ぶ「前」の情報の非対称性を緩和し，逆選択の発生を防ぐ役割を果たします。そして，監視や監査は，取引契約を結んだ「後」の情報の非対称性を軽減し，モラル・ハザードが生じるのを防ごうとします。

このような情報生産を行ううえで，金融機関のような専門機関が大きな役割を果たします。情報生産活動はある意味で借り手向けの諜報活動です。個人で借り手の信用情報を調べるには，探偵のような専門的な調査技術が求められ，なかなか一筋縄ではいかないことが予想されます。そこで，金融機関の出番です。金融機関は，ハード（専門部署）とソフト（専門スキル・ノウハウ）の両面において，情報生産活動に特化できますし，その専門性を活かしてより効率的に金融取引を行うことができるでしょう。ここに，金融機関の存在意義（☞レクチャー 2.3）の一端があります。

● 担　　保

この他には，借り手から**担保**を提供してもらうという方法があります［☞以下の担保の役割に関する説明は，村瀬（2006, 第 2.7 節）に基づいています］。担保とは，返済が困難になったときに備えて，貸し手が借り手から提供してもらう資産のことです。もし借り手が何らかの理由で借り入れた資金を返済できなくなっても，貸し手は提供された担保資産を売却することで資金を回収することができます。

担保の提供は，上述の情報生産を補完する意味でも，重要な役割を果たします。情報生産には相応の費用がかかりますし，専門的な調査技術も必要です。それに，情報生産活動によって貸し手が完全に借り手の信用度に関する情報を掴めるとも限りません。このようなときは，担保の提供と情報生産を組み合わせることによって，両者を補完的に活用すればよいのです。万が一，費用面で情報生産を行うことが難しかったとしても，十分な担保設定を行うことで，情報生産の代替手段として用いることができます。

　担保は各取引段階において，情報の非対称性を軽減します。まずは，取引「前（事前）」の段階についてみていきましょう。貸し倒れ（信用）リスクが低い優良な借り手は，担保によって自らのリスクの低さを表明できると考えて，積極的に担保の提供に応じるでしょう。これに対して，貸し倒れ（信用）リスクが高い不良な借り手は，担保を差し押さえられる可能性が高いので，担保の提供には消極的です。このような借り手の自主性によって，「借り手が優良か不良か」という「事前には見ることができない隠された情報」があぶり出されます。

　以上から，情報劣位者である貸し手が情報優位者である借り手に担保を要求する場合，借り手自身が自らの性質（借り手として優良か不良か）に基づいて，担保を差し出す（＝優良な借り手であるという一種の表明）か，差し出さない（＝不良な借り手であるという一種の表明）か，を自主的に選択させることが可能になります。このような仕組みを自己選択メカニズムと呼びます。担保は，借り手に自己選択を促す一つの手段といえます。このように担保を通じた自己選択によって，貸出市場の「逆選択」を緩和させることが可能になります。

　次に，取引開始「後」の段階について，みていきましょう。もし借り手が当初の約束を違えて，ハイリスク・ハイリターンの投資に借り入れた資金を振り替えたり，貸し手が観察できないことをいいことに投資成果をあげるための努力を怠ったりしますと，その資金の焦げ付く可能性が高まります。しかし同時に，貸し倒れリスクの高まりは借り手にとって，提供した担保が差し押さえられる可能性の高まりを意味します。担保の設定は，担保資産を取り上げられたくない借り手に対して，その投資行動に注意しつつ，投資収益についても隠さず正直に申告する誘因（インセンティブ）をもたせることができます。こうして，担保の存在は一種の保証金に相当する役割を果たし，貸出市場における「モラル・ハザード」の発生を抑止する機能をもちます。

もちろん上記のような機能を果たすためには，その資産が担保として適しているための条件をもつ必要があります。そのような担保としての適格性条件の一つは，借り手が実施する投資案件のリスクとは独立であることです。借り手の投資リスクと担保の資産価値が連動している場合，万が一借り手の投資プロジェクトが失敗したときには，資金回収のための担保価値も同時に下落することになってしまいます。これでは担保として提供してもらう意味がありません。

また，特定の人間関係や地域などとの結びつきが希薄であり，第三者への売却が可能で，用途に汎用性があるような資産が望ましいでしょう。いざというときに売却して資金回収できないような資産を提供されても，そのような資産は担保としての役割を果たすことはできません。また，いくら素晴らしいアイデアやノウハウ（技術）をもっていたとしても，そのような無形資産は担保にはなりにくい性格の資産です。そして最も肝心なのは，そのような条件を満たす資産を借り手が保有しており，資金を借り入れる際に担保として貸し手にその資産を提供できるかどうか，ということです。

もっとも，借り手は貸し手から担保をとったから安心というわけではありません。そもそも担保をとったからといって，その貸出の信用（貸倒れ）リスクがゼロになるわけではありません。また，当初信じた資産の担保価値がそのまま維持されるとは限りません。この点について，第3章でみてきた平成バブル期の実例をいま一度，思い出して下さい。

かつての日本では，土地が主に担保として活用されました。戦後日本の地価は1990年代に入るまで，ほぼ一貫して上昇し続けており，「土地は必ず値上がりする」という土地神話（☞レクチャー3.3）がまことしやかに信仰されていました。つまるところ，土地は値下がりしない担保価値の高い資産である，と広く認められていました。地価が上昇しているときには，土地担保融資が焦げ付く心配はありません。特にバブル期の銀行は土地をもっている企業に対しては比較的容易に土地担保融資を実施していました。その後，土地バブルが崩壊し，地価が下落しますと，土地の担保価値は低下し，多くの銀行貸出が不良債権と化したのです。このように，担保を設定したからといって，情報の非対称性に関わる問題がすべて解消しているわけではないのです。担保を設定する際には，その資産の担保としての適格性を認識するのみならず，情報生産の技術を磨くことが必要なのです。

なお，近年では，土地や建物などの「**不動産**」担保のみならず，地域の特産品などの商品や在庫，機械設備などの「**動産**」担保を活用する資金調達手法が注目を集めています。これは **ABL**（Asset Based Lending）と呼ばれ，在庫や機械設備などの動産，および，売掛債権などを担保にした融資手法です。日本では**動産（・債権）担保融資**と呼ばれています。もともとは 1970 年代後半に米国のノンバンクが先導して始まった手法［「動産担保融資」『日本経済新聞』2007 年 8 月 11 日朝刊］であり，米国では一般的な貸出手法として普及・定着しています。

ただし，商品在庫や機械設備は，流通市場が整備されているわけではなく，品質や流行によってその時価が激しく変動するため，担保価値の評価が難しいといえます。その意味では，動産は不動産と比べて担保として扱いにくい面があるのは確かです。今後の課題としては，商品や設備などの担保価値を評価する動産鑑定の専門家を育成することが重要です。日本では，動産の価値を評価できる専門家がまだまだ少ないというのが実情であり，このような基本インフラを整備することが ABL 普及のカギになると考えられます。

コラム 4.4　震災被災地で活用される ABL（動産・債権担保融資）

かつての日本では，本文でも述べましたように，土地や建物などの不動産が主要な担保として用いられてきました。しかし，平成バブル崩壊後の資産デフレのもとで地価の低迷が続き，不動産担保融資の実施が以前よりも難しくなってきました。また，中小企業やベンチャー企業はそもそも不動産をもっていない場合があり，有望な担保がないことから，金融機関から資金調達するのに苦労することが少なくありません。

このような背景のもとで，日本でも ABL が徐々に普及しつつあります。興味深い事例を一つご紹介しましょう［「動産担保融資，被災地で拡大」『日本経済新聞』2012 年 8 月 20 日朝刊］。2011 年の東日本大震災の被災地では，津波被害で土地評価額が大幅に下落し，従来からの不動産担保融資では十分な資金を供給できないという問題に直面しました。ここで活用されたのが ABL の手法です。例えば，津波で流出して新たに購入した設備を担保にして店舗の新設資金を調達したり，津波で被害を受けた肉牛飼育業者が子牛を担保として資金を調達したり，という形で，ABL が復興資金の供給に一役買いました。

● **メインバンク制**

　貸出市場における情報の非対称性を緩和するための仕組みとして，興味深い事例があります。かつての日本では，大手銀行を中核とする企業集団が形成されていました。これを支えていたのは，メインバンク制（関係）と呼ばれる系列金融の仕組みでした。メインバンクというのは，複数の銀行と取引関係にある企業にとって，主な取引先銀行のことを指す和製英語（『有斐閣　経済辞典[第5版]』）で，主力銀行とも呼ばれます。このメインバンク制はある時期の日本において，経済成長を支える仕組みとして機能しました。特に，銀行と企業の間の情報の非対称性を軽減するために，重要な役割を果たしたといえます。

　メインバンクに関する「定型化された事実」としては一般的に，次のような5つの特徴が挙げられています［鹿野（2013，p.218）］。

1. 数ある銀行のうち最大の「融資シェア」を誇る。
2. 借入企業の株式保有に関して，複数の銀行の中で最大の「持ち株シェア」を誇る。
3. 借入企業に対して「役員派遣」を行っている。
4. 「長期・固定的な総合取引」を行っている。
5. 借入企業が経営危機に陥ったときには「救済策」を積極的に講ずる。

　このような特徴を備えたメインバンク関係は，情報の非対称性を軽減するうえで理想的な環境を提供していました。まず，銀行の情報生産活動にとってこれは有利な状況といえます。長期的・継続的な取引関係は，企業情報の蓄積を容易にします。また，銀行が取引企業に役員を派遣している場合，その派遣役員から企業内部の情報を入手することができます。

　また，メインバンクが「代表的監視者」としてグループ関係企業の情報生産を行うことは，社会的に情報生産を分担して行うことが可能になり，金融機関全体としての情報生産費用の節約につながります。借り手企業にとっても，社会的に信用度の高い銀行と取引関係を結ぶことで，「優良な借り手」という「シグナル」を広く世の中に発信することができます。こうして，メインバンク関係は，貸出市場における企業（借り手）と銀行（貸し手）との間の情報の非対称性を緩和するために一定の役割を果たしたのです。

　ただし，このような仕組みが機能するためには，銀行が経済における主要な

資金経路に位置している必要があります。高度成長期の日本では，このような特徴がよく当てはまりましたので，メインバンク制は貸出市場における情報の非対称性を軽減するうえでも非常にうまく機能したのです。

　しかし，日本経済の現状を鑑みるに，このような仕組みが限界にきていることは明らかです（☞第3章）。実際に，企業部門の銀行離れは，メインバンク関係を徐々に機能不全に追い込みました。日本における銀行と企業の関係は，メインバンク関係のような「暗黙の契約に基づく運命共同体的な関係」から，「明定された契約に基づく独立第三者の関係」［鹿野（2013, p.225)］へとゆっくり変わりつつあります。このような意味で，現在では，メインバンク制はその歴史的役割を終えたといえるでしょう。

復習

(1) 取引開始後での代理人の行動やその結果に関する情報の非対称性が代理人の注意や動機を弛緩させる効果のことを＿＿＿と呼ぶ。

(2) 貸出市場では，借り手の＿＿＿に関する期中情報の非対称性によって，貸し手には低リスクの投資プロジェクトを実施すると約束しながら，ハイリスク・ハイリターンの投資を実行する，という＿＿＿が起こり得る。

(3) 貸出市場では，投資の＿＿＿に関する事後情報の非対称性によって，借り手が貸し手に嘘の収益報告を行い，債務返済を免れようとする＿＿＿が起こり得る。

(4) 貸し手が借り手に資金を提供する際に，借り手の信用度に関する情報を収集・分析・評価する行動のことを＿＿＿活動と呼ぶ。

(5) 貸し手が融資前に借り手の信用度情報を収集・分析し，貸出相手としてふさわしいか否かを評価する活動を＿＿＿と呼ぶ。

(6) 貸し手が借り手に資金を貸し出している間，借り手が事前に取り交わした契約にしたがって行動しているか否かを観察する活動を＿＿＿と呼ぶ。

(7) 返済段階において，借り手による金利や債務の軽減行動を防ぐために，貸し手が借り手の会計や業務内容を監督・検査する活動を＿＿＿と呼ぶ。

(8) ＿＿＿とは，貸し手が貸した資金の回収を確保するために借り手に提供させる資産のことである。

(9) ＿＿＿とは，在庫や機械設備などの動産および売掛債権などを担保にした融資手法である。

(10) かつての日本では，大手銀行を中核とする企業集団が形成され，主な取引先銀行を指す和製英語が由来の＿＿＿と呼ばれる系列金融の仕組みがこれを支えていた。

練習問題
問題1　情報の非対称性
情報の非対称性に関する次の記述のうち，正しいものはいくつあるか。

　　　　　　　　　　　　　ヒント：pp.111-113 および pp.116-118 を読もう！
- [A] モラル・ハザードは，道徳心に欠けた人が引き起こす。
- [B] 逆選択は，売り手と買い手が異なる情報を持っている場合に起きる。
- [C] シグナリングは，逆選択を回避するために自らの質に関する情報を取引相手に伝えようとすることである。
- [D] エージェンシー問題は，プリンシパルのモラル・ハザードから生じる。

（1）1つ　　（2）2つ　　（3）3つ　　（4）4つ

[2011年（秋）証券アナリスト1次試験　改]

問題2　エージェンシー関係
プリンシパル（依頼人）とエージェント（代理人）との関係を表すエージェンシー関係として，誤っているものはどれか。
　　　　　　　　　　　　　　　　　　ヒント：pp.108-109 を読もう！
（1）依頼人である顧客が，代理人である弁護士に訴訟を起こしてもらう。
（2）依頼人である学生が，代理人である教員の講義をアンケートで評価する。
（3）依頼人である大企業が，代理人である下請け企業に，部品の発注をする。
（4）依頼人である住宅の家主が，代理人である管理人に住宅の管理を頼む。

[2008年7月　第14回 ERE　改]

問題3　逆選択
次の記述のうち，逆選択の説明として正しいものはいくつあるか。

　　　　　　　　　　　　　　　　　　ヒント：pp.111-113 を読もう！
- [A] 中古車市場において，品質の良い中古車が市場から消え，品質の悪い中古車のみが取引されるような状況。
- [B] 自動車保険の市場において，事故確率の低い人々が保険に加入しなくなり，事故確率の高い人々ばかりが加入するようになる場合。
- [C] 火災保険に加入したことにより，火災を起こす確率がかえって高まってしまう場合。
- [D] 医療保険の市場において，保険料が安い保険と高い保険の2種類の異なる保険が提供された場合，加入者が保険料の安い保険に加入する傾向。

（1）1つ　　（2）2つ　　（3）3つ　　（4）4つ

[2002年3月　第1回 ERE　改]

問題 4　モラル・ハザード

次の記述のうち，モラル・ハザードの説明として正しいものはどれか。

ヒント：pp.116–118 を読もう！

(1) 高額の火災保険に加入すると，防火訓練の実施回数が減ったり，防災設備の整備を怠ったりするようになること。
(2) 雨天により，野球観戦を予定していた人々の多くが映画館に押し寄せることによって，映画館が非常に混雑すること。
(3) 消費者金融を利用する人のなかには，資力が一定水準を満たず，ローン返済能力に乏しい者がかなり多く存在すること。
(4) 講義内容が優秀でないにもかかわらず，成績の甘い教師が学生から歓迎されること。

［1993 年　国税専門官　改］

問題 5　貸出市場における情報の非対称性

情報の非対称性が存在する貸出市場に関する次の記述のうち，誤っているものはどれか。

ヒント：pp.113–114 と pp.118–122 を読もう！

(1) 融資を受ける企業と銀行の間で，企業の財務内容について持つ情報量が異なることから情報の非対称性が生じる。
(2) 企業の情報を収集する活動に固定費用が存在するため，個々の投資家に代わって銀行がこうした活動をまとめて行うことで費用を抑制できる。
(3) 融資の際の逆選択を防ぐためには，貸出金利を引き上げることが有効である。
(4) 融資の際のモラル・ハザードを防ぐためには，貸出先に対する銀行の監視活動が有効である。

［2009 年 7 月　第 16 回 ERE　改］

問題 6　保険市場における情報の非対称性

保険に関する次の記述のうち，誤っているものはどれか。

(1) 民間の保険会社が販売する任意医療保険では健康不安の人のみが保険に多く加入する逆選択の問題が生じる可能性があるが，強制保険では逆選択の問題はない。
(2) 民間の保険会社が販売する任意医療保険において，一律の保険料の保険を提供することで逆選択の問題を軽減することができる。
(3) 民間の保険会社が販売する自動車保険では，過去の事故などの運転履歴によって保険料が高くなるような保険契約は，モラル・ハザードを防ぐ方法となる。
(4) 民間の保険会社が販売する自動車保険において，一定額の損害までは加入者が

損害を負担しその額を超える損害額のみを保険会社が支払う契約とすることは，モラル・ハザードを防ぐ方法となる。

[2008 年 12 月　第 15 回 ERE　改]

問題 7　保険市場におけるモラル・ハザード

ある保険会社が次の医療保険商品の販売を検討している。加入者の支払う保険料に差がないとした場合，最もモラル・ハザードを招きやすい保険商品はどれか。

(1) 保険が月額 6 千円を超える診療費の超過分を支払い，6 千円までは加入者が支払う。
(2) 保険が診療費の 90% を支払い，残りの 10% は加入者が支払う。
(3) 保険が月額 200 千円までの診療費の全額を支払い，200 千円を超える超過分は加入者が支払う。
(4) 診療費の患者（加入者）負担がゼロとなり，保険が全額負担する。

[2006 年 12 月　第 11 回 ERE　改]

問題 8　情報の非対称性への対処

情報の非対称性および情報の不完全性から生じる問題に関する次の記述のうち，誤っているものはどれか。　　　　　　　ヒント：pp.121-123 を読もう！

(1) 情報をもつ側が品質に関する情報を発することによって品質の差異を示そうとすることをシグナリングといい，逆選択の問題を軽減しようとする一方法である。
(2) 情報をもたない側が複数の契約を示しその中から選択させることによって情報をもつ側のタイプに関する情報を顕示させることを自己選択といい，逆選択の問題を軽減する一方法である。
(3) 代理人（エージェント）が依頼人（プリンシパル）の行動を監視することをモニタリングといい，モラル・ハザードの問題を軽減する一方法である。
(4) 労働者と雇用主の間の賃金契約において固定賃金契約ではなく成果に応じた報酬を支払う契約をインセンティブ契約といい，労働者のモラル・ハザードの問題を軽減する一方法である。

[2005 年 7 月　第 8 回 ERE　改]

練習問題解答

問題 1　正解（2）：[A] 誤りである。モラル・ハザードとは，事後情報の非対称性が代理人の注意や動機を弛緩させる効果のことである。[B] 正しい。[C] 正しい。[D] 誤りである。エージェンシー問題は，エージェント（代理人）が必ずしもプリンシパル（依頼人）の利益にならない行動を採ってしまうというモラル・ハザードから生じる。

問題 2　正解（2）：学生が教員に「講義の仕事を依頼する」のであればエージェンシー関係であるが，「講義をアンケートで評価する」というのは仕事の契約には当たらない。

問題 3　正解（2）：[C] はモラル・ハザード，[D] は自己選択メカニズムの例である。

問題 4　正解（1）：（2）（3）（4）は，事後情報の非対称性によって代理人の注意や動機が緩んでいるケースではない。

問題 5　正解（3）：貸出金利の引き上げは，融資申込企業の質を低下させる逆選択を招く。

問題 6　正解（2）：一律の保険料は逆選択の問題を招く。保険における逆選択の問題を防ぐ一つのアイデアとしては，保険料の安いタイプと高いタイプのような複数の保険料の保険を提供することで，加入者側の自己選択を促す，という方法がある。なお，(1) の強制保険は全ての人が加入する保険なので，逆選択の問題は生じない。

問題 7　正解（4）：(1)(2)(3) は加入者に対して一定の自己負担を求めているのに対して，(4) は加入者の自己負担が全く発生しない。したがって，(4) の医療保険のもとでは診療代が実質無料になるので，加入者は不必要な診療を過剰に受ける可能性がある。

問題 8　正解（3）：モニタリングとは，依頼人（プリンシパル）が代理人（エージェント）の行動を監視することである。(3) では，依頼人（プリンシパル）と代理人（エージェント）の関係が逆になっている。

第5章 銀行の役割

予習

銀行 ―― 金融仲介機関 の一種
預金取扱金融機関（広義の銀行）：普通銀行（狭義の銀行），協同組織金融機関等

【銀行の機能】
金融仲介機能　預金者 → 銀行 → 企業
資産変換機能　預金通帳＝間接証券の一種 → リスク負担 ⇔ 証券会社
決済機能
　預金……強制通用力（×）　一般的受容性（○） → 決済手段（振込・振替等）
※現金……強制通用力（○）　一般的受容性（○）

信用創造機能　貸出を通じて新たに預金を創造 → 預金通貨の供給
　預金総額 ＝ 信用乗数 × 本源的預金

　マネー・ストック ＝ 現金通貨 ＋ 預金通貨

自己資本比率規制　BISによる銀行規制の国際統一基準
銀行のリスク管理体制の強化，自己資本の質の向上
　従来（バーゼルⅠ・Ⅱ）　自己資本比率：8％以上，コアTier1比率：2％以上
　バーゼルⅢ　自己資本比率：10.5～13％以上，コアTier1比率：7％以上

学びのポイント

1. 銀行と証券会社の役割の違いを学ぼう。 →p.134
2. 銀行の信用創造機能について学ぼう。 →p.136
3. 銀行と通貨量の動きとの関わりについて学ぼう。 →p.146
4. 銀行規制の国際統一基準について知ろう。 →p.156

レクチャー 5.1　金融仲介機関としての銀行

● 銀行の金融仲介機能

　第3章で間接金融という取引形態について学びました。間接金融のもとでは，金融機関が最終的貸し手と最終的借り手の間に介在する形で，金融仲介業務を行っています。このような金融機関を金融仲介機関と呼びます。

　この金融仲介機関の代表的な存在が，本章で取り上げる銀行です。第2章でもお話した通り，ここでいう銀行とは，預金を取り扱う金融機関としての「広義の銀行」を考えています。このような預金取扱金融機関には，普通銀行のような「狭義の銀行」は当然のこととして，信用金庫のような協同組織金融機関も含まれます。

　これらの銀行は，手許で余剰資金がある個々の預金者と，資金不足である経済主体（法人企業など）の資金過不足を調整しています。このように，銀行は間接金融の代表的な担い手であり，金融仲介機能を果たしています。

　さて預金取扱金融機関としての銀行は，預金を通じて決済サービスを提供しています。銀行の金融仲介において，決済手段たる預金が中核的な役割を果たしているといっても過言ではありません。この点については後述のレクチャー5.2で取り上げます。ここでは，金融商品としての預金の種類について，後の議論に必要な範囲でいくつか紹介しておきます［☞より詳細な各種預金商品については，鹿野（2013，表13-6）をご参照ください］。

　第1に，要求払預金と呼ばれるタイプがあります。これは預入期間に定めがなく，預金者の「要求」に応じて随時「払」いだされる預金であり，流動性が高いことから「流動性預金」とも呼ばれます。要求払預金には，普通預金，当座預金，貯蓄預金などがあります。皆さんにとってお馴染みなのは普通預金でしょう。普通預金は，預け入れるのも払い戻しするのも自由な預金で，最も一般的な預金です。当座預金は，預金者が手形や小切手（☞レクチャー2.2）で支払いを行うときに開設される預金で，主に企業間の決済（支払い）に使われています。このように当座預金には決済用預金として活用されている半面，預金利息は付かないという特徴があります。

　第2に，定期性預金と呼ばれるタイプがあります。これは預入期間に定めがある預金ですので，要求払預金よりも利息が高い一方で，流動性の程度は低い

といえます。もっとも，流動性が低いとは申しましても，中途解約が可能ですので，当初契約した利息をあきらめるのであれば，支払い手段としての流動性は確保できます。定期性預金には，定期預金，定期積金などがあります。

第3に，第三者への譲渡が可能な**譲渡性預金（CD）**と呼ばれるタイプがあります。これはすでにレクチャー2.2で取り上げていますので，詳細はそちらでの説明をご参照ください。

預金商品にはこの他にも，外貨預金や非居住者円預金などがあります。

● 銀行の資産変換機能

第3章では間接金融のみならず，直接金融という取引形態についても学びました。直接金融の代表的な担い手としては，**証券会社**（☞レクチャー2.2）をあげることができます。証券会社は，最終的貸し手である投資家と，資金調達のために株式や社債を発行する企業との間に立って，証券取引を仲介します。一方，金融仲介機関である銀行は，最終的貸し手である預金者から預金を集め，それら小口の預金を大口化して，最終的借り手である企業に貸し出します。

さて，金融取引において，銀行と証券会社はどのような点で異なっているのでしょうか。両者の違いを理解するポイントは，第3章で学んだように，金融取引におけるリスクの負担構造にあります。上記の貸借取引におけるリスクの発生源は，最終的借り手である企業です。この企業が倒産の危機に直面してしまったら，他から調達した資金を返済することは困難になります。もし投資家がこの企業の株式を保有している場合，これらの株式は紙くずになってしまう恐れがあります。企業の倒産リスクは**本源的証券**である株式に付いて回ります。そして，この株式のリスクは購入者である投資家が全て背負うことになります。いうまでもなく，証券会社はこの株式売買を投資家に仲介しただけであって，紙くずとなった株式の損失を負担することは一切ありません。

これに対して，銀行は金融仲介に当たって，企業の倒産リスクをある程度，引き受けているという特徴があります。銀行は預金を引き受ける際に借用証書として預金通帳を預金者に渡します。預金通帳は**間接証券**の一種でした。そして，銀行は集めた預金を大口化して複数の企業に貸し出しています。この貸借取引において，銀行は大口でハイリスクの貸出債権（本源的証券）を，小口な預金通帳（間接証券）という比較的安全な資産に変換しています。これを銀行

の**資産変換機能**と呼びます。第3章の解説と重複しますが，資産変換プロセスをよりストレートに表現しますと，結局は次のようにいい換えることができます。すなわち，銀行は「本源的証券」である貸出債権と一緒に，融資先企業が倒産したら貸出金を回収できない**貸倒れリスク（信用リスク）**を背負っています。すなわち，銀行は**リスク負担**の役割を併せもっています。

　以上から，銀行と証券会社の最大の違いが，金融取引におけるリスク負担の程度にあることがわかります。念のために付け加えますと，もし証券会社が自己勘定で証券取引を行うとき，そのリスクは自らが背負うことになります。このときは証券会社が最終的貸し手として証券市場で取引をしているので，自らもリスクを背負うことになります。ただし，証券会社が投資家相手に証券仲介するときには，売買仲介した株式や社債のリスクは，証券会社の前を素通りして，購入先である投資家に帰着するのです。その代わり，株主は高いリスクを引き受けた対価として高い配当（リターン）を受け取る権利が与えられます。一方，銀行預金については，安全な金融商品として資産変換されている代わりに，低いリスクに応じた低い利息（リターン）しか得られません。これらの特徴はいわゆる，ハイリスク・ハイリターン，ローリスク・ローリターン，と呼ばれる性質の具体例に他なりません。

レクチャー 5.2　信用創造機能①：預金創造のメカニズム

● 銀行の決済機能

　皆さんは日常生活を送る中で必要な物資やサービスをどのようにして入手しておられますか。もちろん貰いものという場合もあるでしょうけれども，通常はお店で買い求めておられることと思います。少々堅くいうと，売買取引を通じて必要なものを得ているでしょう。売買取引において，通常は現金とそれらの物資やサービスとを交換していますよね。もう少し突っ込んだ表現をしますと，この売買取引は代金を支払うことで終了します。このように代金の「支払い」によって売買取引を完了させることを**決済**と呼びます。

　現金は最もよく使われる決済手段です。第1章でも説明した通り，現金通貨は法律によって**強制通用力**が与えられた**法貨（法定貨幣）**です。そして，広く誰とでも受け渡しができる**一般的受容性**をもつことによって，世の中の交換取

引において支払いの一手段として受け入れられています。

　もっとも，決済は現金のみで行われるとは限りません。例えば，親元から離れてワンルームマンションで一人暮らしをしている大学生を思い浮かべてください。このような方々はそのマンションの部屋代や，電気・ガスなどの光熱費をどのようにして支払っているでしょうか。大家さんや電力・ガス会社の集金担当者への手渡しという形で現金で支払う，ということもあり得るでしょうが，大半の方々は各自の銀行の預金口座から**引き落とし**という形で支払っているのではないかと推察します。後者の場合はつまるところ，預金でもって賃貸料や光熱費の決済に使っていることになります。

　あるいは，あなたがある同好会に入会しているとします。その同好会は年会費が必要です。ところが，その会の本部はあなたが居住している地域から相当離れた場所にある，としましょう。さてその同好会はどうやって会費を集めるのでしょうか。通常は，会費を払うのにわざわざ遠隔地から来るように言ってこないでしょう。大抵の場合，そのような会は銀行に預金口座を開設しており，そこへ会費を**振込**で支払うように依頼してきます。もちろん現金で振り込む場合もありますが，あなたも銀行に預金口座をおもちであれば，口座間の**振替**で会費を支払うこともできます。後者の場合，現金を動かさず，預金口座間のやり取りのみで決済が可能です。

　世間の大半の方の預金像は，「〈預金者が銀行に貸しているお金〉であり，一定の預金者保護のもとで比較的〈安全な金融資産〉」というような印象ではないでしょうか。もちろんこのような理解は間違いではありません。一方で，皆さんが銀行に預金口座をもっているということは，同時に預金を**決済手段**として使うことができる，という側面があることを忘れてはいけません。

　このような預金の決済サービスは，特に企業間での支払いにおいて重要な役割を果たしています。例えば，日本全国に店舗展開する流通グループ企業と，製パン企業との取引を考えてみてください。その流通グループ傘下の店舗では日々，多くのパンをその製パン企業から仕入れて販売しています。そのパンの代金を当の流通企業は製パン企業にどうやって支払うでしょうか。全国での取引量となると相当な額になるはずです。これを現金で支払うとなると，かなり嵩張って運びにくいでしょうし，強盗被害のリスクも考えられますね。いずれにしろ，現金で決済するにはかなり無理があります。

このようなときこそ，預金決済の出番です。当該企業同士がお互いの預金口座間で支払い代金をやり取りすれば，パン取引の決済は現金で行うよりもはるかに円滑に進みます。より具体的には，先程ご紹介した口座振替の他に，小切手や手形を振り出すことによってわざわざ現金を引き出して支払う必要はなくなります。預金は経済における「決済手段」としての側面があり，その預金を提供する銀行間の決済システムは社会における公共インフラであるといえます。

● 銀行の信用創造機能①：銀行外への流出現金がない場合

さて，それではいよいよ本題の信用創造の説明に入りましょう［☞酒井・鹿野（2011，pp. 15-18）ではバランスシートを使って信用創造のメカニズムを説明しています。興味がある読者はそちらも参照してください］。内容を理解しやすくするために，数値例を用いた「お話」に沿って解説していきます。ここでのお話に登場するのは，預金者であるあなたといくつかの銀行や企業です。なお，いうまでもないことですが，ここで登場する銀行や企業はあくまでも架空の存在です。悪しからず。登場メンバーの行動について，次のような仮定をおきます。

【仮定 1】各銀行は，「預金」の 10% を「支払準備」として手許にとどめ，残りの 90% を「貸出」に回す。
【仮定 2】預金者・各企業は手許に現金をもたない。
【仮定 3】各企業には十分な貸出需要がある。

【仮定 1】は次のような銀行行動を想定しています。受け入れた預金のうち 10% に相当する額は預金者によって引き出される可能性があると，各銀行は経験的に判断しています。逆にいえば，残りの 90% はすぐに引き出されることはないということになります。今想定している経済では，預金者は一斉に自分の預金を現金化しないということが議論の前提となっています。いうまでもなく一斉に預金を引き揚げられると大変な事態になるわけですが，ここではそのような「取り付け騒ぎ」は起こらないものとします。

【仮定 2】は預金者や各企業が銀行外で現金を滞留させない，ということを仮定しています。いうなれば，銀行外の場所へ現金が流出することはなく，全

ての現金が銀行部門に吸収されている，という状況を想定しています。

なお，銀行外に滞留する現金のことを，銀行（金融部門）から外部（非金融民間部門）へ流れ出た現金という意味で，**流出現金（漏出現金）**と呼んでおきます。ここでは，議論が煩雑になるのを防ぐために，一旦は流出現金が全くないものとします。なお，この仮定を緩めたケースについては，次節で取り上げます。まずこれらの点を念頭に置いて，以下のお話にお付き合いください。

1. 預金者から正徳銀行への預金

いま，あなたは手許に現金100万円を所持しており，その全額を正徳銀行の普通預金として預けるものとします。この最初に預け入れられた預金を**本源的預金**と呼びます。

2. 正徳銀行からレストラン一葉への貸出

さて正徳銀行はこれまでの経験から預金100万円のうち，10万円（＝100万円の10％）を預金者への「支払準備」として手許に残し，残りの90万円（＝100万円の90％）を貸出に回します。そこへちょうど，レストラン一葉が新渡戸食品から仕入れる予定の食材購入代金90万円を融資してほしいと申し出ており，正徳銀行はレストラン一葉にこの90万円を貸し出すことにしました。

3. レストラン一葉から新渡戸食品への支払い（預金決済）

銀行が企業に融資をする際には「当座預金」というタイプの預金口座を開設してもらい，そこに融資代金を振り込みます。すなわち，正徳銀行はレストラン一葉の当座預金口座に90万円の融資額を振り込みます。一方，レストラン一葉の取引相手である新渡戸食品は，吹澤銀行に当座預金口座をもっているとします。

少々説明が混み入りますがせっかくの機会ですから，**小切手**を使った決済例としてこの取引をみていきましょう。小切手とは，振出人が支払人である銀行に宛てて，受取人に対して一定の金額の支払いを委託した有価証券のことです。正徳銀行から融資を受けたレストラン一葉は，90万円の小切手を正徳銀行から振り出してもらい，この小切手を食材購入代金として新渡戸食品に手渡します。

新渡戸食品は代金を回収するために，この小切手を取引銀行である吹澤銀行の預金口座に入金します。この小切手は吹澤銀行から正徳銀行に提示されて，正徳銀行にあるレストラン一葉の当座預金口座から，吹澤銀行にある新渡戸食

品の当座預金口座へ払い出されます。こうして新渡戸食品は預金決済を通じてレストラン一葉から食材代金 90 万円を受け取ることができます。

4. 吹澤銀行から伊藤酒店への貸出

さて，吹澤銀行にはいま 90 万円の預金が入金されています。吹澤銀行も正徳銀行と同様に，これまでの経験から預金 90 万円のうち，10% 相当分の 9 万円（＝90 万円の 10%）を「支払準備」として手許に残し，残りの 81 万円（＝90 万円の 90%）を貸出に回します。

5. 伊藤酒店から夏目物産への支払い（預金決済）

吹澤銀行から融資を受けた伊藤酒店は，洋酒の仕入れ代金 81 万円を夏目物産に預金決済で支払い，この 81 万円が別の銀行において新たな預金となってさらに他の企業への貸出となります。（図 5.1）

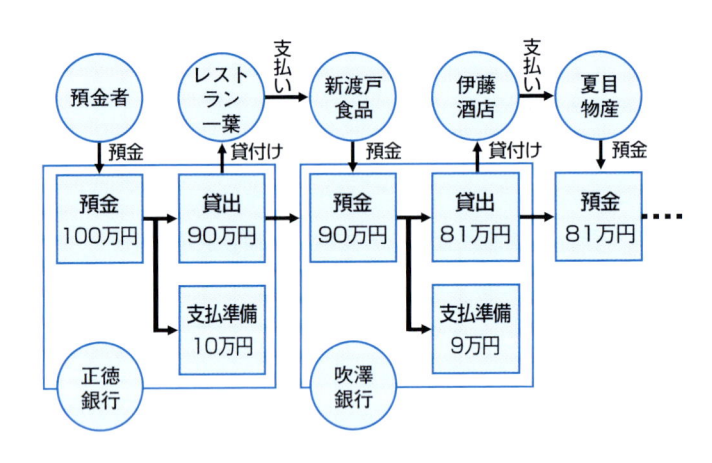

図 5.1 信用創造メカニズム

以上のようなメカニズムが繰り返されますと，この経済の預金総額は

$$\text{預金総額} = 100\text{万} + 90\text{万} + 81\text{万} + \cdots \tag{5.1}$$

という式で表されます。最初に預け入れられた 100 万円はこの数値例における本源的預金です。一方，90 万円や 81 万円といった預金は，貸出行動を通じて銀行の帳簿上，新たに生み出された預金です。このような預金を**派生的預金**と呼びます。

銀行は預金を受け入れ，預金口座を通じた決済サービスを提供し，さらに受

レクチャー5.2　信用創造機能①：預金創造のメカニズム

け入れた預金を貸し出します。このように貸出を通じて新たに預金が創造されることを**信用創造**と呼びます。もちろん，文字通り**預金創造**と呼ぶ論者もいるのですが，多くの文献で「信用」創造という用語法が定着しています。この「信用」という用語の使い方が初学者にとってはなかなか難しいのではないかと思われますので，この点について少し言及しておきましょう。

信用とは「負債を通じた金融取引」について使われる金融用語です。負債というのは「債務を負う」という意味であり，お金の貸し借りを行うときに使われる言葉です。まず，お金を貸すという行為は相手を信用するから貸すのだ，ととらえられます。ここから，貸出とは貸し手が借り手に「信用を与える」と表現できます。一方，お金を借りるという行為は借り手が貸し手からの「信用を受け入れる」と表現できます。

実際の銀行業務において，貸出業務は**与信**（＝信用を供与する）業務の一種であり，預金業務は**受信**（＝信用を受容する）業務の一種である，と表現されています。ぶっちゃけた話をしますと，金融関係者の間では，信用という用語は貸出の意味で使われています。結局のところ，以上のプロセスにおいて，預金決済および貸出行動を通じて**銀行信用**（銀行貸出）が創造されることから，この一連の過程を「信用創造」と呼ぶことが多いのです。

さて，(5.1)式の右辺では，派生的預金の項が無限に続きます。果たして，このような「無限」に加算されていく預金総額の値を求めることは可能でしょうか。実は，ある数学上の方法を用いれば，この預金総額の式を計算することができます。(5.1)式は**【仮定2】**から，

$$預金総額 = 100万 + 100万 \times (1-0.1) + 100万 \times (1-0.1)^2 + \cdots \quad (5.2)$$

と表すことができます。(5.2)式の右辺はいわゆる無限等比級数に相当します。何やら難しい言葉が出てきましたね。無限等比級数とは，次のような無限に続く数列

　　　初項，初項×公比，初項×公比の2乗，初項×公比の3乗，…

の合計のことです。なお，このような数列を無限等比数列と呼びます。無限等比級数は，公比が0と1の間の値である場合，

$$\text{無限等比級数} = \frac{\text{初項}}{1-\text{公比}} \tag{5.3}$$

という公式によって計算することができます（☞**コラム 5.1**「無限等比級数」(p. 144)）。(5.2)式の右辺は，初項＝100 万円，公比＝0.9 の無限等比級数ですね。したがって，この場合の預金総額は次のように計算することができます。

$$\begin{aligned}\text{預金総額} &= 100\, \text{万} \div 0.1 \\ &= 1{,}000\, \text{万}\end{aligned} \tag{5.4}$$

また，信用創造額，すなわち，信用創造によって生み出された派生的預金の合計は，

$$\begin{aligned}\text{信用創造額} &= \text{預金総額} - \text{本源的預金} \\ &= 1{,}000\, \text{万} - 100\, \text{万} \\ &= 900\, \text{万}\end{aligned} \tag{5.5}$$

となります。

以上の結果について，最初に預けられた「現金」100 万円から新たに「預金」900 万円が創造された，これは錬金術だ，などと思われるかもしれません。あるいは，最初に預けられた「現金」100 万円から新たに「預金」900 万円が創造された，と聞いても何やら釈然としない方がおられるかもしれません。ちょうど，後述のコラムで紹介する「つぼ算」の番頭さんみたいな心境かもしれませんね（☞**コラム 5.2**「信用創造は「つぼ算」？」(p. 154)）。銀行の信用創造は，預金者が一斉に預金を引き出すことはないということを前提に，**借り手の将来貯蓄を現時点で先取りして前倒し的に貸し出す**ことで成立しています。別に無から有が生み出されたというわけではないのです。

もう少し突っ込んだ話をしますと，信用創造に限らず，金融の世界は時間の前借り，時間の先延ばしによって成り立っています。したがって，この先延ばしがうまくいかないような事態が起こると大変なことになります。預金者が一斉に預金を引き出すという取り付け騒ぎが起こると，銀行を通じた決済システムは崩壊の危機に直面します。その意味で信用システムは砂上の楼閣に例えられることがあります。このような事態を招くと大変ですから，様々な信用秩序のための対策が必要となります。例えば，預金を保護するための預金保険制度や，銀行の健全性に関する規制はその一種といえます。

さて，それでは信用創造の計算結果を公式として定式化しておきましょう。

レクチャー5.2 信用創造機能①：預金創造のメカニズム

ここで，支払準備率を β としますと，【仮定1】は次のように表されます。

【仮定1】 各銀行は，「預金」×β を「支払準備」として手許にとどめ，残りの「預金」×$(1-\beta)$ を「貸出」に回す。

この仮定のもとで，預金総額を D，信用創造額を D_c，本源的預金を D_0，としますと，預金総額および信用創造額は

$$D = D_0 + (1-\beta)D_0 + (1-\beta)^2 D_0 + \cdots$$
$$= D_0/\beta$$
$$D_c = D - D_0$$

と表すことができます。

【信用創造の公式①：銀行外への流出現金がない場合】

$$D = \underbrace{\left(\frac{1}{\beta}\right)}_{\text{信用乗数}} \times D_0 \quad \text{ただし，} 0 < \beta < 1. \tag{5.6}$$

本源的預金の係数である $(1/\beta)$ を**信用（創造）乗数**あるいは**貨幣乗数**と呼びます。支払準備率 β が低下（上昇）するほど，信用乗数 $(1/\beta)$ は上昇（低下）します。このもとで，本源的預金が同じであれば，預金総額 D は増加（減少）します。β の低下（上昇）は銀行の預貸率 $(1-\beta)$ の上昇（低下），すなわち，銀行貸出が増加（減少）することを意味します。銀行貸出の増加（減少）は，信用創造過程を通じて，預金通貨の増加（減少）に結びつきます。

このような預金創造のプロセスは，預金取扱金融機関である銀行が大いなる公共性をもつことをわれわれに認識させます。銀行は証券会社や保険会社のような他の金融機関とは異なり，預金を取り扱います。それも単に預金を受け入れるだけではなく，信用創造機能を通じて決済通貨の一種である預金通貨を供給しているのです。銀行の貸出行動は経済における通貨量の動きに大きな影響を及ぼすのです。ここに，預金という金融商品，ひいては，これを取り扱う銀行という金融機関の特殊性を見出すことができます。

コラム 5.1　無限等比級数

いま，次のような $n+1$ 項から成る数列を考えましょう。

$$T,\ \alpha T,\ \alpha^2 T,\ \cdots,\ \alpha^n T$$

ただし，$T(\neq 0)$ と $\alpha(0<\alpha<1)$ は定数とします。このような数列を「初項が T，公比が α である等比数列」と呼びます。さて，この等比数列の和 S

$$S = T + \alpha T + \alpha^2 T + \cdots + \alpha^n T$$

を計算したいとします。なお，上式右辺のような等比数列の合計を等比級数と呼びます。上式の両辺に α をかけて，

$$\alpha S = \alpha T + \alpha^2 T + \alpha^3 T + \cdots + \alpha^n T + \alpha^{n+1} T$$

という式を作り，この 2 式の辺々を引き算しますと，

$$(1-\alpha)S = T - \alpha^{n+1} T$$

となります。この式を S について解きますと，

$$S = \frac{1 - \alpha^{n+1}}{1 - \alpha} T$$

というように等比数列の総和を求めることができます。

もしこの等比数列が無限個に続く無限等比数列であれば，無限等比級数 S

$$S = T + \alpha T + \alpha^2 T + \cdots$$

を求めることはできるでしょうか。実は，α が 0 と 1 の間の値をとる場合，S を計算することができます。n を無限に大きくしたときの S の極限値

$$\lim_{n \to \infty} S = \lim_{n \to \infty} \frac{1 - \alpha^{n+1}}{1 - \alpha} T = \frac{1}{1 - \alpha} T - \lim_{n \to \infty} \frac{\alpha^{n+1}}{1 - \alpha} T$$

について，$0 < \alpha < 1$ のもとで，

$$\lim_{n \to \infty} \frac{\alpha^{n+1}}{1 - \alpha} T = 0$$

が成り立ちますので，

$$S = \frac{1}{1 - \alpha} T$$

となります。これが，無限等比級数の公式［(5.3)式］です。

レクチャー5.2の信用創造メカニズムにおける預金総額は，初項が D_0，公比が $(1-\beta)$ の無限等比数列に相当しており，かつ，$0<\beta<1$ と仮定されていますので，上記の公式を用いることができるのです。

復習

(1) ⬜は「広義の⬜」と呼ばれ，金融仲介機関の代表的な存在である。

(2) ⬜は預金者の求めに応じて随時払いだされる預金である。

(3) ⬜は預入期間に定めがある預金である。

(4) ⬜は第三者への譲渡が可能な預金である。

(5) 銀行と証券会社の最大の違いは，金融取引における⬜負担の程度にある。

(6) ⬜とは，代金の支払いによって売買取引を完了させることである。

(7) 預金は振込や振替を通じて⬜の手段としての機能を有する。

(8) ⬜とは，銀行が貸出行動を通じて新たに預金を生み出すことである。

(9) 信用創造のプロセスにおいて，最初に預け入れられた預金を⬜，貸出行動を通じて新たに生み出された預金を⬜と呼ぶ。

(10) 銀行外への流出現金がない場合の信用創造過程において，預金総額は，本源的預金に⬜の逆数を掛け合わせることによって求められる。ここで，本源的預金の係数である⬜の逆数は特に⬜と呼ばれる。

レクチャー 5.3 　信用創造機能②：マネー・ストックの決定

● 銀行の信用創造機能②：銀行外への流出現金がある場合

　これまで考察してきたケースでは，預金者・各企業は手許に現金をもたない【仮定2】という状況を想定していました。これは，現金が銀行部門に全て吸収されていることを意味しており，明らかに非現実的な仮定といえます。そこで，この【仮定2】を次のように変えて分析してみましょう。

【仮定2′】預金者は当初の現金総額のうち，90％を預金として預け，10％を手許に現金で保有する。同様に，各借入企業は銀行から借り入れた融資総額のうち，90％を預金として預け，10％を手許に現金の形で保有する。

　この【仮定2′】では，預金者や各企業が手許に現金をもつことから，現金が銀行外の場所に滞留する状況を想定しています。このように銀行外の場所へ現金が流出する場合，預金総額はどのように計算されるでしょうか。前節と同様，段階的にみていきましょう。

1. 預金者から正徳銀行への預金

　レクチャー 5.2 と同様，あなたは当初の時点で手許に現金 100 万円を所持しています。ただし，先程の設定とは異なり，あなたは当初の現金 100 万円のうち 90 万円（＝100 万円の 90％）を正徳銀行に普通預金として預け，10 万円（＝100 万円の 10％）を現金で保有するものとします。この場合，「本源的預金」は 90 万円となります。

2. 正徳銀行からレストラン一葉への貸出

　さて正徳銀行はこれまでの経験から預金 90 万円のうち，9 万円（＝90 万円の 10％）を預金者への「支払準備」として手許に残し，残りの 81 万円（＝90 万円の 90％）を貸出に回します。正徳銀行はレストラン一葉にこの 81 万円を貸し出すことにしました。この 81 万円はレストラン一葉の当座預金口座に入金されます。

3. レストラン一葉から新渡戸食品への支払い（預金決済）

　レストラン一葉は借り入れた 81 万円のうち，8 万 1,000 円（＝81 万円の 10％）を預金口座から引き出して手許に現金の形で保有し，残りの 72 万 9,000

円（＝81万円の90%）を新渡戸食品への代金支払い資金とします。この72万9,000円が新たな預金と貸出を生み出す，といった具合で，このようなプロセスが続きます。続きが気になる読者は試しに確かめてみてください。

以上から，預金総額は次の式で表すことができます。

　　預金総額＝90万＋72万9,000＋59万490＋…
　　　　　　＝90万＋90万×$(1-0.1)^2$＋90万×$(1-0.1)^4$＋…

この式の右辺は，初項＝90万円，公比＝$(1-0.1)^2$＝0.9^2の無限等比級数に相当します。したがって，この場合の預金総額は，無限等比級数の公式(5.3)式より，次のように計算することができます。

　　預金総額＝90万／$[1-0.9^2]$
　　　　　　＝90万／0.19
　　　　　　＝473万6,842

また，信用創造によって生み出された派生的預金の合計は，

　　信用創造額＝預金総額－本源的預金
　　　　　　　＝473万6,842－90万
　　　　　　　＝383万6,842

となります。

レクチャー5.2では預金総額1,000万円，信用創造額900万円でした。一方，預金者の当初保有する現金総額や各企業の預金のうちの10%分が銀行外で現金として滞留すると，預金総額473万6,842円，信用創造額383万6,842円となります。レクチャー5.2のケースと比較すると相当減少していますが，それでも当初の現金が100万円からスタートしている点に鑑みると，銀行の信用創造によって現金通貨の3倍以上の預金通貨が生み出されていることになります。

さて，それでは現金が漏出する場合の信用創造の計算結果を公式として定式化しておきましょう。預金者は当初保有している現金Hのうち，銀行預金D_0と現金C_0に分散するとします。これは，現金預金比率$\alpha \equiv$現金／預金のもとで，

$$D_0 = \frac{D_0}{D_0+C_0}H = \frac{1}{1+(C_0/D_0)}H = \frac{1}{1+\alpha}H$$

$$C_0 = \frac{C_0}{D_0+C_0}H = \frac{(C_0/D_0)}{1+(C_0/D_0)}H = \frac{\alpha}{1+\alpha}H$$

と表すことができます。上式のHの係数を利用して，**【仮定2′】**を次のよう

に改めます。

【仮定 2′】 預金者は当初の現金総額のうち，$1/(1+\alpha)$ の割合で預金として預け，$\alpha/(1+\alpha)$ の割合で手許に現金で保有する。同様に，各借入企業は銀行から借り入れた融資総額のうち，$1/(1+\alpha)$ の割合で預金として預け，$\alpha/(1+\alpha)$ の割合で手許に現金の形で保有する。

この仮定のもとで，預金総額を D，初期現金を H，現金預金比率を α，支払準備率を β としますと，この場合の預金総額は無限等比級数の公式(5.3)式より，

$$D = D_0 + \frac{1-\beta}{1+\alpha}D_0 + \left(\frac{1-\beta}{1+\alpha}\right)^2 D_0 + \cdots$$

$$= \frac{1}{1+\alpha}H + \frac{1-\beta}{(1+\alpha)^2}H + \frac{(1-\beta)^2}{(1+\alpha)^3}H + \cdots \tag{5.7}$$

$$= \frac{1}{\alpha+\beta}H$$

と表すことができます。

ちなみに，以上の設定のもとで，現金総額 C，および，支払準備額 R は次のように計算することができます。

$$C = \frac{\alpha}{1+\alpha}H + \frac{\alpha(1-\beta)}{(1+\alpha)^2}H + \frac{\alpha(1-\beta)^2}{(1+\alpha)^3}H + \cdots$$

$$= \frac{\alpha}{\alpha+\beta}H \tag{5.8}$$

$$R = \frac{\beta}{1+\alpha}H + \frac{\beta(1-\beta)}{(1+\alpha)^2}H + \frac{\beta(1-\beta)^2}{(1+\alpha)^3}H + \cdots$$

$$= \frac{\beta}{\alpha+\beta}H \tag{5.9}$$

● **マネー・ストックと預金通貨**

ここまで，銀行の信用創造メカニズムを説明してきました。実は，以上のプロセスをマクロ経済レベルでとらえ直すと，銀行による信用創造はマネー・ス

レクチャー5.3　信用創造機能②：マネー・ストックの決定

トックの決定と密接な関係をもっていることがわかります。**マネー・ストック**とは，市中に流通している貨幣である**通貨（流通貨幣）**の総量のことで，通貨供給量とも呼ばれます。日本では，日本銀行によって推計および公表されています。かつては，マネー・サプライと呼ばれていましたが，2008年6月から名称・基準ともに現在のマネー・ストック統計に変更されています。一般にマネー・ストック M は現金通貨 C と預金通貨 D の合計と定義されています。実際のマネー・ストック統計の定義については，後述いたします。

$$M = C + D \tag{5.10}$$

(5.10)式の右辺に，先程計算した(5.7)式と(5.8)式を代入しますと，

$$M = \frac{1+\alpha}{\alpha+\beta} H$$

となります。さらに，現金 C［(5.8)式］と支払準備額 R［(5.9)式］を合計しますと，初期現金 H と等しくなることがわかります。

$$H = C + R \tag{5.11}$$

初期現金 H についてはこれまで，身近な話として説明するために，個人レベルで初期時点において与えられた現金という形を採ってきました。この H をマクロ経済の観点から再定義すると，中央銀行から供給されたマネタリー・ベースとしてとらえ直すことができます。**マネタリー・ベース（ハイパワード・マネー，ベース・マネー）**とは，中央銀行の民間部門に対する負債の総額であり，中央銀行が一定の操作性をもっている貨幣です。

日本の**現金通貨**については，

現金通貨＝日本銀行券（紙幣）＋財務省補助貨幣（硬貨）

というように構成されています。日本銀行は法律で定められた日本で唯一の発券銀行（☞レクチャー6.1）です。それゆえ，日本の紙幣は正式には**日本銀行券**と呼ばれます。日本銀行券は法律によって無制限に強制通用力が与えられている**完全法貨（無制限法貨）**です。

なお，硬貨は政府貨幣であり，造幣局によって鋳造されています。日本では，硬貨の法律上の呼称は「貨幣」と定められているのですが，この呼称は一般的

な概念である「貨幣」と混同される恐れがありますので，ここでは**財務省補助貨幣**と呼んでいます。財務省補助貨幣はあくまでも取引上の便宜のために発行されるため，使用枚数が 20 枚を超える場合，取引相手は受け取りを拒否できます。その意味で，財務省補助貨幣は強制通用力に制限が課せられている**不完全法貨**（**制限法貨**）といえます。

他方，支払準備額は単に**準備**とも呼ばれます。なお，民間銀行は預金の一定割合を中央銀行に預けなければならないという**準備預金制度**（☞レクチャー 6.2）の下で，民間銀行は中央銀行に当座預金として一定額を預けています。この中央銀行当座預金を通じて，中央銀行は民間銀行に対して資金を供給ないし吸収するという金融調節を行っています。以上から，信用創造の公式は次のようなマネー・ストックの決定式として定式化されます。

【信用創造の公式②：銀行外への流出現金がある場合】

$$M = \underbrace{\left(\frac{1+\alpha}{\alpha+\beta}\right)}_{\text{信用乗数}} H \quad \text{ただし，} \alpha > 0, \ 0 < \beta < 1. \tag{5.12}$$

信用創造の基礎となるマネタリー・ベースは，中央銀行によって金融部門に供給されます。そして，これらのお金が金融部門を通じて，現金通貨や預金通貨の形で経済全体に供給されます。預金通貨についてはこれまで見てきた通り，銀行の貸出行動によって派生的に生み出される部分が含まれます。このように金融部門から経済全体に供給されている通貨の総量がマネー・ストックです。

もし信用乗数が安定的であれば，公式②の関係から，マネタリー・ベースの大きさは，マネー・ストックの大きさを左右していることが分かります。換言すれば，中央銀行はマネタリー・ベースを動かすことによって，マネー・ストックをコントロールできる，というわけです。このような考え方を**貨幣**（**信用**）**乗数アプローチ**と呼びます。

ただし，図 5.2 のように，現実の経済において，信用乗数は必ずしも安定的ではありません。この背景として，経済主体の行動変化が鍵を握っています。公式②を用いた簡単な数値例で，この点を確かめておきましょう。

例えば，現金預金比率 $\alpha = 0.25$，支払準備率 $\beta = 0.25$ のもとで公式②の信

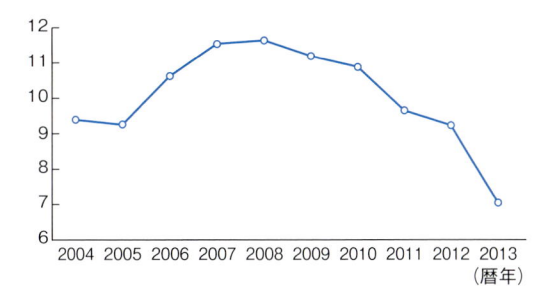

図 5.2 信用乗数（＝M3 平均残高／マネタリー・ベース（準備率調整後）平均残高）
（出所）日本銀行「マネー・ストック統計」・「マネタリー・ベース統計」

用乗数は 2.5 となります。このもとで，マネタリー・ベースを 1 億円増やせば，公式②よりマネー・ストックを 2 億 5,000 万円増やすことができます。

しかし，その後に預金者や銀行の行動が変わり，現金預金比率 $\alpha = 0.5$，支払準備率 $\beta = 0.5$ になったとすると，信用乗数は 1.5 に下がってしまいます。ここで同じようにマネタリー・ベースを 1 億円増やしても，マネー・ストックの増加額は先程よりも 1 億円低い 1 億 5,000 万円となります。この簡単な数値例からもわかりますように，マネー・ストックの決定水準は，経済を構成している人々の行動に伴って変化します。マネタリー・ベースのみによってマネー・ストックを操作できるほど，現実の経済は単純ではないのです。

● マネー・ストック統計

実際のマネー・ストック統計（表 5.1）では，通貨の範囲に応じて，M1，M2，M3，広義流動性の 4 つの指標があります。なぜ，マネー・ストックには，このような複数の定義があるのでしょうか。その主な理由は，預金の種類に応じて統計を区分しているからなのです。

レクチャー 5.1 で預金の種類について説明しました。預金には，要求払預金，定期性預金，譲渡性預金，外貨預金などの種類がありましたね。このうち，最も流動性が高い預金は要求払預金です。**M1**（エムワン）は，預金通貨として全預金取扱機関に預けられた要求払預金を採用しています。なお，マネー・ストック統計では，要求払預金を預金通貨と呼んでいます。

M1 ＝ 現金通貨 ＋ 預金通貨（要求払預金）

表 5.1　日本のマネー・ストック
（2014 年 3 月平均残高，単位：兆円）

M2			863.87
M3			1174.42
	M1		580.02
		現金通貨	82.17
		預金通貨	497.85
	準通貨		560.78
	CD		33.61
広義流動性			1538.12

（出所）日本銀行「マネー・ストック統計」

つまり，最も流動性が高い通貨総量の指標は M1 ととらえておくとよいのです。

この M1 に，全預金取扱機関に預けられた定期性預金，外貨預金，譲渡性預金などの預金を加えたものが，M3（エムスリー）です。M3 は要求払預金よりも流動性が若干低い預金によって定義された通貨の総量といえます。

　　M3＝M1＋準通貨＋CD（譲渡性預金）

マネー・ストック統計では，定期性預金（定期預金，据置貯金，定期積金）に外貨預金を合計したものを準通貨と呼んでいます。M3 は，代表的なマネー・ストックの指標です。経済関係の報道などで，マネー・ストックに言及する場合，その多くは M3 を指しています。そして，預金ほどではないが幾ばくかの流動性を有すると考えられる金融商品を M3 に加えたものが広義流動性です。

　広義流動性
　　＝M3＋金銭の信託＋投資信託＋金融債＋銀行発行普通社債
　　　＋金融機関発行 CP＋国債＋外債

ここまで説明してきたところで，皆さんの中には M2 は一体どこへいったのだとお思いのことでしょう。M2（エムツー）は M3 から，ゆうちょ銀行や信用金庫以外の協同組織金融機関などの保有分を除いたものです。これは，2008 年までの旧マネー・サプライ統計において代表的指標であった「M2＋CD」との接続性を考慮し，参考値として発表されています。

● マネー・ストックとマネタリー・ベースの違い

実際のマネー・ストックとマネタリー・ベースのデータをみていただくと、ある点に気づかれるはずです。そう、現金の統計が一致しないですよね。表 5.2 のマネタリー・ベース統計をみると、2014 年 3 月では、日本銀行券発行高（紙幣）と貨幣流通高（硬貨）を合わせた現金総額は約 90 兆円です。一方、表 5.1 のマ

表 5.2　日本のマネタリー・ベース
（2014 年 3 月平均残高，単位：兆円）

マネタリー・ベース		208.59
	日本銀行券発行高	86.12
	貨幣流通高	4.59
	日銀当座預金	117.89
	準備預金	106.79

（出所）日本銀行「マネタリー・ベース統計」

ネー・ストック統計をみると、同時期の現金通貨は約 82 兆円となっており、約 8 兆円の開きがあります。実は、実際の統計上ではマネー・ストックとマネタリー・ベースで、現金保有主体の範囲が異なります。図 5.3 をご覧ください。

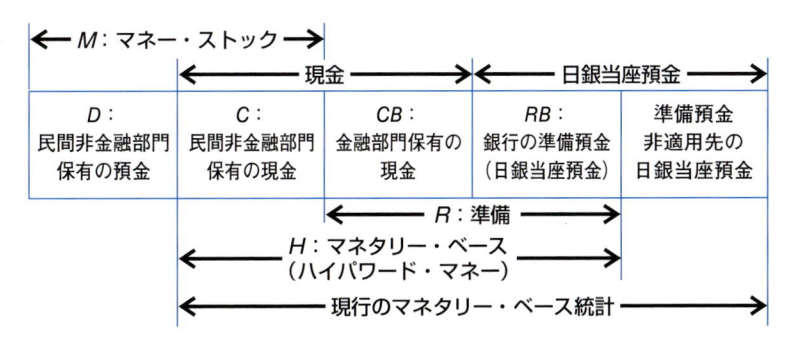

D：民間非金融部門保有の預金	C：民間非金融部門保有の現金	CB：金融部門保有の現金	RB：銀行の準備預金（日銀当座預金）	準備預金非適用先の日銀当座預金

- M：マネー・ストック ＝ D + C
- 現金 ＝ C + CB
- 日銀当座預金 ＝ RB + 準備預金非適用先の日銀当座預金
- R：準備 ＝ CB + RB
- H：マネタリー・ベース（ハイパワード・マネー）＝ C + R
- 現行のマネタリー・ベース統計

図 5.3　マネー・ストックとマネタリー・ベースの関係

経済全体における現金の総額は、金融機関が保有する部分（CB）と、それ以外の民間部門が保有する部分（C）に大別されます。マネー・ストックは「金融部門から経済全体に供給された通貨の総量」のことです。すなわち、通貨保有主体として**金融部門を除いた民間部門**を想定しています。したがって、マネー・ストック統計では、現金総額のうち「民間非金融部門」が保有する現金を現金通貨として採用しているのです。

一方、マネタリー・ベースは、現金と準備の合計です。ただし、この裏側において、準備（R）は金融機関保有分の現金（CB）と準備預金（RB）を合わせた額として、定義されています。マネタリー・ベース統計での現金総額は、

金融機関を含む民間部門全体の保有分から成ります。一口に現金と申しましても，マネー・ストックとマネタリー・ベースとでは，その保有主体の範囲に違いがありますので，ご注意ください。なお，日本銀行は 2000 年 5 月に，準備預金非適用先（銀行以外）の日銀当座預金を含む形でマネタリー・ベース統計の定義を変更しています。

コラム 5.2 信用創造は「つぼ算」？

　本書で信用創造の話を初めて知ったという方は，どのような感想をおもちでしょうか。銀行が預金を創り出す。いきなり突拍子もないことを言うとお思いの方もおられるでしょう。預金というのはわれわれが銀行に預けるものであって，銀行が創り出すものではない。このようにお考えのことと思います。

　この「銀行が預金を創り出す」という点は多くの人がわかりにくいと感じているようです。以前，一人酒の折に，偶然隣り合わせた方とどういうわけかこのことが話題にのぼり，酩酊状態で「信用創造」を説明する羽目になりました。なんとか一通り解説すると，お隣さんがぼそっと一言，「まるで『つぼ算』みたいな話だ」。

　ここで話題の「つぼ算」というのは上方落語のネタの一つです。要点をかいつまんでご紹介しますと，次のようなお話です。なお，「つぼ算」のストーリーや周辺知識については，手許にあった桂米朝 (2002, pp. 43-73) と桂枝雀 (2006, pp. 189-231) に基づいています。

　舞台は上水道が整備されていなかった頃の大阪です。この頃の大阪では，淀川の水を汲んで飲み水に使っていたのだそうです。そのため，大阪の各家庭では，水を入れる壺が必需品だったのです。

　引っ越ししたばかりのある男が妻に頼まれて，買い物上手の徳さんと水壺を買いに瀬戸物屋へ行きます。瀬戸物屋へ着くと，番頭が応対に出てきます。丁々発止のやり取りの末，1 荷（桶 2 杯分）入りの壺 3 円 50 銭を徳さんの見事な値切り交渉によって 3 円で買います（昔の貨幣価値表示なのがご愛敬！）。男が頼まれていたのは 2 荷（桶 4 杯分）入りの大きな壺だったのですが，一旦この 1 荷入りの壺を 2 人で担いで店を出ます。これが徳さんの作戦で，また店に戻って実は 2 荷入りが欲しかったことを番頭に告げ，2 荷入りの壺 7 円 40 銭を結局 6 円に値

切ることに成功します。

　ここからが佳境です。徳さんは番頭から，先程購入した1荷入りの壺を3円で下取りしてもらう旨，言質を取った上で，2荷入りの壺の勘定として，先の1荷入りの壺を3円分として下取りさせ，先に渡した3円と合わせて6円ということで番頭を説き伏せます。一旦は成功したかにみえましたが，番頭も手許に現金が3円しかないことから何かおかしいことに気づき，2人を引き留めて勘定し直そうとして，しまいには頭が混乱してパニック状態になってしまう……というお話です。そう，徳さんは勘定を誤魔化しているのです。

　件の一言に一瞬教室での風景が頭をよぎったことを思い出します。信用創造の講義に接した受講生は，「つぼ算」の番頭さんのように頭の中で混乱していたのかもしれません。信用創造のメカニズムは決して徳さんのように勘定を誤魔化しているわけではないのです。一読してピンとこないという方はもう一度ゆっくり読んでみてください。そして，機会があれば是非，プロの実演で「つぼ算」を聴いてみてください。とても面白い噺ですよ。

レクチャー 5.4 銀行の健全性と自己資本比率規制

● 銀行の情報開示

　これまでの議論から，銀行は金融仲介のみならず，決済手段の提供や通貨の供給に携わっていることがわかりました。この意味で，銀行は大きな公共的性格を有する金融機関といえます。いうなれば，銀行の経営状態は，経済における決済システムや通貨の動きに大きな影響を及ぼします。銀行の利用者側からしても，銀行には健全な経営を心掛けてもらいたいものです。

　近年，銀行の利用者がその銀行の経営内容を知ることができるように，各銀行は財務データや事業内容などについて情報開示（**ディスクロージャー**）することが法律によって義務付けられています。これに伴い，各銀行は年毎に中間期版と期末版の2回にわたって**ディスクロージャー誌**を発行しています。ディスクロージャー誌の入手方法としては，各銀行の窓口やパンフレット置き場などで入手できますし，インターネット上のホームページで公表されているケースもかなりあります。

　ただし，このディスクロージャー誌をいざ読もうとしても，その内容は専門的で読みにくい点があるのは否めません。銀行の健全性を簡便に判断したい方はまず，不良債権や自己資本，それに格付けの状況辺りをチェックしてみましょう。

　不良債権（☞レクチャー3.3）とは，貸出先の業績不振や倒産などによって，回収困難になる貸出債権のことです。また，これを貸出金総額で割った比率を**不良債権比率**と呼びます。不良債権額および不良債権比率が他行よりも高水準なままで放置されているのであれば，当該銀行の今後の経営状態に深刻な影響を及ぼすでしょう。

　また，不良債権処理への姿勢を判断するには，相応の貸倒引当金を積んでいるかどうかも重要な参考材料になります。**貸倒引当金**とは，銀行（貸し手）が将来の貸出債権の回収不能に備えて，あらかじめ用意しておく準備金のことです。銀行の不良債権問題が深刻化する局面では，引当の不足から不良債権の償却がなかなか進まないという場合が多いのです。銀行は，回収不能の危険がある貸出債権を正確に把握し，嘘偽りなく公表するだけではなく，将来の損失にどれだけ備えているか，ということも重要なのです。

自己資本比率とは，自己資本を総資本ないし総資産で割った比率です。この比率については，国際的な銀行規制の体系において主要な規制対象となっています。この場合，自己資本比率はリスクウェイトによる加重総資産との比率として定義されます。この規制の詳細については後述します。自己資本は負債と異なって返済や利払いの必要がなく，不測の事態によって損失が発生したときに一種のバッファー（衝撃を和らげる緩衝物）として機能します。したがって，この比率の高さは当該銀行の財務状況が安定しているかどうかを判断するための指標になり得るのです。

格付けとは，公社債の発行に際して，格付機関と呼ばれる専門会社が発行者（企業，金融機関，政府など）の返済能力を審査し，簡単な記号で表したものです。銀行も債券を発行する際には，格付機関から審査を受けて格付けを取得します。一般投資家が企業情報を調査しようにも，実際には相応の技術が求められます。格付けをみることで，その道のプロからリスク判断の情報を入手できるというわけです。ただし，格付けのみを鵜呑みにするのは頂けません。サブプライム・ローン（☞**コラム3.2**「サブプライム・ローン問題と証券化」(p. 100)）関連の証券化商品に対して名立たる格付機関が高格付けを与えていたという前例があります。格付けはあくまでも参考程度にとらえておくのがよいでしょう。

このように，これらの指標について，他行や全体平均と比較することによって，当該銀行の健全性を判断するための参考指標として活用できます。

● 自己資本比率規制の導入：バーゼルⅠからバーゼルⅡまでの流れ

現在，銀行規制の国際統一基準として，**BIS規制**と呼ばれる枠組みがあります［☞より詳しくは，みずほ証券バーゼルⅢ研究会（編）(2012) を参照してください］。BISとは，スイスのバーゼル市にある国際決済銀行（Bank for International Settlement；以下，BISと表記）の略称です。この規制は，BIS内に設けられたバーゼル銀行監督委員会で決定されたことから，**バーゼル合意**とも呼ばれています。

BIS規制において対象となる自己資本比率は，次のように定義されます。

$$自己資本比率 = \frac{自己資本}{リスクアセット総額}$$

リスクアセット総額とは，当該銀行が保有する各資産に，それぞれのリスクに応じたウェイト（リスクウェイト）を掛けて計算された総資産です。自己資本比率はリスク資産に対して，資本金などの自己資本をどの程度積んでいるかを表しています。バーゼル合意において，金融機関は一定比率以上の自己資本比率の維持を義務付けられました。この規制は**自己資本比率規制**と呼ばれます。この比率が高いほど，当該銀行は来るべきリスクに備えている，という目安になることが期待されています。

最初のバーゼル合意は，1988年6月に設定され，1992年12月期決算から適用されました。このときのBIS規制は，その後の改訂と区別するために**バーゼルⅠ**と呼ばれています。このときは，国際業務を営む金融機関は8%以上の自己資本比率を維持するよう義務付けられました。この数値が達成できない金融機関は，国際業務からの撤退を余儀なくされたのです。

我が国では，1993年3月期決算から自己資本比率規制が導入されました。日本以外の国では，ほとんどの企業が12月期決算であるのに対して，日本では，公的部門が3月期決算であることから，これに倣う企業が多い，という事情があります。このため，日本では導入時期が若干遅れました。日本では，国際業務を営む銀行に対して8%以上の自己資本比率の維持が義務付けられる一方，国内業務のみの銀行に対しては4%以上の自己資本比率の維持が義務付けられました。

当初のBIS規制は，金融機関が直面するリスクとして，貸出債権のデフォルトの危険性である**信用リスク**のみを対象としていました。この段階では，金利や為替の変動に伴う**市場リスク**については考慮されていなかったのです。そこで，1996年1月に市場リスクを考慮に入れた自己資本比率規制が定められ，1997年12月期決算（日本では1998年3月期決算）から適用されました。

その後，急速な金融の情報化・グローバル化に伴い，この規制は抜本的な見直しが行われ，新たなBIS規制が2006年12月期決算（日本では2007年3月期決算）から適用されました。これは**バーゼルⅡ**と呼ばれます。

まず，信用リスクの捕捉方法がより精緻化されました。主な内容をまとめますと，中小企業向け・個人向け融資に関するリスクウェイトの引き下げ（100%→75%），不良債権処理を進めた場合のリスクウェイトの引き下げ，などが盛り込まれました。

また，従来の信用リスク・市場リスクに加えて，情報通信技術の発展に伴う**オペレーショナル・リスク**をリスクアセットの項目に追加しました。金融の情報化・グローバル化によって，コンピューター・システムの障害や事務処理のミスが広範囲に影響をもたらす可能性が高まり，これらの損失に備えなければならないという懸念が大きくなったことがこの背景にあります。

● 新しい自己資本比率規制：バーゼルⅢの導入

　しかし，バーゼルⅡの適用が始まった直後に，2007 年のサブプライム・ローン問題の深刻化や，翌年のリーマン・ショックに端を発する世界的な金融危機が猛威をふるい，バーゼルⅡにおいてもいまだ不十分な点が残されていることが明らかになりました。銀行に対してより一層，リスク管理体制の強化や自己資本の質の向上を促すべく，バーゼル銀行監督委員会はバーゼルⅡに代わる新しい規制の枠組みを発表しました。これは**バーゼルⅢ**と呼ばれ，2013 年 12 月期決算（日本では 2014 年 3 月期決算）から段階的に導入され，最終的に 2019 年 12 月期決算（日本では 2020 年 3 月期決算）から完全実施される予定になっています。

　今回の新規制について，主要な変更点は自己資本に関するものです。従来の BIS 規制において，自己資本は次のように定義されていました。

　　　自己資本＝TierⅠ＋TierⅡ－控除項目
　　　　TierⅠ……コア（中核）となる資本［資本金等］
　　　　TierⅡ……その他の資本［貸倒引当金・劣後債等］
　　　　控除項目……営業権相当額・非連結金融子会社への出資等

この定義における自己資本は，資本としての質が高い部分で**中核的自己資本**と呼ばれる TierⅠと，それ以外の部分である TierⅡに分類されていました。

　バーゼルⅢでは，より質の高い自己資本を積ませるべく，自己資本の定義式をさらに細かく変更しました。

　　　自己資本＝普通株等 TierⅠ＋その他 TierⅠ＋TierⅡ－控除項目
　　　　普通株等 TierⅠ……最もコア（中核）となる資本［普通株・内部留保等］
　　　　その他 TierⅠ……次にコア（中核）となる資本［優先株等］
　　　　TierⅡ……その他の資本［貸倒引当金・劣後債等］
　　　　控除項目……営業権相当額・非連結金融子会社への出資等

（原則として普通株等TierⅠから控除）

新規制のもとでは，中核的自己資本（TierⅠ）がさらに細かく分類されている点にご注目ください。従来のTierⅠは普通株式と優先株式について同列に扱っていましたが，新規制ではこれらを区別して扱っています。この点について，説明しておきましょう。

ご存じの通り，株式の保有者（株主）に対しては，その会社が上げた利益から配当を受け取ったり，その会社が解散する場合に残余財産を受け取ったりする権利が与えられています。これらに関して，基本的な権利内容が与えられた株式は，**普通株式**（以下，普通株と表記）と呼ばれます。これに対して，普通株よりも優先する権利を有する株式は**優先株式**（以下，優先株と表記），逆に権利が劣位にある株式は**劣後株式**（以下，劣後株と表記）と呼ばれます。

なお，株式に普通株や劣後株があるのと同様に，社債にも標準的な**普通社債**（以下，普通債と表記）と，普通債よりも債務弁済の順位が劣る**劣後債券**（以下，劣後債と表記）というものがあります。劣後債は，企業の破綻・解散の際に，普通債などの他の債務の弁済を行った後に，余った残りの資産で弁済するという社債です。要するに，劣後債による資金調達は，資金返済の順番を後回しにできることから，自己資本に近い性格をもっています。このような事情で，劣後債については，本来は負債でありながら，資本として算入することが一部認められています。

これらの優先株や劣後債と比較して，普通株や**内部留保**は，資本としての質がより高いとされており，**狭義の中核的自己資本**といえます。新規制では，これを**普通株等TierⅠ**（以下では，「コアTierⅠ」と表記）と呼んでいます。そして，優先株などのそれ以外の中核的自己資本は**その他TierⅠ**，劣後債は**TierⅡ**と呼ばれる部分にそれぞれ区分されています。

バーゼルⅢは，これらの区分化された自己資本について，対リスクアセット総額比率で一定の割合以上に保有することを義務付けています。普通株等TierⅠ比率の最低水準は，4.5%となっています。また，この他に**資本保全バッファー**として2.5%の追加積み増しが義務付けられており，これと合わせるとコアTierⅠ比率の最低水準は7%ということになります。加えて，国際的な巨大銀行に対しては，さらに1〜2.5%の上乗せ比率が要求されており，世界的な金融危機の経験を踏まえた規制内容に改められています。ちなみに，バーゼ

ルⅡでも，コアTierⅠ比率の最低水準は2%と定められていました。従来の規制内容と比較してみますと，今回の新規制は随分と厳しい内容になっています。

この他にも，その他TierⅠ比率1.5%，TierⅡ比率2.0%というように，各項目について最低水準が規定されています。結局これらを合計しますと，自己資本比率の一般的な最低水準は10.5%（上乗せ比率1〜2.5%を加えると，11.5〜13%）と定められており，従来の8%を上回る比率に設定されています（図5.4）。ただし，上記で説明してきた規制内容は，最終的に2019年に完全実施される予定であり，それまでは段階的に引き上げられることになっています。

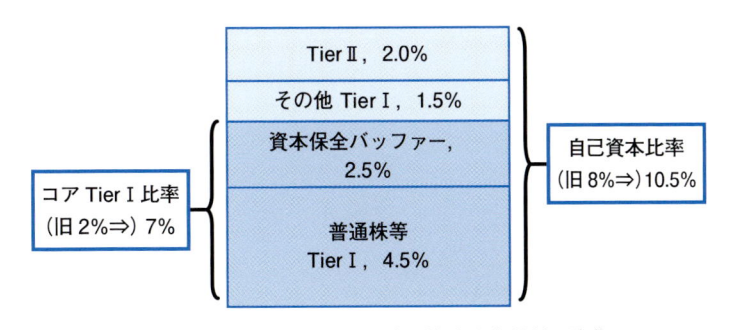

図5.4 バーゼルⅢにおける自己資本比率規制の強化

なお，日本の銀行は，これまで優先株や劣後債によって増資することが多く，欧米の銀行と比べて相対的にコアTierⅠ比率が低いといわれています［「動き出す新自己資本規制（下）邦銀，増資は一服——収益力，米欧勢に見劣り。」『日本経済新聞』2010年9月16日朝刊4面］。日本の銀行は，2019年のバーゼルⅢの完全実施までに，普通株の増資などによる対応が求められています。

実は，金融危機が発生した場合，優先株や劣後債による資金調達傾向はより強くなります。危機によって銀行の資本毀損が問題になったときに，政府は銀行に対して公的資金を投入しようとします。このとき，銀行側は優先株や劣後債を発行し，これと引き換えに公的資金を受け取ります。例えば，配当受け取りについて優先権をもつ優先株は，その代償として経営参加権（株主総会での議決権）が与えられないことが多いのです。銀行は通常，政府による経営への口出しや世間の評判が悪くなることを恐れるため，公的資金の注入を嫌がります。議決権制限タイプの優先株によって公的資金を注入された銀行は，政府に

よって経営への口出しをされる恐れが減るというわけです。また，劣後債の引き受けによる公的資金投入は，負債でありながら自己資本として扱われるため，銀行にとっては資本増強としての性格をもっています。こうして，金融危機が落ち着いた後に，銀行が保有する資本の質の問題が残されます。新規制において，資本の質を重視する背景には，以上のような事情があるのです。

復習

(1) ［　　］とは，市中に流通している貨幣のことである。

(2) ［　　］とは，市中に出回っている通貨の総量のことであり，一般的には民間非金融部門が保有する現金通貨と預金通貨の合計として定義される。

(3) ［　　］とは，現金総額と準備預金から成る中央銀行の対民間負債総額であり，中央銀行が一定の操作性をもっている貨幣である。

(4) 日本の現金通貨は，紙幣である［　　］と，硬貨である［　　］から成る。

(5) 銀行外への流出現金がある場合の信用創造過程において，［　　］は（1＋現金預金比率）÷（現金預金比率＋支払準備率）となる。

(6) ［　　］は，中央銀行がマネタリー・ベースによってマネー・ストックをコントロールできるという考え方である。

(7) マネー・ストック統計における現金通貨の保有主体は［　　］を除く［　　］であるのに対して，マネタリー・ベース統計における現金総額は［　　］を含む［　　］の保有分から成る。

(8) ［　　］とは，貸し手が将来の貸出債権の回収不能に備えて，あらかじめ用意しておく準備金のことである。

(9) ［　　］とは，債券の発行者の返済能力を簡単な記号で表したものである。

(10) ［　　］規制は銀行規制の国際統一基準であり，［　　］合意とも呼ばれる。

(11) BIS規制において対象となる［　　］比率は，［　　］をリスクアセット総額で割った比率である。

(12) 自己資本の質を重視したバーゼルⅢでは，狭義の［　　］の比率であるコアTierⅠ比率の最低水準は［　　］％，これに資本保全バッファー［　　］％と合わせた最低水準は［　　］％とされている。

(13) バーゼルⅢでは，自己資本比率の一般的な最低水準は［　　］％と定められており，従来の［　　］％を上回る比率に設定されている。

練習問題

問題1　金融仲介機関

金融仲介機関の機能について説明した次の記述の空欄 (1)～(4) に，適切な語句を記載せよ。

ヒント：pp.135-136 を読もう！

金融仲介機関は，大数の法則を利用することができることにより，多くの預金者から資金を集め，企業等へ資金の貸出を行っている。つまり最終的借り手が発行する（　1　）を保有し，最終的貸し手に（　2　）を発行する活動を行っている。このような金融仲介機関の機能は（　3　）と呼ばれる。また金融仲介機関は取引開始前に借り手を審査したり，取引開始後に監視したりするなどのモニタリング活動を行っている。このような活動に基づく機能は一般に金融仲介機関の（　4　）と呼ばれる。

[2008 年 12 月　第 15 回 ERE　改]

問題2　信用創造：流出現金がない場合

ある市中銀行に1億円が預金されたものとする。支払準備率が4%のとき，信用創造により増加した預金額（信用創造額）はいくらか。ただし，銀行外への流出現金はないもの（現金預金比率＝0）とする。

ヒント：(5.6) 式を使おう！

(1) 22 億円　　(2) 23 億円　　(3) 24 億円　　(4) 25 億円

[2007 年 12 月　第 13 回 ERE　改]

問題3　信用創造：流出現金がある場合

マネタリー・ベース残高が100兆円で，市中銀行の支払準備率が0.1とする。この条件が一定のもとで，銀行以外の民間部門が預金に対して現金を保有する比率（現金／預金）が0.2であるとき，マネー・ストック残高はいくらになるか。

ヒント：(5.12) 式を使おう！

(1) 400 兆円　　(2) 600 兆円　　(3) 800 兆円　　(4) 1,000 兆円

[2008 年 12 月　第 15 回 ERE　改]

問題4　信用乗数

次の記述のうち，信用乗数を低下させる要因として，正しいものはいくつあるか。

ヒント：(5.12) 式に即して考えよう！

[A] 銀行の破綻を恐れ，預金者が預金を引き出して現金化した。
[B] 銀行が破綻リスクを回避するために超過準備を増加させた。
[C] 日本銀行が日銀当座預金残高を目標とする量的緩和政策を実施した。
[D] 債券・手形オペレーションにより，日本銀行が市場から資金を吸収した。

(1) 1つ　　(2) 2つ　　(3) 3つ　　(4) 4つ

[2009 年 7 月　第 16 回 ERE　改]

問題 5　マネー・ストック統計

日本銀行のマネー・ストック統計において，M1を変動させる要因として，正しいものはどれか。　　　　　　　　　　　　　　ヒント：pp.151-152を読もう！

(1) 預金者が民間銀行の普通預金を引き出して現金化した。
(2) 預金者が民間銀行の普通預金から「ゆうちょ銀行」の通常貯金に預け替えた。
(3) 預金者が満期をむかえた民間銀行の定期預金を同じ銀行の普通預金に預け替えた。
(4) 預金者が民間銀行の定期預金を解約して得た資金を国債で運用した。

[2009年7月　第16回ERE　改]

問題 6　マネー・ストックとマネタリー・ベース

次の項目について，(1) マネー・ストックの内容として含まれないもの，(2) マネタリー・ベースの内容として含まれないもの，はそれぞれどれか。

[A] 民間金融機関が保有する現金　　　　　　ヒント：図5.3をみよう！
[B] 民間非金融部門が保有する現金
[C] 民間金融機関への預金
[D] 民間金融機関から中央銀行への当座預金（預け金）

[2005年7月　第8回ERE　改]

問題 7　株式の種類

株式の種類に関する次の記述のうち，誤っているものはどれか。

ヒント：p.160を読もう！

(1) 日本では，議決権のない株式を発行することはできない。
(2) 特定の議案に関する議決権を制限した株式を発行することはできる。
(3) 普通株式よりも優先して配当を支払う株式を発行することはできる。
(4) 普通株式よりも配当支払いを劣後させた株式を発行することはできる。

[2010年（春）証券アナリスト1次試験　改]

問題 8　BIS規制

BIS（国際決済銀行）による自己資本比率規制に関する次の記述のうち，誤っているものはどれか。　　　　　　　　　　　　　ヒント：pp.157-162を読もう！

(1) バーゼルIIIにおける自己資本比率の最低水準は，従来の8%を上回る水準に定められた。
(2) 銀行が国債を売却した資金で企業に貸出を行うと自己資本比率が上昇する。
(3) 貸倒引当金は自己資本の補完的項目（Tier2）として計上される。
(4) システム障害などの損失はオペレーショナル・リスクとして自己資本比率を引き下げる。

[2012年7月　第22回ERE　改]

練習問題解答

問題1 正解：(1) 本源的証券　(2) 間接証券　(3) 資産変換機能　(4) 情報生産機能

問題2 正解 (3)：公式①の (5.6) 式より，次のように計算される。

信用乗数＝1÷0.04＝25　　預金総額＝25×1億＝25億円

信用創造額＝25億−1億＝24億円

問題3 正解 (1)：公式②の (5.12) 式より，次のように計算される。

信用乗数＝(1+0.2)÷(0.2+0.1)＝4　　マネー・ストック＝4×100兆＝400兆円

問題4 正解 (3)：[A] 正しい。信用乗数 $m=(1+\alpha)/(\alpha+\beta)$ を現金預金比率 α について偏微分すると，$0<\beta<1$ より，$\partial m/\partial \alpha = -(1-\beta)/(\alpha+\beta)^2 <0$ となる。したがって，現金預金比率の上昇は信用乗数の低下要因となる。[B]・[C] 正しい。支払準備率 β の上昇は信用乗数の低下要因となる。[D] はマネタリー・ベースの変動要因となるが，信用乗数の直接的な変動要因にはならない。

問題5 正解 (3)：預金通貨には定期預金は含まれないので，定期預金（M1対象外項目）から普通預金（M1対象項目）への預け替えはM1を増加させる要因といえる。(1) (2) については，M1内での移動なので，M1の変動要因にはならない。特に (2) に関して，現在のマネー・ストック統計では，M1において「ゆうちょ銀行」を含むすべての預金取扱金融機関の預金通貨が採用されている。(4) については，定期預金・国債ともにM1には含まれないので，M1の変動要因にはならない。

問題6 正解：(1) [A]・[D]　(2) [C]

問題7 正解 (1)：議決権のない株式を発行することはできる。このような株式を**種類株**と呼ぶ。なお，(3) は優先株，(4) は劣後株のことである。

問題8 正解 (2)：自己資本比率における分子のリスクアセット総額は，信用リスク，市場リスク，オペレーショナル・リスクから成る。このうちの信用リスクの計算に当たって，貸出先に応じたリスクウェイトが課せられる。リスクウェイトについては，国や地方公共団体は0％，企業は格付けごとに異なるウェイト（20〜150％，格付けを使用しない場合は一律100％）が課せられる。したがって，銀行が国債を売却した資金で企業に貸出を行うと，自己資本比率の分母の信用リスクが大きくなるので，自己資本比率は「下落」する。

第 6 章
日本の金融政策

予習

金融政策	金利や通貨量の調節 → ［目的］物価安定・経済安定・為替安定
中央銀行	機能：発券銀行・銀行の銀行・政府の銀行・最後の貸し手等
金融緩和	デフレ，ディス・インフレ → 金利の引き下げ
金融引き締め	インフレ → 金利の引き上げ

【金融政策の手段】

市場操作（オペレーション）	緩和：買いオペ　引き締め：売りオペ
中央銀行貸出操作	中央銀行貸出（日銀貸出），政策金利（公定歩合）の操作
準備率操作 ↔ 準備預金制度	準備預金：銀行の中央銀行当座預金

【金融政策の効果】

標準的な波及経路	オペレーション → 準備 → 短期金利 → 中長期金利
期待 を通じた効果	インフレ期待への働きかけ
動学的不整合性	事前に最適な政策が事後では最適ではなくなってしまう
	→ 政策当局が当初の約束を破る誘因に

| 非伝統的金融政策 | ゼロ金利 のもとでの金融緩和 → デフレ脱却・防止 |
| 量的緩和（準備供給）・ 時間軸 ・ 信用緩和 ・デフレ下での インフレ目標 等 |

学びのポイント

1. 金融政策の目的や中央銀行の役割を知ろう。　　　　　→ p.168
2. 金融政策の手段について学ぼう。　　　　　　　　　　→ p.172
3. 金融政策の波及経路や効果について学ぼう。　　　　　→ p.183
4. ゼロ金利下の非伝統的金融政策について考えよう。　　→ p.189

レクチャー 6.1　金融政策の目的と中央銀行

● 金融政策とは

　現実の経済は好況と不況の絶え間ない変動の渦中にあります。同じ景況状態に留まることはまず滅多にみられません。時として，景気は過度に冷え込んだり，逆に過熱気味になったりします。このような実体経済の動きに伴って，一般物価水準の動きも変動します。経済全体の物価水準が乱高下するような環境では，日々の暮らしは不安定なものになります。

　このような過度に行き過ぎた経済状態を放置すると，われわれの日々の経済活動は大きな混乱に見舞われます。金融面に絞ってみても，金融市場は不安定な状態に陥り，家計や企業の資金繰りに支障を来しかねません。安定的な経済成長を達成するためにも，経済は国民の間でコンセンサス（合意）が得られる範囲で安定化していることが望まれます。

　このような経済安定化のために行われるマクロ経済政策の一つが本章で取り上げる**金融政策**です。金融政策とは，経済活動が一定の適正な水準から乖離しそうになったとき，金利や通貨量の調節を通じて適正水準に戻そうとする政策です。

● 中央銀行の機能

　現代経済において，金融政策は多くの国々で政府から独立した機関である**中央銀行**によって運営されています。世界最古の中央銀行は1668年に設立されたスウェーデンの**リクスバンク**です。英国の**イングランド銀行**は1694年設立であり，2番目に古い中央銀行ですが，中央銀行制度の成立史を振り返るとその原型を形作った銀行といえます。やや特殊な中央銀行としては，欧州統一通貨ユーロの通用圏における**欧州中央銀行**（European Central Bank；以下，ECBと表記）や，米国の**連邦準備制度**（Federal Reserve System；FRSまたはThe Fed）を統括する**連邦準備制度理事会**（Board of Governors of the Federal Reserve System；以下，FRBと表記）があります。日本の中央銀行は**日本銀行**（以下，日銀と表記）です。中央銀行は主に次のような機能を有する銀行です。

　第1に，**発券銀行**としての機能です。いわゆる現金通貨のうちの，中央銀行通貨である紙幣（銀行券）を独占的に発行しています。現代経済において，銀

行券（紙幣）は強制通用力をもつ**法貨**として発行されています（☞レクチャー1.3）。この法貨としての銀行券を独占的に発行することが認められた銀行が中央銀行なのです。日本で紙幣のことを**日本銀行券**と呼ぶのは，その発行主体が日本銀行であることに由来しています。日本銀行法第 146 条において，「日本銀行券は法貨として無制限に通用する」と定められています。

かつては，一国の貨幣の単位を金の一定分量と結びつけ，両者の等価関係を維持する**金本位制度**という通貨制度が採用されていました。この制度のもとで，銀行券は金との交換（**兌換**）が保証された**兌換紙幣**として発行されていました。つまるところ，この制度のもとでは，一国の通貨発行量が兌換に備えた金の量（**正貨準備**）に制約されました。また，国際金本位制下の為替相場は，各国通貨が金の交換比率とリンクする固定相場でした。すなわち，この通貨制度は，為替相場が安定する反面，固定為替相場の維持を優先するためにその国独自の金融政策を行うことができない，という両面価値的な性質をもっていました。経済が発展していく過程でこの性質が徐々に弊害をもたらすようになり，各国は金本位制度から脱退するようになりました。

現代では，通貨当局である中央銀行が為替相場の安定に過度に縛られることなく，国内経済の事情を踏まえた政策目標を達成するために，裁量的に通貨を管理調節できる**管理通貨制度**に移行しています。この通貨制度における銀行券は，兌換義務がない**不換紙幣**として発行されることが一般的になっています。

ただし，このような銀行券は為替相場に縛られなくなりましたが，無闇に紙幣を大量に発行すると経済が大混乱する危険性をはらんでいます。管理通貨制度のもとでは金本位制度のように通貨発行の裏付けに金のような貴金属がリンクされておらず，発行主体に対する信認こそが通貨の通用力を支えているといえます。この信認に傷が入ると，その通貨の価値は大きく減価し，ひいてはその通用力を失うことになります。中央銀行は発券銀行としての信用力を常に意識しなければならないのです。

第 2 に，**銀行の銀行**としての機能です。われわれは預金者として市中銀行に預金口座をもち，この口座を通じて資金決済を行っています（☞レクチャー5.2）。これと同様に，市中銀行は中央銀行に当座預金口座をもっており，この口座を通じて金融機関間の資金決済に活用しているのです。このため，中央銀行は**決済システムの管理・運営**の仕事に携わっています。また，市中銀行が中

央銀行当座預金口座に預けている資金を**準備預金**と呼びます。この準備預金（ないし中央銀行当座預金）は金融政策の手段を講ずる際に重要な役割をもっています。この点については後ほど説明いたします。

第3に，**政府の銀行**としての機能です。中央銀行は政府から政府預金を預かり，この口座を通じて国庫金の受払い等の出納業務を行っています。また，通貨発行益が発生した場合，中央銀行は政府に対して国庫金としてこれを納めています。

第4に，**最後の貸し手**（Lender of Last Resort；LLR）としての機能です。平時においてはあまり認識されにくいのですが，金融システムは非常に脆弱な基盤のもとに成立しています。例えば，銀行への**取り付け騒ぎ**を想起してください。銀行システムは預金を通じて経済の中心的な資金決済を担っています。もし何らかの理由で，ある銀行が信用を失うと，預金者は一斉に我先にと自分の預金を引き出そうとするでしょう。これをみて不安に駆られた他の預金者が群衆化し，さらに自分の預金を預けている銀行に対して預金の引き出しに走ります。多くの市中銀行は手許の流動性の不足に直面し，支払い停止に追い込まれます。こうして，銀行システムの機能は麻痺状態に陥ります。

信用創造メカニズムも働かなくなり，経済全体に対して急激な通貨収縮が起こります。この経済は金融危機によって大混乱に見舞われます。このような連鎖的な支払い不能が起こる事態を**システミック・リスク**と呼びます。このシステミック・リスクを防ぐために，中央銀行は発券銀行としての地位を活かして，資金（流動性）不足に陥った市中銀行に対して「最後の貸し手」として流動性を供給します。

● 金融政策の目的

中央銀行は，金融政策を担当するに当たって，どのような政策目標を達成しようとしているのでしょうか。よく指摘されているのは，次のような目標です。

第1に，**通貨価値（物価）の安定**があげられます。世の中に流通している貨幣（通貨）の価値と，個別物価を総合化した**一般物価水準**は密接な関係をもっています。中央銀行は通貨の動きを適切に調節し，一般物価が激しく変動しすぎないように注意しています。なお，一般物価水準が持続的に上昇することを**インフレーション**（以下，インフレと表記），反対に持続的に下落することを

デフレーション（以下，デフレと表記）と呼びます。激しいインフレは物価高によって人々の暮らしを混乱させます。また，デフレは実質債務増大を通じて不良債権を増やすばかりか，賃金の下落に結びつくと消費の低迷を招きます。このような事態を防ぐために，中央銀行は通貨価値（一般物価）の安定に努めているのです。

　第2に，**雇用の安定**ないし**安定的経済成長**をあげる場合があります。この目標は，金融政策に景気対策としての効果を期待していることを反映しています。例えば米国では，FRBの政策目標として，雇用の安定ということが法律で定められています。

　第3に，**為替の安定**ないし**国際収支の均衡**を掲げる場合があります。為替の安定は，国際金本位制に代表されるような，為替レートが固定されている固定相場制のもとで特に重視されます。変動相場制のもとでも，金融緩和によって自国の通貨安誘導を図り，自国の輸出拡大による景気刺激を期待する場合が見受けられます。

　もっとも，これらの目標を同時に達成することは大変困難であり，通常はいずれかの目標に力点を置いて運営されることが多いといえます。日本銀行は日本銀行法第2条に基づいて，第1に掲げた「物価の安定」に重点を置いて金融政策運営に従事しています。

● 緩和と引き締め

　金融政策には基本的に，緩和と引き締めという2種類の政策スタンスがあります。**金融緩和**政策とは，金利水準を下げて資金を借りやすい環境を作り，通貨量を増やして，市中経済の資金の流れを活発なものにしようとする政策です。わかりやすくいえば，中央銀行が財布のひもを「緩める」政策です。金融緩和政策は通常，景気が冷え込んで不況に陥りそうな状況，ないし，実際に不況に突入してしまったときに発動されます。このようなときには，一般物価の上昇ペース（物価上昇率の動き）が鈍くなる（**ディス・インフレーション**）傾向にあり，物価の安定という目標からも緩和政策が正当化されます。現在の日本のように，一般物価が下落するデフレーションに陥ったときにも緩和政策が実行されます。

　一方，**金融引き締め**政策とは，金利水準を上げて資金を借りにくい環境を作

り，通貨量を減らして，市中経済の資金の流れを鈍化させようとする政策です。雑駁に申し上げますと，中央銀行が財布のひもを「締める」政策です。金融引き締め政策は通常，市中経済においてインフレが問題になっているときに発動されます。あるいは，景気が行き過ぎた場合にも，経済を一旦冷却するために実施されます。

　金融緩和や引き締めの効果は，必ずしも対称的ではないので，この点に注意が必要です。引き締め政策は，金利の引き上げや資金吸収などによってかなり効果を発揮します。実際に資金が引き揚げられる，ないしは，資金が借りられなくなりますと，資金需要側にとっては「先立つもの」（資金）がなくなるわけですから，使いようがなくなるわけです。一方，緩和政策は，金利の引き下げや資金供給を行って，資金を借りやすい環境にすることはできるものの，資金需要側がたいして資金を必要としていなければ，いくら資金供給を潤沢にしても，たいした政策効果をもちません。

　このような状況は「ひもで引くことはできても，ひもで押すことはできない」と例えられます［池尾和人（2014）「成熟化で投資機会乏しく，米均衡金利ゼロ％も（経済教室）」『日本経済新聞』7月15日朝刊］。「ひもで引く」というのは「引き締め」，「ひもで押す」というのは「緩和」の例えです。要するに，金融引き締めは比較的効きやすい一方で，金融緩和は資金需要の状況次第で効きにくい場合があるのです。この意味で両者の政策効果は**非対称的**であるといえます。

レクチャー **6.2** 金融政策の手段

● 金融政策とは金利の操作

　金融政策とは，大胆にいい切ると，金利が十分にプラスの水準にある状況下では，基本的には**政策金利の上げ下げ**であるといえます。中央銀行は不況（好況）のときに政策金利の水準を下げる（上げる）ことによって，経済全体の金利水準を低く（高く）しようとします。もし低金利（高金利）になれば，借り手にとっては資金を借りやすい（借りにくい）環境が生まれることになります。要するに，資金が市中経済全体に流れやすい（流れにくい）状態にしようというわけです。実際に経済全体の借り入れが増えて（減って），設備投資や消費

などの総需要が増えれば（減れば），経済の冷え込み（過熱）に刺激を与える（歯止めをかける）ことができます。このように金利水準を下げる（上げる）政策は金融緩和（引き締め）の効果をもちます。

ただし，われわれが現在生活している経済社会の多くは市場経済システムを採用しています。基本的には，市場における価格調整メカニズムによって経済全体の資源配分が決定される社会で日々の経済活動を営んでいます。このような市場には金融市場も含まれます。中央銀行が政策金利を変更するというのはある意味，この金融市場での金利水準（ないしは金融資産の価格水準）の決定に介入しているともいえます。特に金融市場が高度に整備されている経済では，中央銀行は金融市場の行き過ぎに注意しながら，一方で金融市場における価格調整メカニズムを邪魔しないように金融政策を行う必要があります。このような状況で中心的な金融調節の手段となっているのが，オペレーションです。

そうしますと，かつての日本のように金融市場が整備されていない状況では，どのような金融政策の手段が活用されていたのでしょうか。このような状況下で多用されたのが，中央銀行貸出操作や準備率操作です。以下では，これらの手段について，順を追って説明します。

● （公開）市場操作（オペレーション）

現在の日本のように，金融市場が一定の水準で整備されている経済において，中心的な金融調節の手段となっているのが，**（公開）市場操作**です。本書ではある事情（☞**コラム6.1**「「公開」市場操作？」（p.176））から，**オペレーション**と表記します。オペレーションとは，中央銀行が短期金融市場において債券や手形を売買することによって，経済全体の流動性水準（通貨量）や金利動向を調節しようとする政策手段のことです。短期金融市場に対して資金供給を行うときに債券・手形を買い入れるオペレーションのことを**買いオペレーション**（以下，買いオペと表記）と呼びます。買いオペは金融緩和効果をもちます。他方，短期金融市場に対して資金吸収を行うときに実施する債券・手形を売却するオペレーションのことを**売りオペレーション**（以下，売りオペと表記）」と呼びます。売りオペは金融引き締め効果をもちます。

債券の買いオペ（売りオペ）を一例として，オペレーションの実施がどのような経路で市中経済の資金量や金利動向に影響を及ぼすのかについて，段階的

に説明しましょう。

1. **中央銀行がコールレートの誘導水準を引き下げる（上げる）。**

　上述の通り，金融政策は基本的に金利水準を変更することです。ただし，さまざまな金融市場が整備されているもとで，中央銀行があらゆる種類の金利を操作できるわけではありません。中央銀行は短期金融市場，その中でも特にコール市場に大きな影響を及ぼすことができます。コール市場とは，市中銀行間で準備預金を貸借する市場です（☞レクチャー 2.2）。先に説明した通り，準備預金は市中銀行が中央銀行の当座預金に預けている預金のことです。中央銀行はこのコール市場の金利である**コールレート**（**無担保コール翌日物金利**）について，誘導水準を設定しています。いま，このコールレートの誘導水準目標を引き下げた（上げた）としましょう。

2. **中央銀行が債券を A 銀行から（に）購入（売却）する。**

　そうしますと，中央銀行は実際のコールレートをその目標水準まで引き下げる（上げる）必要があります。コールレートを下げる（上げる）ためには，コール市場で超過供給（需要）を発生させなくてはいけませんね。そのために中央銀行は市中銀行に対して入札によって債券購入（売却）する旨を呼びかけます。その中で A 銀行がその申し出に応じたとしましょう。中央銀行は債券を A 銀行から購入（に売却）します。これがいわゆる買いオペ（売りオペ）です。

3. **債券の購入（売却）代金を A 銀行の中央銀行当座預金口座に振り込む（から受け取る）。これに伴い，A 銀行の準備預金が増える（減る）。**

　債券の購入（売却）代金は A 銀行の中央銀行当座預金口座に振り込まれます（から引き落とされます）。これは A 銀行の準備預金が増加（減少）したことを意味します。いい換えますと，中央銀行は買いオペ（売りオペ）によって**準備預金を供給**（**吸収**）しているのです。後述しますが，準備預金については，法律で定められた額を所要準備として預ける義務があります。いま A 銀行が所要準備をぎりぎり積んでいたとすると，債券の代金分が所要準備から超過（不足）することになります。所要準備を超える準備預金を**超過準備**と呼びます。なお，準備預金には原則として金利は付きません。ただし，近年は量的緩和の下で超過準備に対する付利があります。

4. **A 銀行が所要準備を超過（不足）する額をコール市場で運用する（から調達する）。**

このまま超過準備の形で持ち続けてもＡ銀行には何らの収益ももたらしません（逆に準備が不足しているならば，法定水準までは積み増す必要があります）。そこでＡ銀行は超過（不足）している準備預金をコール市場で運用（調達）します。

5. **コール資金の超過供給（需要）が発生して，コールレートが低下（上昇）する。**

他の与件が一定であれば，このときコール資金が流入（流出）するため，コール市場で超過供給（需要）が発生します。これに伴って，コールレートは低下（上昇）することになります。買いオペ（売りオペ）は誘導水準までコールレートが下がる（上がる）まで続けられます。

6. **コールレートが低下（上昇）したことからコール市場で資金が調達しやすく（しにくく）なり，金利裁定を通じて，預金金利や貸出金利などの他の金利水準が下がる（上がる）。**

誘導水準までコールレートが低下（上昇）すると，市中銀行にとってはコール市場で資金を調達しやすく（しにくく）なります。また，金利裁定（☞レクチャー1.4）を通じて，預金金利や貸出金利などの他の金利水準も下がり（上がり）ます。貸出金利の低下（上昇）は設備投資資金などの調達を銀行に依存している借り手企業にとって，資金調達コストの低下（上昇）を意味し，設備投資を促進させる（に歯止めをかける）効果をもちます。すなわち，コールレートから貸出金利へ金利低下（上昇）の影響が波及することを通じて，オペレーションは広く一国経済の景気動向に対して影響を与えています。

以上をまとめますと，中央銀行は最もその影響を及ぼすことができる短期金融市場の金利水準に関して，政策上望ましい水準に誘導するべく，債券や手形の売買を行うことで，市中経済の資金量を調節しようとします。オペレーションの実施に当たり，中央銀行はあくまでも金融市場の一参加者（プレーヤー）として行動しているのです。随分複雑な手続きを採るものだと思われるかもしれませんが，金融市場が整備されている経済においては，中央銀行といえども，なるべく市場の経済活動を阻害しないように金融政策を実施する必要があるのです。このような事情を考慮して行われている金融政策の手段，それがオペレーションなのです。

> **コラム 6.1　「公開」市場操作？**
>
> 　債券・手形オペレーションの英語表記である open market operation は一般に「公開市場操作」と呼ばれていますが，日本ではこれを「公開」市場操作と呼ぶことに抵抗感をもつ論者が少なくありません。
>
> 　田中 (2008, p. 27) はこの点について次のように説明しています。open market operation はもともと米国での呼称です。米国のオペレーションでは主に国債市場が活用されています。国債市場は金融機関「以外」も参加できるオープンマーケット（公開市場）です。一方，日銀による金融調節の主たる対象市場は，インターバンク市場（銀行間市場）であり，市場参加者が金融機関に限られているため，公開市場ではありません。
>
> 　金融政策の教科書である酒井・榊原・鹿野 (2004, p. 34) は，この用語を「市場操作 (open market operation)」と表記しており，open に該当する「公開」という言葉をあえて省略しています。一方，日銀出身の白川 (2008, p. 16) は，「公開市場操作」と呼ぶ一方で，「日本ではこれを略してオペレーションと呼ぶことも多い」と付け加えています。
>
> 　そうは申しましても，教科書や新聞報道では「公開市場操作」で定着している感があります。以上の事情を勘案して，本書では open market operation の邦語表現として「(公開)市場操作」と括弧付きで表記し，通常の説明では「オペレーション」と呼んでいます。

● 中央銀行貸出操作

　いまでこそ，日本では上記のオペレーションが中心的な金融調節手段となっていますが，かつては中央銀行による市中銀行への貸出が主たる政策手段でした。この辺りの事情を考えるために，少し時間を遡って，高度経済成長期と呼ばれた 1960 年代頃の日本にタイムスリップしましょう。このころの日本は，コール・手形市場などの短期金融市場や国債市場をはじめとして，様々な用途に応じた金融市場が現在ほど整備されていませんでした。このため，債券や手形を売買するオペレーションを実施する余地は現在ほどなかったといえます。

　企業部門からすると，金融市場が未整備のため，成長資金の調達を銀行部門に依存せざるを得ない状況だったといえます。当時の設備投資資金の主たる供給チャネルは銀行貸出でした。一方で，当時の設備投資ブームを前に，銀行部門は全体として恒常的な資金不足状態でした。銀行部門はこの資金不足分を日

本銀行からの貸出，いわゆる日銀貸出に依存している状況でした。いうなれば，日銀貸出が当時の成長資金の供給手段であり，銀行部門のオーバーローン（☞レクチャー3.2）を支えていたといえます。日銀貸出の増減が当時の日本経済の資金量に大きな影響を及ぼしていたことが伺えようかと思います。当時，民間金融機関に対する日銀貸出額には上限が設けられていました。これを「貸出限度額規制」と呼びます。この上限の変更は日銀貸出額の決定において大きな要因となりました［福田（2013, p.206）］。

また，この日銀貸出に適用される基準金利を公定歩合と呼びました。この公定歩合が政策金利として直接操作されました。公定歩合の引き下げは金融緩和の効果をもち，公定歩合の引き上げは金融引き締めの効果をもちました。日本銀行は公定歩合の変更を通じて，①銀行の資金調達コストの変化（コスト効果）や，②個人・企業に対する心理的効果（アナウンスメント効果）などの経路によって，経済活動に影響を及ぼそうとしていました。

このように中央銀行貸出の増減や，中央銀行貸出に付与される金利の変更によって市中経済の流動性水準（通貨量）や金利動向を調節しようとする政策手段を中央銀行貸出操作と呼びます。かつて日本で主要な金融調節手段であった公定歩合操作は中央銀行貸出操作に位置づけられる政策といえます。

近年は，先述のオペレーションの活用により，政策金利として公定歩合よりもコールレートが重視されるようになり，公定歩合の政策的意義が低下してきました（☞コラム6.2「公定歩合はどこへ？」（p.178））。このような状況から，日本銀行は1996年1月，金融政策運営において公定歩合を重視しない旨を宣言しました。さらに2006年8月，公定歩合は基準割引率および基準貸付利率と呼称変更され，その歴史的役割に終止符を打ちました。

このようにみてきますと，「金融政策は政策金利の変更である」と一口に申しましても，オペレーションと貸出操作では，その手続きや有効な経済環境について随分と異なることが理解できようかと思います。戦後日本における金融政策の手段は，金融市場の整備に伴って，「公定歩合の変更」から「コールレートの目標水準に誘導するような債券・手形の売買オペレーション」へと変化してきたのです。よく「経済は生き物」と申しますが，政策手段も経済環境に合わせて生き物のように変化するものなのです。

コラム 6.2　公定歩合はどこへ？

　私が小学生の頃，公定歩合を「こうていぶあい」と読めず，「こうていふごう」と誤って読んで先生に注意される，というシーンを教室で見かけたことがあります。平成生まれの方からすると随分前の昭和末期のお話です。この頃はそれほど，公定歩合という用語が一般に浸透していました。本文でも説明した通り，いまではその名称自体が変更され，世の中で使われなくなりました。これほど一般的な用語であった公定歩合がその政策的意義をほとんど失うきっかけとなったのは，ある貸出制度が導入されたことにあります。

　日銀は 2001 年 3 月，適格担保差出などの一定の条件を満たした民間金融機関側からの借入申込を受けて，公定歩合により受動的に資金供給する貸出制度を導入しました。この制度は**補完貸付制度（ロンバート型貸付制度）** と呼ばれます。

　この制度のもとで，無担保コールレートが公定歩合を上回った場合，民間金融機関は公定歩合により希望する金額だけ日本銀行から借りられるようになりました。このため，無担保コールレートは公定歩合を超えて変動しないようになり，公定歩合は無担保コールレート変動の上限と位置づけられるようになりました。これは，公定歩合それ自体に政策金利としての主体的意義が失われたことを意味しました。そして補完貸付制度導入の 5 年後，公定歩合は基準割引率および基準貸付利率と呼称変更され，いまに至ります。

● 準備預金制度と準備率操作

　先に説明した通り，中央銀行には「銀行の銀行」としての役割があります。オペレーションの説明でも言及した通り，市中銀行は中央銀行に当座預金口座をもっています。日本では，市中銀行が日銀当座預金の口座に毎月定められた準備預金を預けなければならないという**準備預金制度**があります。なぜこのような決まりが定められているのでしょうか。

　この背景を考えるために，極端な話ですが，ある市中銀行が預金などの債務を全て貸出に回すような状況を考えてください。さて，この状況で預金者がこの銀行に対して預金を引き出したいと申し出てきました。当然，市中銀行の手許には資金が残っていないため，この銀行は預金者からの払い出しに答えることができません。要するに，市中銀行は預金者への支払準備をいくらか用意しておかなければなりません。

　ここで準備預金制度が導入されますと，市中銀行はいわば強制的に預金など

の債務の一定割合について，日銀当座預金に積み立てることを義務付けられます。このように，この制度は市中銀行が支払準備不足に陥らないようにしようとの意図をもっています。なお，この制度のもとで義務付けられた債務に対する準備の積立比率のことを（**法定**）**準備率**，所定の準備積立額のことを**所要準備額**，または，**法定準備額**と呼びます。

そして，この制度は一つの金融調節手段を提供します。日本銀行は準備率を操作することで，市中経済の資金の動きに影響を与えることができるのです。準備率の引き上げは，市中銀行にとって準備預金の積立額の増加を意味することから，金融引き締め効果をもちます。逆に，準備率の引き下げは，準備預金の積立額の減少を意味しますので，金融緩和効果をもちます。銀行が主要な資金チャネルであるような経済では，準備率を動かすことによって，市中経済の資金量を調節できます。このような金融政策の手段を**準備率操作**と呼びます。

ただし，この制度は「市中銀行」に対して「のみ」，「有利息」資金である「預金」の一定割合を，「無利息」資金である「準備預金」で運用することを強制するという面をもっています。このような特徴に伴って，準備率操作は金融機関間で不公平になってしまうという政策上の問題を有しています。

この説明のために，少々回りくどいのですが，改めて**日銀当座預金**を説明しておきたいと思います。先程は説明の便宜上，日銀当座預金の保有者として市中銀行のみを取り上げましたが，実際には，日銀に当座預金口座をもっているのは，市中銀行だけではありません。証券会社や短資会社などの金融機関も決済上の利便性から日銀に当座預金口座を開設しています。この日銀当座預金のうち，準備預金制度の適用先である市中銀行（預金取扱金融機関）がもつ預金のことを特に**準備預金**と呼びます。一方で，証券会社や短資会社等は預金取扱金融機関ではないため，この制度は適用されません。これらの機関はコール市場の資金仲介をしている関係で日銀に当座預金口座を設けているのであって，市中銀行のように日銀当座預金に預けることを義務付けられているわけではありません。

日銀当座預金 ＝（市中銀行が日銀にもつ）準備預金
　　　　　　　＋（準備預金非適用先の）当座預金

日銀が準備率を変更すると，その影響を受けるのは準備預金制度の適用対象である市中銀行（預金取扱金融機関）の準備預金額のみであり，それ以外の金

融機関の日銀当座預金額自体には影響を与えません。要するに，準備率操作は金融機関間で不公平が生ずる政策手段であり，そのこともあって近年では金融調節手段としては活用されなくなりました。

　準備預金制度は欧米主要国においても広く採用されていますが，事情は日本と同様で，準備率はあまり変更されなくなりました。準備率操作は，銀行が主要な資金チャネルとなっている経済では一定の政策意義をもちますが，金融市場が整備されている経済では上記のような問題があることもあり，金融調節手段としては使われなくなりました。

復習

(1) ＿＿＿とは，経済活動が一定の適正な水準から乖離しそうになったとき，金利や通貨量の調節を通じて適正水準に戻そうとする政策である。

(2) 金融政策は多くの国で政府から独立した＿＿＿によって運営されており，日本では＿＿＿がその任を負っている。

(3) 中央銀行は紙幣（銀行券）を独占的に発行する＿＿＿としての機能を有する。

(4) ＿＿＿とは，一国の貨幣の単位を金の一定分量と結びつけ，両者の等価関係を維持する通貨制度である。

(5) 現代における銀行券は，裁量的に通貨を管理調節できる＿＿＿という通貨制度の下で，兌換義務がない不換紙幣として発行されることが一般的である。

(6) 中央銀行は市中銀行に対する銀行業務を行う＿＿＿としての機能を有する。

(7) 中央銀行は政府に対する銀行業務を行う＿＿＿としての機能を有する。

(8) 金融危機が発生した経済において，中央銀行は流動性不足に陥った金融市場に対して流動性を供給する＿＿＿としての機能を果たす。

(9) 群衆化した預金者が銀行に対して一斉に預金を引き出そうとする＿＿＿が発生し，連鎖的な支払い不能が起こる事態を＿＿＿と呼ぶ。

(10) ＿＿＿とは，一般物価水準が持続的に上昇することである。他方，＿＿＿とは，一般物価水準が持続的に下落することである。

(11) 金融政策を行うに際して，中央銀行は急激なインフレやデフレを防ぐ＿＿＿という目的を掲げている。

(12) ＿＿＿政策とは，金利水準を下げて資金を借りやすい環境を作り，通貨量を増やして，市中経済の資金の流れを活発なものにしようとする政策である。

(13) ＿＿＿政策とは，金利水準を上げて資金を借りにくい環境を作り，通貨量を減らして，市中経済の資金の流れを鈍化させようとする政策である。

(14) ＿＿＿とは，中央銀行が債券や手形を売買することによって，経済全体の流動性水準（通貨量）や金利動向を調節しようとする政策手段である。

(15) 金融市場に対して資金供給を行うときに，債券・手形を買い入れるオペレーションを＿＿＿と呼ぶ。他方，金融市場に対して資金吸収を行うときに，債券・手形を売却するオペレーションを＿＿＿と呼ぶ。

(16) □とは，中央銀行貸出の増減や中央銀行貸出に付与される金利の変更によって市中経済の流動性水準（通貨量）や金利動向を調節しようとする政策手段である。

(17) 日銀貸出に適用された金利はかつて□と呼ばれ，政策金利として活用されていたが，現在では□および□と呼称変更され，その役割を終えている。

(18) □とは，市中銀行が中央銀行当座預金口座に預けている資金のことである。

(19) □とは，市中銀行が中央銀行当座預金口座に毎月定められた準備預金を預けなければならないという制度である。この制度の下で義務付けられた債務に対する準備の積立比率のことを□，所定の準備積立額のことを□と呼ぶ。

(20) □とは，準備の積立比率である□を操作する金融政策手段である。

レクチャー 6.3 金融政策の効果

● 金融政策の標準的な波及経路

前節では，金融政策の手段についてみてきました。それでは，これらの手段を用いた結果，金融政策の効果は通常，どのような経路を通じて経済に波及するのでしょうか。実はこの点については，すでに前節のオペレーションのところで若干ながらふれております。これまでのまとめを兼ねて，標準的な金融緩和政策の波及経路（トランスミッション・メカニズム）をまとめますと，次のように段階的に説明できます。この内容を図6.1にも整理しましたので，合わせてご参照ください。

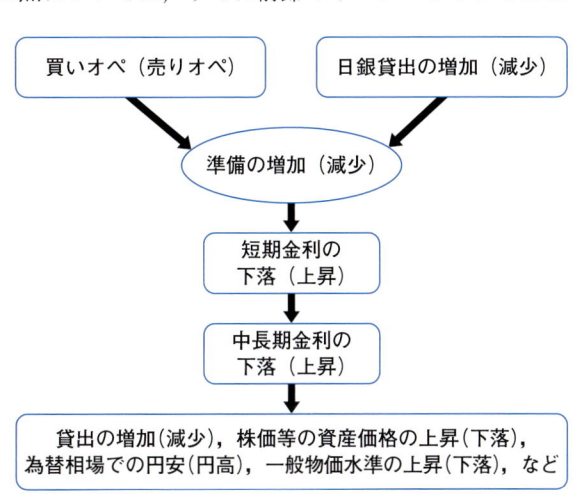

```
買いオペ（売りオペ）      日銀貸出の増加（減少）
        ↓                      ↓
          準備の増加（減少）
                ↓
          短期金利の下落（上昇）
                ↓
          中長期金利の下落（上昇）
                ↓
   貸出の増加（減少），株価等の資産価格の上昇（下落），
   為替相場での円安（円高），一般物価水準の上昇（下落），など
```

図 6.1　金融緩和（引き締め）の標準的な波及経路

1. 政策手段の変更：オペレーション（コールレート誘導水準目標）や日銀貸出（公定歩合）の変更

金融緩和措置を取る場合，無担保コール翌日物金利の誘導水準目標を引き下げ，これと合わせて買いオペを実施します。かつての日銀であれば，公定歩合の引き下げ，日銀貸出の増加を実施していました。

2. 準備の変化

金融緩和措置に伴って，日銀当座預金口座における準備預金が増えます。準備はマネタリー・ベース（☞レクチャー5.3）の構成項目ですので，準備の変化とはすなわち，マネタリー・ベースの変化を意味します。通常，金融緩和政策に伴って，準備すなわちマネタリー・ベースが増加します。ただし，例外もあります。例えば，日銀の手形売出はマネタリー・ベースには含まれません。したがって，手形売出オペの場合，マネタリー・ベースは変化しません［翁

(2011, pp. 21-22)]。

3. 短期金利の変化

準備の増加に伴い，コール市場で超過供給が発生し，コールレートが下がります。

4. 中長期金利の変化

金利裁定（☞レクチャー 1.4）を通じて，短期金利の下落が中長期金利を低下させます。

5. 銀行貸出・資産価格・為替・一般物価水準の変化

市場金利が下がりますと，貸出金利も下がります。これに伴って，企業や消費者は資金を調達しやすくなります。もし貸出の増加が実現すれば，経済全体の通貨量を増やすことができます。

また，市場金利の低下は株式などのリスク資産と比べて安全資産の収益が低くなることを意味します。このとき，投資家は資産選択上，株式などのリスク資産に資金を移動させます。こうして，市場金利の低下は株価などのリスク資産の価格を押し上げます。

さらに，金融緩和に伴って，日本の通貨量が増えますと，諸外国の通貨と比べて日本の通貨である円がだぶついていることになりますので，為替相場において円が減価します（要するに，円安になります）。円安になりますと，日本の輸出にとって有利な環境ができることになります。こうして，金融緩和は実体経済を刺激すると考えられます。ただし，これが行き過ぎると，いわゆる「近隣窮乏化政策」とみなされて，他国との摩擦の種になりかねません。このように，金融緩和には「諸刃の剣」ともいえる側面があります。

そして，最も重要なのは，金融緩和政策によって一般物価水準を押し上げることができるかどうか，ということです。金融緩和政策によって銀行貸出を増やすことができれば，その経済の**マネー・ストック**（☞レクチャー 5.3）を拡大させることができます。銀行貸出の増加は信用創造メカニズム（☞レクチャー 5.2）を通じて預金通貨を増加させます。これがマネー・ストックを増加させ，ひいてはその経済の一般物価水準を上昇させます。すなわち，

　　準備の増加 ＝ マネタリー・ベースの増加 ⇒ 銀行貸出の増加
　　⇒ マネー・ストックの増加 ⇒ 一般物価水準の上昇

というように，**マネタリー・ベース（準備）の増加**が**マネー・ストックの増加**に結びつくかどうかが，金融緩和政策によって一般物価水準を押し上げられるかどうかの一つのカギを握っているのです。

● 期待を通じた効果：名目金利と実質金利

金融政策には上記の波及経路に加えて，**期待（予想）**を通じた効果があるという指摘があります。この点を考えるために，金利について次のように分類してみていきます。金利は，価格変動の影響を除外するか否かで，「名目」と「実質」の利子率に区別されます。これを表したのが，次の関係式です。

　　名目金利 ＝ 実質金利 ＋ 期待物価上昇率

この関係式は**フィッシャー方程式**と呼ばれます。**期待物価上昇率（期待インフレ率）**とは，人々が「予想」する将来の物価上昇率（インフレ率）です。本来は「予想」物価上昇率と呼んだほうがわかりやすいのですが，学会において「期待」物価上昇率という呼び方が定着しておりますので，読者が将来の専門書講読に際して困惑しないように，本書でもこのように表記します。

われわれが現実に直面している金利水準は**名目金利**です。したがって，金融政策において操作できるのは，「名目」短期金利であるといえます。一方，設備投資は実質金利の関数と定式化されているように，実物経済において重要なのは**実質金利**の水準です。それでは，どのようにすれば実質金利に影響を及ぼすことができるでしょうか。

ここで，「名目金利はインフレ期待を織り込むことはない」と仮定します。この仮定は要するに，人々の物価上昇率の予想によって名目金利が変動することはないということを意味します。そして，この経済では，ディス・インフレないしデフレという状況に悩まされている，とします。

いま，このような設定のもとで，「何らかの政策手段によってインフレ期待を人為的に発生させることができる」と「仮定」しましょう。フィッシャー方程式を実質金利について整理し直した関係式

　　実質金利 ＝ 名目金利 － 期待物価上昇率

をご覧ください。仮定より，名目金利はインフレ期待によって変化しません。

そうしますと，期待物価上昇率の押し上げ分だけ，実質金利を人為的に下げることが可能になります。実体経済にとっては，名目金利よりも実質金利のほうがより重要であり，実質金利の低下は実物的な効果を発揮し得るといえます。

この場合，金融政策によって人々のインフレ期待形成に影響を与えることができれば，金融政策はインフレ期待への働きかけを通じて実体経済への政策効果をもつといえるのです。この期待形成への働きかけ手段として近年注目されているのが，インフレ目標政策（☞レクチャー 6.4）と呼ばれる政策です。これについては，後ほどご説明いたします。

● **フィッシャー効果と金融政策の無効性**

他方で，次のように考えますと，上述の話は変わってきます。先の設定とは逆に，「名目金利はインフレ予想を完全に織り込んでいる」と仮定しましょう。すなわち，名目金利は期待物価上昇率と同じだけ変化する，とします。この状況はフィッシャー方程式に即しますと，「予想される実質金利は期待物価上昇率の変化に影響されない」ということを意味します。これはフィッシャー効果と呼ばれています。

もしフィッシャー効果が成立しているとすれば，どのようなことがいえるのでしょうか。例えば，フィッシャー効果が成立しているもとで，名目金利が上昇したとしましょう。仮定より，名目金利の上昇はインフレ予想によって起こっているといえます。

このとき，中央銀行は名目金利の上昇を受けて，金融市場で引き締め的な状況が起こっていると勘違いし，金融緩和を行ったとしましょう。すでに説明した通り，金融緩和は却ってインフレを助長してしまいますから，このような政策対応は完全に裏目に出てしまいます。

もし人々が合理的にインフレ期待を形成するのであれば，中央銀行の上記のような反応を織り込んで，さらにインフレが進むことを予想するでしょう。そうなりますと，金融緩和による名目金利の低減分は人々のインフレ期待を織り込んだ上昇分で相殺されることになります。

金融政策はこの場合，実質金利に何らの影響を及ぼすこともできず，結局のところ，インフレの進行を助長させただけ，という結果を招いてしまいます。いうなれば，フィッシャー効果が成立している経済では，事前に予想され得る

金融政策は無効になる，ということを意味します。

● 価格の硬直性と金融政策の有効性

ただし，以上の金融政策の無効化メカニズムの裏には，ある前提が隠れています。それは「価格は需給環境の変化に応じてすぐに変化する」という条件です。これは価格の伸縮性と呼ばれています。

もしあらゆる価格が瞬時に変化しやすいことが当たり前の状況であれば，人々のインフレ期待も経済を取り巻く環境の変化に応じてすぐに変化することでしょう。先程のメカニズムでいいますと，「インフレ」的な金融緩和政策の実施という変化によって，人々はすぐにその効果を織り込み，「インフレ率が上昇する」という「インフレ期待」を形成します。

一方で，生鮮食品や光熱費のような例外を除いて，多くの商品やサービスの価格はそれほど敏感に変化せず，一定期間据え置かれている，というのが生活実感ではないでしょうか。実際のところ，需給環境が変化しても，大抵の価格はすぐには変更されにくい，という状況は，日常的によく観察されます。このような「価格は需給環境が変化しても短期的には変化しにくい」という性質は，価格の硬直性（粘着性）と呼ばれています。

もし価格が硬直的であれば，人々は将来の物価動向についてどのような予想を形成するのでしょうか。この場合，金融緩和のような「インフレ」的な政策が行われたとしても，「大抵の価格はすぐには変わらない」という経験から，人々はすぐにはインフレが起こらないと予想するでしょう。価格の硬直性によって期待物価上昇率は変化せず，金融緩和によって名目金利が低下しますので，フィッシャー方程式に即して実質金利は下落します。すなわち，金融緩和によって，実質金利を下げることが可能になります。このように，価格の粘着性は金融政策の有効性のカギを握っています［☞より詳しくは，藤原一平（2014）「予測に挑む［第3章］期待を組み込む（全10回・やさしい経済学）」『日本経済新聞』6月12〜25日朝刊の解説がわかりやすく有用です］。

● 動学的不整合性（時間的不整合性）の問題

仮に，金融政策によってインフレ期待を惹起することができるといたしましょう。例えば，デフレに陥っている経済において，中央銀行が「インフレが起

こるまで金融緩和政策を続ける」と約束したとします。そして，実際に民間部門の人々がこの中央銀行の約束を信じて，インフレ期待が起こり，実際に金融緩和が実施される「前」にインフレが実現したとします。さて，あなたが中央銀行総裁であれば，この状況でどのような対応をとりますか。

　いうまでもなくこの場合，金融緩和を行う目的はデフレの状態から脱却し，インフレを発生させることです。ところが，期せずして金融緩和政策を実行する「前」にインフレが起こってしまった，というわけです。こうなると，話が変わってきます。もはやインフレが実現してしまったわけですから，別にわざわざ金融緩和を行う意味がなくなってしまったわけです。ひょっとしたら，金融緩和を行うと，さらにインフレを助長してしまうかもしれません。そうなると，元も子もなくなります。

　もしここで中央銀行が誘惑に勝てず，当初の約束を破って金融緩和の実施を見送ったとしたならば，どのようなことが起こるでしょうか。今後，金融緩和を行う機会がなく今回で「一回きり」であれば，このような政策対応は最適であるかもしれません。しかし，金融緩和を行う機会は今後いくらでも起こり得るでしょう。おそらく，人々は今後，このような行動をとった中央銀行を信認しなくなるでしょう。そうなると，中央銀行は今後の政策運営に大きな支障を来すことになります。

　この問題は**動学的不整合性**（**時間的不整合性**）と呼ばれています。これは，キッドランド（F. Kydland）氏とプレスコット（E. Prescott）氏によって指摘された経済政策上の動学的問題です。上記の例のように，「事前」の段階では最適に設計されたはずの政策も，「事後」の新たな環境下では最適でなくなることが起こり得ます。もし人々が合理的に期待を形成するならば，事前に望ましかった政策が事後では望ましいものではなくなってしまいます。政策当局たるものは，このような動学的問題が存在することを意識したうえで，当初の約束を破る誘惑に打ち勝つことが求められるのです。理屈っぽく申し上げましたが，端的にいえば「信用される」ためには「約束は守る」ことが大事だという話です。

レクチャー 6.4 非伝統的金融政策

●「伝統的」金融政策と「非伝統的」金融政策

近年,「非伝統的金融政策」という表現を耳にすることが増えました。では,「伝統的」な金融政策とはどのようなものを指すのでしょうか。要約するとそれは,金利の上げ下げを通じた金融調節といえます。例えば,金融緩和政策を行う場合,中央銀行は金利の中でも特に政策金利となる名目短期金利を下げようとします。当然このような政策の大前提となるのは,名目短期金利がプラスの水準にあり,まだ下げる余力がある,ということになります。

ところが近年,日本や欧米各国などの先進国で,この大前提が崩れつつあります。すなわち,名目短期金利がほぼ下限であるゼロ％に近づいている状態,いわゆる,ゼロ金利の状態にあるのです。これはケインズの流動性の罠と似たような状況に近づいているといえます。流動性の罠とは,金利水準が下限に達し,貨幣需要の利子弾力性が極度に高まった結果,経済が「大量の資金が現預金の形で貨幣市場にじっとしている状態」［齊藤・岩本・太田・柴田（2010, p.167）］に陥り,金融政策がこれ以上効果を発揮しなくなる,という事態です。

このような状況で「伝統的（慣習的）」な金利操作ではこれ以上の金融緩和ができなくなりました。そこで,準備量を操作対象とするという「非伝統的（非慣習的）」な政策が試みられるようになりました。かくして,経済がゼロ金利状態に陥り,金利を操作対象とする慣習的な政策が不可能になったもとで試みられている一連の金融緩和政策を非伝統的金融政策と呼んでいます。

この先陣を切ったのが,日本でした。日本では,1990年代後半以降,金融システムの動揺に見舞われ,ついに1990年代末頃からは一般物価が持続的に下落するデフレに悩まされるようになりました。このデフレからの脱却のために,日銀は1999年2月からコールレート（無担保翌日物）をゼロ％に誘導するゼロ金利政策に踏み切りました。名目短期金利がゼロ％という我が国にとって未踏の領域に足を踏み入れたのです。この政策は2000年8月に一旦解除されました。しかし,その後の景気は悪化し,再び金融緩和を求める声が高まってきました。

● 非伝統的金融政策①：量的緩和政策（準備供給）

　そこで，日銀は 2001 年 3 月に**量的緩和政策**を実施します。この政策は，金融政策の操作目標を従来の無担保コール翌日物金利から**日銀当座預金残高**に変更するという，金融政策手段上の大転換となるものでした。金利操作が困難となったことを受け，日銀は日銀当座預金残高，すなわち，**準備**という量的変数を直接，操作目標としたのです。

　とは申しましても，金融緩和に伴って準備が増えること自体は別に珍しいことではありません。先の説明通り，オペレーションであろうが，貸出操作であろうが，いわゆる伝統的な金融政策においても，金融緩和に伴って準備は増えます。ただし，従来の金融調節の場合ですと，準備額は基本的に所要準備額の範囲に収めることが前提でした。一方，量的緩和のもとでは，もはや名目短期金利に下げ幅がない状況でさらに緩和効果を出すために，所要準備額を上回る**超過準備**が常態化することを容認します。もっと端的に述べますと，量的緩和は超過準備を発生させるべく準備を供給する政策といえます。このことから，量的緩和のことを**準備供給政策**と呼ぶ論者もいます［☞例えば，岩本康志 (2010)「量的緩和に再定義の機運（経済教室）」『日本経済新聞』6 月 4 日朝刊，田中隆之 (2010)「景気刺激，効果薄だが必要（経済教室）」『日本経済新聞』7 月 8 日朝刊，などを参照してください］。

　そうしますと，どのようにして超過準備を発生させるべく準備を供給するのか，ということが問題になります。一つは，**長期国債を購入する**というものです。国債購入というと，従来のオペレーションの延長のようにしか思われないかもしれませんが，通常のオペレーションでは，短期国債の売買オペを実施します。長期国債の購入という点で，日銀はよりリスクのある長期の債券を保有することになります。さらに，日銀が長期国債を買い切りオペの形で購入しますと，それだけ長い期間，供給した準備額を放置するということを意味します。この点で長期国債の購入は量的な金融緩和の効果を期待されたのです。

　いま一つは，**特定のリスク資産を購入する**というものです。長期国債の購入でも緩和効果が足りないという話になり，中央銀行は上場株式や社債，上場投資信託などのリスク資産を購入せよ，との主張が行われるようになりました。この提案は現在，日銀や FRB などによって実際に採用されています。日本では，白川方明日銀総裁のときの「包括的な金融緩和政策（包括緩和）」(2010

年10月）において，リスク資産の買い入れに踏み切りました。

　特定のリスク資産の購入は信用緩和政策と呼ばれています。信用緩和とわざわざいったところで結局のところ，準備供給という点で量的緩和と本質的に違いはない，と思われるかもしれません。実は「信用緩和」という表現を「量的緩和」という用語と対にして表すことには一定の意味をもっています。この点については，後ほどふれたいと思います。

● 非伝統的金融政策②：時間軸政策（ゼロ金利コミットメント）

　量的緩和の他に，ゼロ金利のもとで緩和効果を出す政策オプションとしては，ゼロ金利の継続を現時点で約束する時間軸政策と呼ばれる方法が提案されています。「時間軸」とは，あらかじめ公表される政策上の約束（政策コミットメント）の継続期間を指します。米国では同様の政策についてフォワード・ガイダンスという呼称が与えられています。

　例えば，デフレが終息するまでゼロ金利を続けるという約束（政策コミットメント）を掲げます。もしデフレがなかなか収束しそうになければ，このコミットメントによって相当長い期間にわたって，名目短期金利の水準がゼロのままで継続するという予想が金融市場において形成され得る，と考えられます。かなり先の名目短期金利がゼロに張り付くという予想は，金利の期間構造（☞レクチャー 1.4）を通じて，現時点での中長期金利への下げ圧力として働きます。このような政策コミットメントによる時間軸効果によって，短期金利がゼロに陥った状況下でも中長期金利を下げることで緩和効果を出せる，というアイデアです。この効果は日銀の公式見解という形ではないものの，日銀関係者の中で支持されているように見受けられます［☞例えば，植田（2005），白川（2008）などを参照してください］。

　量的緩和を実施する際に，このような政策コミットメントと組み合わせることによって，より緩和効果を強めることが期待できます。換言すれば，量的緩和政策はゼロ金利継続というコミットメントのクレディビリティ（信頼性）を高めるシグナリング効果をもっていると考えられています。

● 非伝統的金融政策③：信用緩和政策（資産買い入れ）

　バーナンキ（B. S. Bernanke）氏は，自らがFRB議長として進めていた金融

緩和政策を，日本の「量的緩和」と混同されることを嫌い，FRB の政策をわざわざ信用緩和と名付けました。その理由は次のような事情にあります［☞より詳しくは，翁（2013，第 4 章）をご参照ください］。

　まず，日本で行われた「量的緩和」は，中央銀行のバランスシートにおける「負債サイド」の項目である，銀行の準備預金の量に焦点が当てられていました。このときには「資産サイド」の構成内容について特に注意は払われていませんでした。この意味で量的緩和期の日銀の政策スタンスは，銀行準備の「量」によって測ることができた，といえます。すなわち，準備の量が金融緩和の度合いを表す代理変数とみなせたわけです。

　ところが，準備の量が金融緩和の度合いを表すとは限らない局面があります。それは金融危機のときです。リーマン・ショック後の状況を思い出して下さい。ECB や FRB は足元の金融システムが動揺したことを受けてバランスシートを急拡大させました。これに対して，日銀のバランスシートは欧米の中央銀行と比べて相対的に安定していました。このため，日銀はこれらの中央銀行と比べて金融緩和努力が足らないのではないか，と批判されました。まずこの点については，次のような事情を斟酌する必要があります。非伝統的政策の先進国である日銀のバランスシートは，そもそも GDP 比で主要中央銀行の中で最大規模でした。また，金融システムが比較的安定していた日本では，欧米ほど中央銀行のバランスシートを拡大させる必要がなかったといえます。

　当時の欧米における中央銀行のバランスシートの拡大は「金融市場の機能棄損度」を反映したものであり，「金融緩和度」を表すものとみるのは適当ではない，という指摘があります［翁（2013, pp. 106–107）］。つまり，準備の量が拡大しているからといって，金融緩和度が高まっている（＝市場の流動性水準が潤沢である）とは限らない，ということになります。この事実は，政策実務上の問題として，金融危機のときに中央銀行のバランスシートの規模によって金融市場に対して金融緩和度を伝えることが困難であることを意味しています。

　バーナンキ氏は米国が直面したリーマン・ショック後の金融危機において，信用リスク・プレミアムが拡大し，信用市場の機能が著しく低下したことを受け，この問題に対処するためには中央銀行のバランスシートにおいて，「負債サイド」を拡大させる量的緩和ではなく，「資産サイド」の構成を選択するこ

とこそが重要だと考えました。要するに，様々な金融市場で流動性不足が問題になっているときには，「総額でどれだけ資金供給を行ったのか」ではなく，「どの資産を購入したのか」が重要である，というのが，バーナンキ氏の主張でした。いくら市場に総額で大量の資金供給を行っても，個別の市場における信用逼迫が改善しなければ意味がないのであり，中央銀行がリスク資産を購入することで個々の信用市場を緩和することが必要だというわけです。バーナンキ氏が自らの政策を「量的緩和」と区別するように「信用緩和」と形容したのは，自分たち FRB は日銀と違って「単純に準備の総量を拡大したのではなく，個別市場に資金を供給しているのだ」という自負があったといえるでしょう。

　そうはいっても結局のところ，信用緩和は準備供給を通して中央銀行のバランスシートを拡大させるのではないか，もしそうならば量的緩和とそれほど変わらないのではないか，と思われる方もおられることでしょう。信用緩和に量的拡大の側面があるのは否定できないものの，特定のリスク資産の購入と，流動性の高い資産の売却を同時に行えば，中央銀行のバランスシートを拡大させることなく信用緩和を実施することは可能です。例えば，長期国債の購入と短期国債・政府短期証券の売却を同時に行う「ツイスト・オペ」がこの典型例といえます［福田（2013, p.307）］。このように，信用緩和政策が量的緩和を伴うとは限らないので，両者は概念上，分けられているのです。

● **非伝統的金融政策の効果**

　非伝統的金融政策はどのような政策効果をもたらしたといえるのでしょうか。この点については，いまだ学会における評価は定まっていません。

　まず，量的緩和政策に関して，現時点において多くの識者の中で共通している見解としては，「金融市場や金融システムの動揺を回避するうえで効果を発揮した」［白川（2008, p.360）］という評価があげられるでしょう。すなわち，経済危機後の金融システムにおける流動性不安を軽減するという意味では，量的緩和政策に一定の効果があったと考えられています。この評価は金融システムの安定化のために実施されるマクロ・プルーデンス政策としては効果的であったという見解です。

　一方で，量的緩和政策は「景気対策」や「デフレ対策」として有効であったといえるでしょうか。実はこの点に関する評価は定まっていません。日本で

は，2000年代を通じてこれだけ長期間に及ぶ金融緩和措置をとってきたにもかかわらず，いまだ本格的な経済回復をしたわけでも，デフレ脱却に成功したわけでもありません。このため，その政策効果について疑問視する声があります。このような見方に対して，量的緩和には，日銀当座預金の増額を通じて，株価などの資産価格を引き上げ，ひいては生産を押し上げる効果があったとする研究もあります［本多佑三・黒木祥弘・立花　実（2010）「量的緩和政策──2001年から2006年にかけての日本の経験に基づく実証分析」『フィナンシャル・レビュー』第99号，pp.59-81］。

　量的緩和の政策効果については，いくつかの見解があります。一つは，時間軸効果を強化する「シグナリング効果」があげられます。これについては，時間軸政策の説明において，すでにご紹介しました。

　いま一つは，ポートフォリオ・リバランス効果と呼ばれるものです。量的緩和政策によって，超過準備が発生するということは，市中銀行が潤沢な準備預金を保有していることになります。基本的には準備預金は無利子であり，市中銀行は金利を稼ぐために貸出や有価証券投資に資金を回そうとすることが期待されます。要するに，超過準備という流動性の飽和状態を生み出すことで，リスク資産に資金を振り向けさせようというアイデアです。金利（安全資産の利回り）低下に触発されて，銀行や投資家がより高利回りであるリスク資産への資産選択を増やそうとすることから，資産構成の変化を促す（＝ポートフォリオを再構成（リバランス）する）という意味で，ポートフォリオ・リバランス効果という名称が当てられています。

　信用緩和政策については，FRBによるリーマン・ショック後の緩和措置がその規模や，買い入れ資産の多様さ，市場との対話などの諸点において，日銀の量的緩和よりもうまく実行された，という評価があります［伊藤（2013，まえがき p.3）］。欧米諸国は日本の失敗に学び，大胆な金融緩和によってデフレに陥るのを防ぐことに成功した，という含意がこの評価の背景にあります。ただし，本書執筆時点（2013〜2014年）では，欧米においても一般物価が上昇しにくい状況になりつつあり，特にユーロ圏では「日本型デフレ」が懸念されるようになっています［「欧米，上がらぬ物価，企業業績回復でもデフレ懸念，長引く金融緩和。」『日本経済新聞』2013年11月23日朝刊3面］。

　それに，信用緩和はある意味で禁じ手といえます。そもそも，中央銀行が株

式や上場投信などのリスク資産を直接購入するということ自体が問題になります。中央銀行はそれだけ多くの信用リスクを抱えることになります。これは当該国の通貨信用を支える中央銀行のバランスシートの健全性を脅かします。

　また，これらの資産の金融市場における価格形成が歪められる可能性も否定できません。しかも，資産購入の規模が大きくなるほど，将来の緩和解除のための**出口戦略**を困難なものにします。金融緩和には，危機時点でのマクロ経済に対する負のショックを一時的に和らげるという意味で「時間稼ぎ」という側面がありますが，信用緩和はこの時間稼ぎを繰り越して，とうとう問題の「先送り」に利用されかねません。痛み止めのためのモルヒネはあくまでも一時的なものに留めるべきあって，常用して中毒になってしまってはどうしようもなくなってしまうのです。

　白川方明総裁の後を受けた黒田東彦総裁による「量的・質的金融緩和」（2013年4月）において，日銀は一層の信用緩和に踏み切っていますが，政策を実行するに当たり，以上で述べた点については，留意しておく必要があるでしょう。

● インフレ目標政策

　以上から，非伝統的金融政策の効果については論争があることがおわかりいただけたと思います。効果があったのかはっきりしないというのが正直なところです。このような中で，一部の論者が重視しているのは**期待**を通じた効果です。この点に関して近年とみに脚光を浴びているのが**インフレ目標政策（インフレ・ターゲティング）**です［☞より詳しくは，伊藤（2013）をご参照ください］。

　インフレ目標政策とは，中央銀行が将来の物価上昇率について，例えば「2％（±1％）」にするというように，一定の範囲で数値目標（**インフレ・ターゲット**）を設定し，この目標値を達成するように金融政策を実行する政策です。この政策には，中央銀行がインフレ目標の実現に責任を負う一方で，政策手段については独立性をもつ，という特徴があります。

　では，どのような状況のもとで，この政策はうまくいくでしょうか。まずは，民間部門のインフレ期待形成のメカニズムと金融政策の関係が明確であることが望まれます。例えば，民間部門の人々が現時点において，過去の物価上昇率を振り返りながら，実際の一般物価の動向を観察しつつ，今後の金融政策の動

きを予想しながら，将来の物価上昇率を予想している，という状況を考えてみましょう。このような環境のもとでは，中央銀行によって宣言されたインフレ目標値が将来の物価上昇率を予想するうえで「アンカー（錨）」の役割を果たし，人々のインフレ期待に働きかけることで，期待物価上昇率を安定化させる，と考えられます。

そのうえで，中央銀行は自ら掲げたインフレ目標を必ず実現する，と人々から信認されていることが求められます。中央銀行が掲げるインフレの数値目標を誰も信じないのであれば，インフレ目標は民間部門におけるインフレ期待の形成に何ら貢献しないと考えられます。例えば，一度でも「動学的不整合（☞レクチャー 6.3）」的な行動をとった中央銀行は何をいっても全く信用されないでしょう。この政策が有効であるためには，中央銀行が人々から信認されていなければなりません。

ただし，「期待を通じた効果」の最大の問題は，インフレ目標などの何らかの「政策」的手段によって，本当に「人々の期待に影響を与える」ことができるのか，ということです。実のところ，現実の経済における期待の「形成」メカニズムや期待への「波及経路」について，具体的にはよくわかっていません［池尾 (2013, p.281)］。人間の心はそうたやすく操られるものではない，というのが正直な実感でしょう［池尾 (2013, p.283)］。

最後に，インフレ目標政策の導入状況についてみておきましょう。この政策は 1990 年にニュージーランドで導入されて以降，多くの主要先進国で採用されています。多くの国でインフレ・ターゲティングが採用された理由は，これらの国が高インフレに悩まされていたという事情があります。この政策の採用国においてインフレの鎮静化に一定の効果があったとみなされたことから，この政策は一躍注目されるようになりました。

1998 年から長期のデフレに陥っていた日本では，インフレ目標政策の導入を巡って，論争が繰り広げられました。インフレ・ターゲティングがデフレ対策として実行された経験がないことから，この政策に対する日本での評価は概して芳しいものではなく，その採用はしばらく見送られてきました。

この流れが変わったきっかけは，2012 年 12 月の第 2 次安倍晋三政権の発足です。政権および与党サイドの強い要請を受け，日銀は 2013 年 1 月 22 日に消費者物価の前年比上昇率を 2% とする「物価安定の目標」を導入しました。2013

年3月に就任した黒田東彦日銀総裁はこの目標を達成すべく「量的・質的金融緩和」と呼ばれる大規模な金融緩和政策を導入しました。われわれはまさに「デフレ対策としてのインフレ目標政策」という壮大な社会実験の渦中にいるのです。

復習

(1) 買いオペに伴って，日銀当座預金口座における ____ が増加する。

(2) 金融政策によって準備が変化すると，準備を構成項目とする ____ も変化する。

(3) 金融緩和政策によって一般物価水準を押し上げるための一つのカギは，____ の増加が ____ の増加に結びつくことである。

(4) ____ とは，名目金利と実質金利の関係を表した式である。

(5) 名目金利がインフレ期待を完全に織り込んでおり，予想される実質金利は期待物価上昇率の変化に影響されない，という状況を ____ と呼ぶ。この場合，事前に予想され得る金融政策は ____ になる。

(6) 事前の段階では最適に設計されたはずの政策が，事後の新たな環境下では最適でなくなることを ____ と呼ぶ。

(7) ____ とは，金利水準が下限に達し，貨幣需要の利子弾力性が極度に高まった結果，金融政策が有効でなくなる状態のことである。

(8) 名目短期金利が ____ の状態に陥り，伝統（慣習）的な金利操作が不可能になったもとで試みられている一連の金融緩和政策を ____ と呼ぶ。

(9) 日銀は1999年2月から無担保コール翌日物金利をゼロ％に誘導する ____ に踏み切った。

(10) 日銀は2001年3月に，金融政策の操作目標について，従来の無担保コール翌日物金利から ____ に変更する ____ を実施した。

(11) 量的緩和は，所要準備を上回る ____ を供給することから，____ とも呼ばれる。

(12) 量的緩和の他に，ゼロ金利のもとで緩和効果を出す政策オプションとして，ゼロ金利の継続を現時点で約束する ____ が提案されている。

(13) ____ 政策とは，中央銀行が特定のリスク資産を購入することで個別市場

に資金を供給しようとする政策である。

(14) 量的緩和の政策効果として，超過準備という流動性の飽和状態を生み出すことで，リスク資産に資金を振り向けさせる＿＿＿＿が期待されている。

(15) ＿＿＿＿とは，中央銀行が将来の物価上昇率について，一定の範囲で数値目標を設定し，この目標値を達成するように金融政策を実行する政策である。

練習問題

問題1　日本銀行の役割
日本銀行の役割に関する次の記述のうち，正しいものはどれか。

ヒント：pp.168-171を読もう！

(1) 日本の紙幣（日本銀行券）と補助貨幣（硬貨）を発行する。
(2) 「最後の貸し手」として資金不足に陥った金融機関に貸出を行う。
(3) 「政府の銀行」として政府支出の意思決定を行う。
(4) 失業率の最小化を主たる目的として金融政策の意思決定を行う。

[2008年7月　第14回ERE　改]

問題2　金融緩和と金融引き締め
次の記述のうち，他の事情を一定として，(1) 金融緩和効果をもつ要因，(2) 金融引き締め効果をもつ要因，はそれぞれどれか。　　ヒント：pp.171-179を読もう！

[A] 非金融部門の現金預金比率の上昇　　[B] 法定準備率の引き上げ
[C] 中央銀行当座預金への準備の供給　　[D] 売りオペの実施

[2012年7月　第22回ERE　改]

問題3　金融政策の手段
金融政策の手段に関する次の記述のうち，誤っているものはどれか。

ヒント：pp.173-179を読もう！

(1) 短期金融市場で債券や手形を売買する。
(2) 金融機関が中央銀行に預けた国債などを担保として中央銀行に振り出した約束手形を割り引くときの割引率（金利）を変更する。
(3) 金融機関の預金等の債務に対して中央銀行当座預金として預けるべき割合を変更する。
(4) 古い紙幣を回収し，同額の新しい紙幣を発行する。

[2002年3月　第1回ERE　改]

問題4　金融政策の波及経路
金融政策の波及経路に関する次の記述のうち，誤っているものはどれか。

ヒント：pp.183-186を読もう！

(1) 金融政策の有効性は市場参加者の期待に影響されることがある。
(2) 金融政策の効果が現れるには一般に遅れが避けられないので，適切なタイミングで現れるよう配慮した運営が必要となる。
(3) 日銀の政策運営態度の変化はインターバンク市場に直ちに影響するが，オープン市場への影響は通常，限定的である。

(4) 市場参加者が金融引き締め強化を受動的に実施されたに過ぎないとみなした場合，少なくとも期待インフレ率の上昇分だけ長期金利は上昇する。

[2011年（秋）　証券アナリスト1次試験　改]

問題5　インフレ期待と金利

名目金利が一定のもとで，期待インフレ率の上昇は次のうちどのような効果をもたらすか。　　　　　　　　　　　　　　　　　　　ヒント：pp.185–186を読もう！

(1) 実質金利の上昇　　(2) 実質金利の低下　　(3) 実質金利の不変
(4) 実質金利の変化に付いて一義的にいえない。

[2002年3月　第1回ERE　改]

問題6　低金利下の金融政策

低金利の下での金融政策に関する次の記述のうち，誤っているものはどれか。

ヒント：p.189とp.191を読もう！

(1) 名目金利が下限に達する流動性の罠に陥っている場合には，通常の金融緩和政策は効果をもたない。
(2) 流動性の罠においては，貨幣需要がきわめて大きくなっている。
(3) 短期の名目金利がゼロであっても，いわゆる時間軸効果を通じて，より長期の金利も低下し，金融緩和の効果を高める可能性がある。
(4) 名目金利が非常に低い水準にある場合，債券保有によって将来の値上がり益が期待できる。

[2009年7月　第16回ERE　改]

問題7　インフレ目標政策

インフレ目標政策に関する次の記述のうち，誤っているものはどれか。

ヒント：pp.195–197を読もう！

(1) 予想されないインフレが発生し，政府の債務負担が軽減されることが期待できる。
(2) 政治圧力により中央銀行の独立性が失われる危険性が低下する。
(3) 政策目的はある程度束縛される一方で，政策手段は必ずしも束縛されない。
(4) 日本では2013年に事実上，この政策が導入された。

[2008年7月　第14回ERE　改]

問題8　金融政策の用語

中央銀行の金融政策に関する用語の説明のうち，誤っているものはどれか。

ヒント：p.195を読もう！

(1) ロンバート貸付　民間銀行があらかじめ中央銀行に担保を差し入れておいて，その範囲内で自由に中央銀行から公定歩合で借り入れができる制度。
(2) 不胎化政策　外国為替市場で為替介入が行われた際に，中央銀行が保有国債などの反対売買を行い，マネタリー・ベースを変化させないようにする政策。
(3) インフレ・ターゲット　インフレ抑制のみを目標に行われる政策。
(4) テイラー・ルール　中央銀行が誘導目標とする短期金利を，インフレ率やGDPギャップに対応して変化させる，という政策運営ルール。

[2008年12月　第15回ERE　改]

練習問題解答

問題1 正解（2）：（1）誤りである。日本の紙幣の発行主体は日本銀行，日本の硬貨の発行主体は政府（財務省）である。（3）誤りである。政府支出の意思決定は政府（国会）で行われる。（4）誤りである。日本銀行は日銀法第2条に則り，「物価の安定」を目的として金融政策の意思決定を行っている。なお，米国のFRBは「雇用の安定」も重視している。

問題2 正解：（1）［C］　（2）［A］・［B］・［D］
［A］非金融部門の現金預金比率の上昇は，第5章の練習問題4の解説でも指摘した通り，信用乗数の低下要因となる。［B］法定準備率の引き上げも同様に，信用乗数の低下要因になる。信用乗数の低下は，マネタリー・ベースがマネー・ストックに与える影響の低下を意味するので，金融引き締め効果をもつ。［C］中央銀行当座預金への準備の供給は，量的緩和政策からわかるように，金融緩和効果をもつ。［D］売りオペの実施は金融引き締め効果をもつ。

問題3 正解（4）：（4）は確かに中央銀行の重要な役割であるが，（4）の内容自体は貨幣量に影響を与えるわけではない。（1）は債券・手形オペレーション，（2）は手形割引率（政策金利）の変更，（3）準備率操作の説明である。

問題4 正解（3）：インターバンク市場との裁定取引を通じてオープン市場にも影響を及ぼす。

問題5 正解（2）：フィッシャー方程式（実質金利＝名目金利－期待インフレ率）より，名目金利が一定で，期待インフレ率が上昇した場合，実質金利は低下する。

問題6 正解（4）：債券価格と金利との間には相反関係がある（☞レクチャー7.2）。名目金利が非常に低い水準にある場合，債券価格はすでに高止まりしているため，これ以上の価格上昇は見込まれない。このため，債券保有による将来の値上がり益は期待できない。

問題7 正解（1）：インフレ目標政策が導入されると，中央銀行は予想されないインフレを起こす誘因が低下する。

問題8 正解（3）：インフレ・ターゲットは，中央銀行が物価上昇率の目標値を定めて，それを実現させるように金融政策を運営する仕組みであり，行き過ぎた物価変動を抑えようとする。すなわち，インフレ抑制のためだけに用いられるとは限らない。なお，（2）の「不胎化政策」と（4）の「テイラー・ルール」は，紙幅の関係で本文ではふれられなかったが，いずれも重要な用語である。これらの詳細は自主的な学習課題としたい。

第7章
金利計算と割引現在価値

予習

【金利計算】

単利 元本のみから利子が発生

複利 前期の元利合計（元本と利子の合計）から利子が発生

→ **複利効果** 利息が利息を生む効果

　72の法則 元本が倍になる運用期間 ≒ 72÷利率

　　　　　　　元本が倍になる金利水準 ≒ 72÷運用期間

→ 10年間で当初の元本を倍に増やすためには，約7%の金利水準が必要

【資産価格決定の基本的な考え方】

割引現在価値 　割引 ……将来収益を粗割引率で割り算 → 現在価値に換算

資産価格 ＝ 将来収益の割引現在価値の合計 → **ファンダメンタルズ**

【債券価格と市場利子率の相反関係】

債券価格の値上がり（値下がり）⇔ 市場利子率の低下（上昇）

コンソル債券 償還期がない永久確定利付公債

→ コンソル債券価格と市場利子率の反比例関係

学びのポイント

1. 金利計算の基礎である単利と複利を学ぼう。　→ p.204
2. 複利効果および72の法則について知ろう。　→ p.207
3. 割引現在価値について学ぼう。　→ p.214
4. 債券価格と利子率の関係について考えよう。　→ p.218

レクチャー 7.1　金利計算の基礎

● 金利計算の有用性

　本節では，金利の計算方法についてみていきましょう。特に大学生の読者に伺います。小・中・高の各課程において金利計算を習ったことがある方はおられるでしょうか。どうもあまり馴染みない方が多いのではないかと推察します。現行の教育体系ではあまり顧みられることのない金利計算ですが，実生活では非常に大きな武器になる実用知識です（☞コラム 7.1「戦前の金融教育」（p. 212））。

　例えば，次のような状況を考えてみてください。いまもっているお金を 10 年で倍にしたいと考えているとしましょう。ではこの場合，年利何％で運用しなくてはいけないでしょうか。あるいは，いま年利 3％ という金利商品の購入を検討しています。年利 3％ で資産を倍にするには何年かかるでしょうか。

　以上のような運用ケースだけではなくて，借金という状況もあり得るでしょう。マンションを購入するための住宅ローンを組む場合，無理なく返済するための計画を立てなくてはいけません。当然，そのときにはローン金利に基づいて返済計画を組むことになります。

　金利計算がもつ実用性についてご理解いただけたでしょうか。自分の資産を運用するにせよ，ローンを組むにせよ，金利計算は私たちの社会生活にとってなくてはならないツールです。学生の頃はあまり身近に考えられない金利計算も，社会人になったときにその必要性，有用性を実感することになります。それでは，金利計算の基礎を一緒に勉強していきましょう。

● 単利とは

　金利計算の方法としては，大別して単利と複利という 2 つの考え方があります。まずは単利から説明します。単利とは「元本のみから利子が発生する」という考え方です。次の【例題 1】を計算してみましょう。

【例題 1】いま元本 100 万円を 2 年間，年利 10％ の利率で単利運用したときの利子額と元利合計はいくらになるか。

　元本とは，金利発生のもとになる元金のことです。資産運用している場合で

したら，元本は最初の運用資産額のことです。逆に，借金をしている場合であれば，元本は最初に借り入れた金額ということになります。そして，**元利合計**は元本と利子額を合わせた合計額です。

【例題1】で問われている内容は，元本100万円を元手として一体いくら利子を稼ぐことができるかということです。ここではひとまず，①利子に対して税金が課せられない，②年に1回だけ金利が支払われる，と仮定して計算してみましょう。この仮定のもとで，単利における元利合計は次の式によって計算することができます。

[単利の計算式]

$$n \text{ 期目の元利合計} = 元本 + 元本 \times \frac{利率（\%）}{100} \times n$$

$$= 元本 \times \left(1 + \frac{利率（\%）}{100} \times n\right)$$

[運用1年目]

$$1 \text{ 年目の元利合計} = 元本 + 利子額$$
$$= 100 \text{万} + 100 \text{万} \times 0.1$$
$$= 110 \text{万}$$

運用1年目では，利子額が元本100万円の10%に当たる10万円となりますので，元利合計は110万円（＝100万×(1+0.1)）となります。計算式における金利の表記として，百分率10/100あるいは小数0.1（＝10/100）を用いる点にご注意ください。

[運用2年目]

$$2 \text{ 年目の元利合計} = 元本 + 利子額$$
$$= 100 \text{万} + 100 \text{万} \times 0.1 \times 2$$
$$= 120 \text{万}$$

運用して2年目の利子額は，元本100万の10%である10万円を運用期間2年分積算した20万円となっています。この点がまさに単利の特徴といえる点です。単利は元本のみから利子が発生するという考え方に基づきますので，運用1期目での利子額に運用期間数を掛けると満期時点での金利を計算することができます。

● 複利とは

次は，複利についてみていきましょう。先の【例題1】と同じ設定のもとで，今度は複利運用する場合で計算してみます。**複利**とは「前期の元利合計から利子が発生する」という考え方です。このとき，複利の元利合計は下記の計算式に基づいて計算することができます。

[複利の計算式]

$$n \text{ 期目の元利合計} = 元本 \times \left(1 + \frac{利率（\%）}{100}\right)^n$$

【例題2】いま元本100万円を2年間，年利10%の金利で複利運用したときの利子額と元利合計はいくらになるか。

[運用1年目]

$$\begin{aligned}
1年目の元利合計 &= 元本 \times (1 + 金利) \\
&= 100万 \times (1 + 0.1) \\
&= 110万
\end{aligned}$$

複利では前期の元利合計から利子が発生するということですが，運用1年目の時点ではこれからようやく利子が発生しますので，金利計算に当たっては元本のみから利子が発生することになります。したがって，運用1年目については，単利と複利の間で利子額および元利合計に違いはありません。

[運用2年目]

$$\begin{aligned}
2年目の元利合計 &= 1年目の元利合計 \times (1 + 0.1) \\
&= 100万 \times (1 + 0.1)^2 \\
&= 110万 \times (1 + 0.1) \\
&= 121万
\end{aligned}$$

複利運用2年目では，前期で金利が発生していますので，前期である1年目の元利合計110万円から利子が発生します。したがって，2年目の元利合計は121万円（=110万円×(1+0.1)）と計算されます。運用2年目にしてようやく単利と複利の間で計算結果に違いが表れてきました。複利での運用2年目における元利合計は，単利のときの元利合計120万円よりも1万円多い121万円

となります。なぜ複利運用のほうが単利運用よりも金利が大きくなるのでしょうか。この点を確かめるために，先の式を次のように再展開してみます。

$$
\begin{aligned}
2\,\text{年目の元利合計} &= 1\,\text{年目の元利合計} \times (1+0.1) \\
&= (\text{元本}+1\,\text{年目の利子額}) \times (1+0.1) \\
&= \text{元本} \times (1+0.1) + 1\,\text{年目の利子額} \times (1+0.1) \\
&= 100\,\text{万} \times (1+0.1) + 10\,\text{万} \times (1+0.1) \\
&= 121\,\text{万}
\end{aligned}
$$

この再展開式で注目していただきたいのは，次のポイントです。複利運用の場合，2 年目以降では，元本のみならず，前年の利子額からも利子が発生するということです。単利の場合は**単**に**元本のみ**から**利子**が発生しているのに対して，複利の場合は元本と利子を合計した元利合計から**重複**して**利**子が発生しています。2 期目以降について利子からも利子が生まれるので，複利運用のほうが単利運用よりも元利合計が大きくなるのです。

● 複 利 効 果

先程の【例題 1】【例題 2】では，元本 100 万円を年利 10% で 2 年間運用する場合を例として，単利と複利の違いをみてきました。そこでわかったことは，条件が同じならば，単利よりも複利で運用するほうがより大きな利子額を得られる，ということでした。

この点をより明確な形で確認するために，先の例題と同じ設定のもとで 10 年間運用するというシミュレーションを試みましょう。この場合の元利合計の推移を描いたのが図 7.1 です。図 7.1 をみていただくと，年数が経つにつれて，単利と複利の間の差額が広がっていく様子がみてとれます。ちなみに，10 年後の元利合計は，単利運用で 200 万円，複利運用でおよそ 259 万円となります。これは，元本 100 万円が単利運用で 2 倍，複利運用で約 2.6 倍に増える計算になります。同じ 10% の金利で運用しても，10 年間で 59 万円もの差額が生まれるのです。このように，「利息が利息を生む」という**複利効果**が働くために，単利運用よりも複利運用のほうがより多くの利息を稼ぐことができるのです。逆に借りる立場ですと，複利では借金の残高がますます拡大していくというわけです。

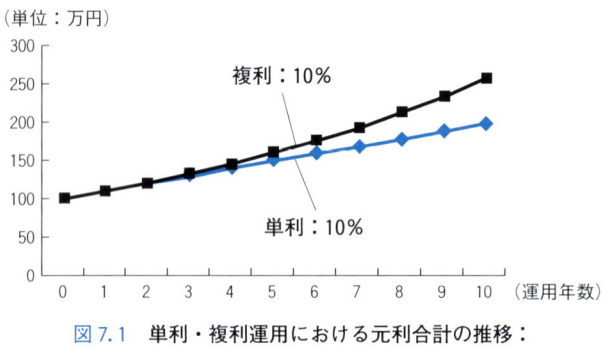

図 7.1　単利・複利運用における元利合計の推移：
元本 100 万円・年利 10% ケース

　複利効果をより実感していただくために，年利 1%，5%，10% の各金利で 30 年にわたって複利運用した場合に，当初の元本が何倍になるか，を比較してみましょう。この計算結果をまとめたのが図 7.2 です。

　30 年後の元利合計は，当初の元本と比べて，1% ケースで約 1.35 倍，5% ケースで約 4.32 倍，10% ケースで約 17.45 倍，となります。このように，①金利が高ければ高いほど，②運用期間が長ければ長いほど，複利効果は大きくなります。長期投資によって資産運用している立場であれば，複利効果が働く手段で運用することが得策になります（☞練習問題 2）。一方で，ローンを複利で組んでいる立場からすると，複利効果によって借金が雪だるま式に増えますので，この点を考慮に入れて返済計画を練る必要があります。

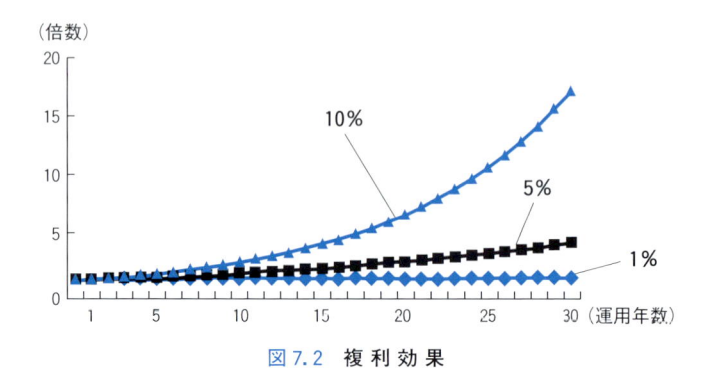

図 7.2　複 利 効 果

● 72 の法則

ここまでみてきて，複利効果はご理解いただけたでしょうか。複利効果はわかったけれども，計算がややこしくて手軽に具体的な数字でつかみにくい，という声がありそうですね。このような方におすすめの方法があります。複利効果をもっと使いやすい形でまとめた **72 の法則** と呼ばれる近似計算法です。

【例題 3】 いま年利 4％ で運用する場合，当初の元本が 2 倍になるためには，およそ何年の運用期間が必要か。

例えば，**【例題 3】** のような情報が欲しいとき，どのように計算すればいいでしょうか。ここで以下の関係式を用いると，簡単に計算することができます。

[72 の法則 1]

$$\text{元本が 2 倍になるために要する運用期間} \approx \frac{72}{\text{利率（％）}}$$

72 の法則というのは，72 という数字をパーセント表示の金利水準で割ることによって，その金利のもとで「資産が倍になる」運用期間を求めることができる，というものです。上記の式を用いると，年利 4％ で運用した場合，当初の元本が倍になるには約 18 年（＝72÷4）かかるということがわかります。ただし，近似関係を表す記号 ≈（☞レクチャー 1.4）が用いられていることからわかるように，この計算式はあくまでも近似値を求められるにすぎないという点にご注意ください（☞練習問題 3）。

【例題 4】 10 年間で当初の元本を 2 倍に増やすためには，年利何％の金利で運用しなければならないか。

先の **【例題 3】** ではある金利水準が与えられたもとで資産を倍にするための運用期間を求める問題でしたが，今度の例題 4 は逆に，ある目標水準となる運用期間が与えられたもとで，何％の金利が必要かを求める問題です。これは **[72 の法則 1]** の式を次のような式に書き換えれば，簡単に計算できるようになります。

[72 の法則 2]

$$\text{元本が 2 倍になるために必要な金利水準（％）} \approx \frac{72}{\text{運用期間}}$$

この式を用いますと，10年間で当初の元本を倍に増やすためには，約7.2%（＝72÷10）の金利水準が必要である，ということがわかります。ちなみに，この7%という金利水準は，2010年から2012年にかけての欧州債務危機に関連してよく登場した数字です。例えば，下記に引用した2つの新聞記事をご覧ください。特に下線部に注意しながら，目を通してください。

「ユーロ圏3位の経済大国であるイタリア財政に対する市場の不安が止まらない。9日には同国の10年物国債利回りが通貨ユーロ導入後の最高（国債価格は最低）を更新し，中長期の財政運営の持続性が危ぶまれる7%を突破した。8日夜にベルルスコーニ首相が辞意を表明したが，投資家の売り圧力は強い。欧州連合（EU）や欧州中央銀行（ECB）などによるイタリア支援の強化も課題に浮上しそうだ。」[「イタリア国債「危険水域」，利回り7.4%，資金調達に不安，首相辞意でも動揺続く。」『日本経済新聞』2011年11月10日朝刊1面]

「欧州市場では17日，スペイン10年物国債の指標となる利回り（流通利回り）が前日に比べ一時0.3%強上昇（価格は下落）し，6.8%と単一通貨ユーロ導入後の最高になった。（中略）市場では7%前後が財政運営が難しくなる「危険水域」と捉えられている。ギリシャやアイルランド，ポルトガル，イタリアに続きスペインまで7%突破が迫り，危機拡大の懸念が増している。欧州の清算・決済機関が近くスペイン国債の取引に求める証拠金を引き上げるとの観測も出ている。」[「スペイン国債6.8%，利回り最高，入札が低調。」『日本経済新聞』2011年11月18日朝刊1面]

　なぜ国債利回りが7%を超えると金融市場で危険視されるのでしょうか。長期国債は満期10年物の取引が主流となっており，この10年物国債利回りがその国の長期金利水準の基準となっています。先の【例題4】の答からわかるように，7%という数字は，その10年物国債の元本が満期時点で倍になる，要するに，借金の残高が倍になる，というターニングポイントともいうべき水準なのです。さらにいえば，ある国で長期金利が7%以上に急騰すると，金融市場がその国の借金残高が倍以上になる，というシグナルを発しているということになります。このまま放置すると，国の借金残高が増えすぎて，デフォルト

（債務不履行）を引き起こしてしまう（＝借金を返せなくなる）かもしれない。このような危険が実現することを市場が懸念している状況です。皆さんが投資家ならそのような国が発行する国債を何のためらいもなく購入できるでしょうか。おそらく難しいことと思います。実際そのような状況に陥った国は国債発行による財政資金の調達に苦労することになります。その意味で「7%」という長期金利の水準は国家債務や財政運営において「危険水域」とみなされる基準といえるのです。

コラム 7.1 戦前の金融教育

「1 株の時価 20.2 円の株を 100 株売り，その代わりに 1 株 80 円の株を買えば何株買うことができるか。」

「軍事公債の利子を毎回 10 円ずつ得ている人の所有額面高はいくらになるか。」

以上の問題は 1904 年（明治 37 年）刊行の高等小学校 2 年生用「算術」の国定教科書に掲載されているものです［横山和輝（2010）「金融契約の歴史に学ぶ (7) 教育の重要性（やさしい経済学）」『日本経済新聞』12 月 21 日朝刊］。現在でいえば，小学 6 年生の「算数」に相当します。なお，問題文は私が現代風の言い回しに変えています。

上記の問題文に「時価」「株」「公債」「利子」「額面」といった言葉が登場するところにご注目ください。これらの言葉の意味を知っている小学 6 年生が現在，どの程度いるのか気になるところです。場合によっては，大学生にこれらの用語の意味を聞いても，厳しいかもしれません。余談ですが，以前ある学生が「国債市場（こくさいしじょう）」を「こくせきいちば」と読んでいるのを耳にして，愕然としたことがあります。一瞬，「国籍」が町の「市場（いちば）」で取引されているという何とも世紀末的な風景が頭に浮かんでしまいました……。

横山（2010）によると，「高等小学校の就学率が 9 割近くに達するなか，当時の子どもたちは金利の計算問題をふつうに解いていた」ということですから，現在の状況と照らし合わせると，当時の経済教育の水準の高さに驚かされます。明治・大正期にこのような高水準の金融リテラシーを施された世代は，その後の激動の日本経済――昭和恐慌からの景気回復や戦後復興，高度経済成長――を，あるときには一社員として，またあるときには経営者として，各々迎えたその時々の立場で支えたのです。

このようにみると，金融リテラシーは個人の生活にとって必要であるというのみならず，一国の経済成長にとっても非常に重要な役割を果たすと考えられます。これらの事実は横山（2010）が指摘しているように，今後の教育改革を考える上でも貴重な論点を提供しています。戦後の成長期を経て今後，日本経済は再び厳しい環境をくぐりぬけていかなければなりません。これから社会人になる大学生の方々には是非，金融リテラシーを身につけて世の中に出ていただき，その力を存分に発揮していただきたいと切に願っています。

復習

(1) 金利計算において，金利発生のもとになる元金のことを〔　　〕と呼ぶ。

(2) 金利計算において，元本と利子額の合計額を〔　　〕と呼ぶ。

(3) 〔　　〕とは，元本のみから利子が発生するという金利計算法である。

(4) 〔　　〕とは，前期の元利合計から利子が発生するという金利計算法である。

(5) 〔　　〕運用のほうが，〔　　〕運用よりも次期以降の元利合計が大きい。

(6) 金利が高いほど，あるいは運用期間が長いほど，〔　　〕効果は大きくなる。

(7) 〔　　〕効果によって資産が倍になるような運用期間を求めるには，〔　　〕を利率（％）で割るとよい。これを〔　　〕の法則という。

レクチャー 7.2 割引現在価値の考え方と資産価格の決定

● 今日の1万円と来年の1万円

　本節では，割引現在価値の考え方と応用例について説明します。これも初学者にとっては取っ付きのよくない概念のようです。そこで，次の例題のような状況を考えてみてください。

【例題5】いま，市場利子率が年利10%とする。このとき，あなたは次のような提案を受けたとしよう。「あなたに1万円を差し上げましょう。ただし，今日貰うか，来年の今日貰うか，どちらかの時期を選択してください。」いま，あなたは今日貰うのと来年貰うのとどちらを選ぶのかという選択に直面している。あなたはどちらの選択肢を選んだほうが得になるといえるだろうか。

　さて，皆さんならどちらの選択肢を選びますか。この質問も様々な機会に聞いてみたことがあるのですが，今日の1万円を貰うという選択をされる方が圧倒的に多いですね。なぜそのような選択をしたのか，その理由について聞きますと，これまた多くの方が「いま貰えるものはさっさと確実に貰っておいたほうが得だから」という類の答をされます。

　また，ある方は市場利子率が10%という部分に注目し，「いま貰った1万円を市場利子率10%で運用すれば来年の今日には11,000円（=1万×(1+0.1)）になるから，来年1万円貰うよりも結局得になる」と答えられます。

　後者の答は，「今日の1万円を資産運用した結果」と「来年の1万円」の金額を比較して得られたものです。もう少し細かく申し上げますと，今日の1万円と来年の1万円を「来年時点」の価値で比較しているといえます。

● 割引とは

　このような見方に対して，次のように発想の転換をしてみましょう。今日の1万円と来年の1万円を「来年時点」ではなく「現在時点」の価値で比較するとどうなるでしょうか。いうまでもなく，今日の1万円は現在時点での1万円ですので，そのままで何も問題はありません。ただし，もう一方の来年の1万円はあくまでも来年時点での1万円ですから，このままでは今日の1万円と現在時点で比較することはできません。そう，来年の1万円を現在時点での価値

に換算し直す必要がありますね。「現在時点での来年の 1 万円の価値ってどのように表したらいいのだろう……。今日だろうと来年だろうと 1 万円は 1 万円ではないのか。」と途方に暮れてしまう方がおられるかもしれませんね。

　ここで，中学校や高等学校での数学の授業において，文字式や方程式を勉強したときのことを思い出してみてください。このような求めたい数値がわからないときには，一旦それを何かの文字で表しておくとよいのです。そこで，いま求めたい「来年の 1 万円の現在時点での価値」を一旦，Z という文字で表すことにしましょう。

　さて少々回り道ですが，先の例題での答を振り返ってみましょう。今日の 1 万円を資産運用した結果は次のように計算できました。

　　今日の 1 万円の 1 年後の価値 $= 10{,}000 \times (1+0.1) = 11{,}000$ 円

特に難しくはないですよね。では，来年の 1 万円の現在時点での価値 Z はどのように求めたらいいでしょうか。上の計算式を参考にすれば，来年の 1 万円というのは要するに，市場利子率に基づいて「来年の 1 万円の現在時点での価値」Z を年利 10% で運用した結果と考えることができます。すなわち，

　　$Z \times (1+0.1) =$ 来年の 1 万円

という関係であることがわかります。上式を Z について整理してやれば，

　　$Z = 10{,}000 \div (1+0.1) \fallingdotseq 9{,}091$ 円

となります。このように，「来年の 1 万円の現在時点での価値」Z は約 9,091 円となりますので，「現在時点」の価値表示で比較した場合でも，来年よりは今日 1 万円を貰ったほうが得だといえるのです。

　先程の計算方法を振り返ると，「来年の 1 万円」を（1＋利率）で割ることによって Z の値を求めました。このように，将来収益（将来時点でのキャッシュフロー）を（1＋利率）で割ることによって，その現在時点での価値に換算し直すことを<u>割引</u>と呼びます。将来収益の現在価値への換算率である（1＋利率）を<u>割引率</u>と呼びます。厳密には，「利率」部分を<u>純割引率</u>，（1＋利率）を<u>粗割引率</u>と呼びます。通常は利子率を割引率として用いることが多くみられます。ちなみに，家計の主観的な割引率を推計するという分析もありますが，専

門的になりますので，ここでは利子率を割引率として用いる方法を踏襲いたします。そして，将来収益を割引くことによって現在価値に換算し直した価値表示を**割引現在価値**と呼びます。

より一般的に，n 期先の将来収益の割引現在価値は，複利計算のもとで次のように求めることができます。導出方法は先程の Z と同様です。n 期先の将来収益はその現在価値を n 期間複利運用した結果であると考えます。

$$n \text{ 期先の将来収益} = n \text{ 期先の将来収益の現在価値} \times (1+\text{割引率})^n$$

そして，この関係を現在価値について整理すれば，求めたい計算式を得ることができます。

[割引現在価値の計算式]

$$n \text{ 期先の将来収益の割引現在価値} = \frac{n \text{ 期先の将来収益}}{(1+\text{割引率})^n}$$

● 資産価格決定と割引現在価値

割引現在価値は資産価格の決定問題を考える上で重要な役割を果たします。代表的な資産としては，株式や債券，土地などをあげることができようかと思います。これらの資産に共通する特性は，将来発生し得る収益を得る権利がその保有者に与えられているという点です［齊藤（2006，p.100）］。そのような資産の価格はその資産がもっている潜在的な価値，すなわち，将来発生し得る収益に基づいて決められる，というのが自然な発想でしょう。ただし，その資産の現在時点での価格を求めるためには，その資産から得られる将来収益を現在価値に換算し直さなければなりません。これは，先程からみてきた割引現在価値の考え方に他なりません。

[資産価格決定理論の基本的な考え方]

$$資産価格 = 将来収益の割引現在価値の合計$$

このように，資産価格は将来収益の割引現在価値に等しい，というのが資産価格決定理論の基本的な考え方といえます［齊藤（2006，p.101）］。上式の右辺を将来収益に裏付けられた価値という意味で資産の**ファンダメンタルズ**と呼んでいます。おそらくこれも簡単な数値例でみていただいたほうが実感してい

ただけるのではないかと思います。次の例題をご覧ください。

【例題6】 いま3年満期の債券を発行する計画がある。この債券は、その保有者に対して毎年1回100円の利息が支払われ、満期時点で10,000円償還されるものとする。市場利子率が年利5%で変化がないものとして、この債券の価格をどのように決定すればよいか。

これは確定利付債（クーポン債）価格の簡単な計算例です。本当は金利を1種類のみで設定するのは非現実的な設定なのですが、ここでは問題の本質を掴むために単純化された問題としてお考えください。ちなみに、**償還**とは、借金（より正確には、債務）を返済することです。債券は借金をするために発行されます。その債券が満期になり、貸したお金が返ってくることを「償還される」と表現するのです。

もし皆さんがこのような3年債を購入することを検討しているとして、果たしていくらぐらいであれば妥当な価格付けといえるでしょうか。まずは1年後の利息100円の割引現在価値を求めると、

$$1年後の100円の割引現在価値 = \frac{100}{1+0.05} ≒ 95.2 円$$

となります。同様に、2年後および3年後の100円の割引現在価値は

$$2年後の100円の割引現在価値 = \frac{100}{(1+0.05)^2} ≒ 90.7 円$$

$$3年後の100円の割引現在価値 = \frac{100}{(1+0.05)^3} ≒ 86.4 円$$

となります。この債券は3年後に10,000円償還されますから、3年後の10,000円の割引現在価値も合わせて求める必要があります。

$$3年後の10,000円の割引現在価値 = \frac{10,000}{(1+0.05)^3} ≒ 8,638.4 円$$

資産価格決定理論の基本的な考え方に従いますと、これらの将来収益の割引現在価値を合計したものがこの3年債の価格となります。

$$
\begin{aligned}
3年債の価格 &= 将来収益の割引現在価値の合計 \\
&= 95.2 + 90.7 + 86.4 + 8,638.4 \\
&≒ 8,910.7
\end{aligned}
$$

以上の計算から，この3年債が8,911円程度で売り出されておれば，ファンダメンタルズを反映した価格付けが行われていることになります。

● 債券価格と利子率の関係

次に，債券価格と利子率の関係について，みておきましょう。先程の【例題6】の3年債について，市場利子率が5%から10%に変化したときに，この債券の価格がどのように変化するのか確かめましょう。

【例題7】いま3年満期の債券を発行する計画がある。この債券は，その保有者に対して毎年1回100円の利息が支払われ，満期時点で10,000円償還されるものとする。市場利子率が年利10%で変化がないものとして，この債券の価格をどのように決定すればよいか。

先程と同様の手順で，今後受け取る予定の利息100円および償還額10,000円の割引現在価値を求めると，

$$1 年後の 100 円の割引現在価値 = \frac{100}{1+0.1} ≒ 90.9 円$$

$$2 年後の 100 円の割引現在価値 = \frac{100}{(1+0.1)^2} ≒ 82.6 円$$

$$3 年後の 100 円の割引現在価値 = \frac{100}{(1+0.1)^3} ≒ 75.1 円$$

$$3 年後の 10,000 円の割引現在価値 = \frac{10,000}{(1+0.1)^3} ≒ 7,513.2 円$$

これらの将来収益の割引現在価値を合計したものがこの3年債の価格となります。

$$3 年債の価格 = 将来収益の割引現在価値の合計$$
$$= 90.9 + 82.6 + 75.1 + 7,513.2$$
$$≒ 7,761.8$$

以上の計算から，ファンダメンタルズを反映した債券価格は約7,762円であることがわかります。市場利子率が年利5%のもとでは，【例題6】の数値例で確認した通り，この債券価格は約8,911円でした。市場利子率が5%から10%へ上昇すると，将来収益がより多く割り引かれるため，債券価格は8,911

円から 7,762 円に値下がりしました．逆にいえば，市場利子率が下落すると，債券価格は値上がりするということになります．このように**債券価格と市場利子率の間には，一方が上がれば他方が下がるという相反関係**があります．

［債券価格と市場利子率の相反関係］

　　　債券価格の値上がり（値下がり）　↔　市場利子率の低下（上昇）

　次にご紹介するコンソル公債のケースでは，債券価格と市場利子率は，よりはっきりした相反関係である「反比例」の関係にあることを示すことができます．**コンソル公債（債券）**とは，償還期がない永久確定利付公債のことで，英国の公債の一種です．より具体的には，債券保有者に毎年 A 円の確定利息が永久に支払われるタイプの債券をコンソル（公）債と呼びます．ここで，市場利子率を r としますと，将来支払われる利息の割引現在価値は，

　　　1 年後の A 円の割引現在価値 $= \dfrac{A}{1+r}$

　　　2 年後の A 円の割引現在価値 $= \dfrac{A}{(1+r)^2}$

　　　　　$\vdots$

　　　i 年後の A 円の割引現在価値 $= \dfrac{A}{(1+r)^i}$

となります．資産価格決定理論の基本的な考え方に沿って，このコンソル債の価格 B は将来支払われる利息の割引現在価値の総額として計算されます．

$$B = \dfrac{A}{1+r} + \dfrac{A}{(1+r)^2} + \cdots + \dfrac{A}{(1+r)^i} + \cdots$$

これは第 5 章で取り上げた信用創造における預金総額の導出過程と同様に，無限等比級数ですから，公式 (5.3) 式を用いれば，

$$B = \dfrac{A}{r}$$

と単純化して表すことができます．ご覧の通り，**コンソル債の価格 B と市場利子率 r の間には反比例の関係**があります．

　以上のような債券価格と利子率の相反関係は，現実の経済においても観察されます．経済ニュースでは，国債価格と長期金利の動きを報じる際に，この両

者の相反関係がよく登場します。例えば，次の新聞記事を下線部に注意しながら読んでみてください。

「例えば代表的な債券である 10 年物利付国債はどうだろう。足元では欧州の金融不安を背景に，相対的に安心感がある日本国債などを買う流れが強まり，<u>利回り（長期金利）は 0.8% 台と，歴史的にも低い水準に低下（国債の価格は上昇）した</u>。何らかのきっかけで国債が一斉に売られるようなことがあれば，<u>長期金利は急上昇（国債価格は急落）する懸念がある</u>。」[「国内債券，ゆっくり堅実――金利急低下の反動注意（M&I）」『日本経済新聞』2012 年 6 月 6 日朝刊 19 面]

この記事では，債券市場における需要と供給の関係が債券価格および金利水準に影響していること，そして，債券価格と金利が相反的に連動していること，を伺わせています。この点をもう少し丁寧に説明すると，以下のようなメカニズムが働いていると考えることができます。まず，債券市場において需要が供給を上回る（下回る）と，債券価格が上昇（下落）します。

　　債券需要（供給）の高まり　→　債券価格の値上がり（値下がり）

そして，債券価格の上昇（下落）は同時に金利水準の下落（上昇）に結びつきます。

　　債券価格の値上がり（値下がり）　↔　金利の低下（上昇）

ただし，債券価格と金利水準の間には，因果関係というよりも相反的な連動関係があるととらえたほうがよろしいでしょう。以上から，債券価格と金利水準の関係について，①債券市場（債券需給）の動きが債券価格の動向に影響する，②債券価格と金利水準は同時相反的に変動する（＝債券価格の変動は同時相反的に金利水準の変動に結びつく），と整理できます。このような関係を理解しておくと，現実の金融市場における債券価格および金利の動向を眺めるときに有益です。

復習

(1) 将来収益を（1＋利率）で割ることによって，その現在時点での価値に換算し直すことを＿＿＿＿と呼ぶ。

(2) 将来収益の現在価値への換算率である（1＋利率）を＿＿＿＿と呼ぶ。

(3) 将来収益を割引くことによって現在価値に換算し直した表示を＿＿＿＿と呼ぶ。

(4) 資産の将来収益の＿＿＿＿の合計は，将来収益に裏付けられた価値という意味で資産の＿＿＿＿と呼ばれる。

(5) 債券が満期になり，貸したお金が返ってくることを＿＿＿＿されるという。

(6) ＿＿＿＿と利子率の間には一方が上がれば他方が下がるという相反関係がある。

(7) 毎期，確定利息が永久に支払われるタイプの債券を＿＿＿＿と呼ぶ。

(8) ＿＿＿＿の価格と利子率の間には反比例の関係がある。

練習問題

問題1　単利と複利

元本 10,000 円を年利 7% で単利および複利によって運用する場合，元利合計は1年目・2年目・4年目・8年目・16年目でどのように計算されるか。下記の表を完成させよ。なお，計算結果は四捨五入で小数点第2位までの数値を記載せよ。

ヒント：pp.204–206 を読もう！

年数	単利	複利
1		
2		
4		
8		
16		

問題2　投資信託の複利効果

次のような投資信託のうち，複利効果が働きやすいものはどちらか。ただし，投資信託の基準価格は上昇しているものとする。　　ヒント：p.208 を読もう！

(1) 分配金を毎月支払うタイプ　　(2) 分配金を再投資するタイプ

問題3　72 の法則

元本1円を倍の2円にするような金利 r（年利）と年数 T の関係式 $(1+r)^T=2$ は，自然対数を用いて次式のように書き換えられる。

$$T = \ln 2 \div \ln(1+r)$$

この式を用いて，下記の表に記載されている金利水準ごとに，「元本が倍になる年数 (T)」および「金利(%)×年数($=r \times T \times 100$)」を計算し，表を完成させよ。ただし，電卓で計算する場合は，$\ln 2 ≒ 0.69$ として，四捨五入で小数点第2位までの数値を記載せよ。

ヒント：p.209 を読もう！

r	$\ln(1+r)$	T	$r \times T \times 100$
0.01	0.00995		
0.03	0.02956		
0.05	0.04879		
0.07	0.06766		
0.08	0.07696		
0.10	0.09531		
0.30	0.26236		

問題 4　設備の割引現在価値

　企業が購入を検討しているある機械の1年後，2年後の予想収益はそれぞれ204万円，104万400円であり，3年目以降の収益はゼロかつ残存価値もゼロとする。利子率が年率2%で一定であるとき，企業はこの機械の購入価格の最高限度額を何円と見積もればよいか。

ヒント：p.216を読もう！

［2007年12月　第13回 ERE　改］

問題 5　投資プロジェクトの現在価値

　企業は次の2つの投資プロジェクトA・Bを計画している。
［A］ 今期10億円の投資を行えば，来期以降，無限に2億円の収益が得られる。
［B］ 今期35億円の投資を行えば，来期以降，無限に4億円の収益が得られる。
　これらの投資プロジェクトの割引現在価値が等しくなる利子率は何%になるか。

ヒント：p.142の (5.3) 式を使おう！

［2006年12月　第11回 ERE　改］

問題 6　債券利子率

　1年後に利息2万円とともに償還される額面100万円の債券があるとしよう。この債券の市場価格が97万円であるとき，市場利子率（年率）は何%（パーセント表示で小数点第3位以下は四捨五入）になるか。

ヒント：例題6をみよう！

［2008年12月　第15回 ERE　改］

問題 7　国債の価格

　国債と同程度のリスクをもつ1年物の金融商品の市場利子率が2%である場合，1年後に5万円の利息が支払われる1年物の国債（額面100万円）の現在価値は何円（小数点以下は四捨五入）になるか。

ヒント：例題6をみよう！

［2011年7月　第20回 ERE　改］

問題 8　債券価格と市場利子率の関係

　いま，市場利子率 r を横軸にとり，債券価格 P を縦軸にとって，両者の関係を表すグラフを作成しようと考えている。次の記述のうち，このグラフの形状として適切なものはどれか。

ヒント：p.219を読もう！

　(1) 右下がり線　　(2) 右上がり線　　(3) 垂直線　　(4) 水平線

［2006年12月　第11回 ERE　改］

練習問題解答

問題 1　正解：

年数	単利	複利
1	10700	10700
2	11400	11449
4	12800	13107.96
8	15600	17181.86
16	21200	29521.64

問題 2　正解 (2)：基準価格が上昇している場合，分配金を手許に残すよりも再投資した方が複利効果によって利益を得られる．ただし，基準価格が下落している場合は，再投資しないで手許に残した方が損失を抑えられる [「投信分配金の再投資」『日本経済新聞』2009 年 5 月 18 日朝刊 29 面]．

問題 3　正解：下表は表計算ソフトでの計算結果（電卓での計算結果は省略）である．

r	$\ln(1+r)$	T	$r \times T \times 100$
0.01	0.00995	69.66	69.66
0.03	0.02956	23.45	70.35
0.05	0.04879	14.21	71.03
0.07	0.06766	10.24	71.71
0.08	0.07696	9.01	72.05
0.10	0.09531	7.27	72.73
0.30	0.26236	2.64	79.26

上表の「金利（%）×年数（$= r \times T \times 100$）」の計算結果からわかるように，金利水準が 8% 前後の場合は「72 の法則」で比較的正確に近似計算できるが，金利水準がそれよりも低すぎたり高すぎたりする場合は「72 の法則」であまり正確な近似値を得ることができない [尾山・安田（編）(2013, pp.75-77)]．「72 の法則」を実際に使うに当たって，この点に注意が必要である．

問題 4　正解：300 万円

この機械の予想収益の割引現在価値は，次のように計算される．

$$\frac{204}{(1+0.02)} + \frac{104.04}{(1+0.02)^2} = 200 + 100 = 300$$

したがって，この機械の将来収益を考慮した 300 万円が購入額の基準となり得る．

問題 5　正解：8%

利子率を r で表す．プロジェクト A の割引現在価値は，無限等比級数の公式より，

レクチャー7.2 割引現在価値の考え方と資産価格の決定

$$-10+\frac{2}{(1+r)}+\frac{2}{(1+r)^2}+\cdots=-10+\frac{2}{r}$$

である。そして，プロジェクト B の割引現在価値は，同様に，

$$-35+\frac{4}{(1+r)}+\frac{4}{(1+r)^2}+\cdots=-35+\frac{4}{r}$$

である。したがって，

$$-10+\frac{2}{r}=-35+\frac{4}{r}$$

を r について解くと，$r=0.08$ と計算される。

問題 6　正解：5.15%

いま割引率を r とする。割引現在価値の考え方より，債券の市場価格 97 万円は，

$$97=\frac{2+100}{1+r}$$

という関係を満たす。したがって，市場利子率は，上式を書き換えた

$$r=\frac{2+100-97}{97}=\frac{5}{97}=0.05154\cdots$$

という関係を満たす割引率 r として計算される。

問題 7　正解：102 万 9,412 円

この場合，国債価格 P は次の関係を満たす。

$$P=\frac{5+100}{1+0.02}=102.94117\cdots$$

問題 8　正解（1）：債券価格 P と市場利子率 r の間には相反関係があるので，両者の関係は下記のグラフのような右下がりの曲線で表される。

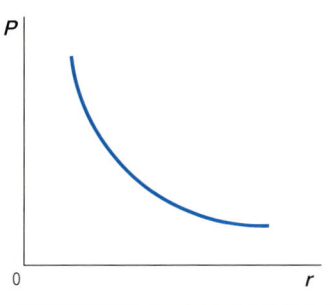

参 考 文 献

　論文・記事・データの出典については，参考・引用した箇所で記載しています．ここでは，参考・引用した書籍・辞書の出典について一覧で記載します．

1. 書　　籍

浅子和美・石黒順子（2013）『グラフィック経済学（第2版）』新世社

池尾和人（2006）『開発主義の暴走と保身――金融システムと平成経済』NTT出版

池尾和人（2013）『連続講義・デフレと経済政策――アベノミクスの経済分析』日経BP社

池尾和人・岩佐代市・黒田晁生・古川　顕（1993）『金融（新版）』有斐閣

池尾和人・財務省財務総合政策研究所（編）（2006）『市場型間接金融の経済分析』日本評論社

伊藤隆敏（2013）『インフレ目標政策』日本経済新聞出版社

植田和男（2005）『ゼロ金利との闘い――日銀の金融政策を総括する』日本経済新聞社

岡村秀夫・田中　敦・野間敏克・藤原賢哉（2005）『金融システム論』有斐閣

翁　邦雄（2011）『ポスト・マネタリズムの金融政策』日本経済新聞出版社

翁　邦雄（2013）『金融政策のフロンティア――国際的潮流と非伝統的政策』日本評論社

小野善康（1992）『貨幣経済の動学理論――ケインズの復権』東京大学出版会

尾山大輔・安田洋祐（編）（2013）『改訂版　経済学で出る数学』日本評論社

桂　米朝（2002）『上方落語　桂米朝コレクション4　商売繁盛』（ちくま文庫か-41-4）筑摩書房

桂　枝雀（2006）『上方落語　桂枝雀爆笑コレクション4　萬事気嫌よく』（ちくま文庫か-18-6）筑摩書房

銀行業務検定協会（2007）『銀行業務検定試験　金融経済3級問題解説集（2007年6月受験用）』経済法令研究会

経済法令研究会（編）（2002）『ERE［経済学検定試験］問題集（2002年度版）』経済法令研究会

経済法令研究会（編）（2007）『ERE［経済学検定試験］問題集（2007年7月受験用）』経済法令研究会

経済法令研究会（編）（2009）『ERE［経済学検定試験］問題集（2009年12月受験用）』経済法令研究会

経済法令研究会（編）（2012）『ERE［経済学検定試験］問題集（2012年12月受験用）』経済法令研究会

齊藤　誠（2006）『新しいマクロ経済学（新版）』有斐閣

齊藤　誠・岩本康志・太田聰一・柴田章久（2010）『マクロ経済学』有斐閣

酒井良清・榊原健一・鹿野嘉昭（2004）『金融政策（改訂版）』有斐閣

酒井良清・鹿野嘉昭（2011）『金融システム（第4版）』有斐閣

酒井良清・前多康男（2003）『新しい金融理論』有斐閣

酒井良清・前多康男（2004）『金融システムの経済学』東洋経済新報社

鹿野嘉昭（2013）『日本の金融制度（第3版）』東洋経済新報社

柴田真一（2009）『図解式　金融英語の基礎知識』DHC

白川方明（2008）『現代の金融政策』日本経済新聞出版社

鈴木淑夫（1974）『現代日本金融論』東洋経済新報社

TAC証券アナリスト研究会（編）（2012）『平成25年試験対策　証券アナリスト1次試験過去問題集　経済』TAC出版

TAC証券アナリスト研究会（編）（2012）『平成25年試験対策　証券アナリスト1次試験過去問題集　証券分析』TAC出版

田中隆之（2008）『「失われた十五年」と金融政策』日本経済新聞出版社

田村祐一郎（2008）『モラル・ハザードは倫理崩壊か』千倉書房

寺西重郎（2003）『日本の経済システム』岩波書店

寺西重郎（2011）『戦前期日本の金融システム』岩波書店

永谷敬三（2002）『入門　情報の経済学』東洋経済新報社

日本銀行調査統計局経済統計課（2001）『入門　資金循環』東洋経済新報社

福田慎一（2013）『金融論』有斐閣

藤野正三郎（2004）『日本のマネーサプライ』勁草書房

古川　顕（2014）『テキストブック　現代の金融（第3版）』東洋経済新報社

星　岳雄・A. カシャップ（鯉渕　賢訳）（2006）『日本金融システム進化論』日本経済新聞社

前多康男・鹿野嘉昭・酒井良清（2006）『金融論をつかむ』有斐閣

みずほ証券バーゼルⅢ研究会（編）（2012）『詳解　バーゼルⅢによる新国際金融規制』中央経済社

村瀬英彰（2006）『金融論』日本評論社

吉川　洋（2013）『デフレーション』日本経済新聞出版社

2. 辞　　書

貝塚啓明・賀来景秀・鹿野嘉昭（編）（2005）『金融用語辞典（第4版）』東洋経済新報社

金森久雄・荒憲治郎・森口親司（編）（2013）『有斐閣　経済辞典（第5版）』有斐閣

新村　出（編）（1998）『広辞苑（第5版）』岩波書店

松田徳一郎（編）（1999）『リーダーズ英和辞典（第2版）』研究社

索　引

ア　行

相対型　94
相対取引　39
赤字主体　3
アカロフ（G. A. Akerlof）　112
アンダーライター　49
アンダーライティング　49
安定成長期　80
安定的経済成長　171

イールド・カーブ　28
異時点間の限界代替率　9
委託売買業務　49
一般的受容性　18, 136
一般的受領性　18
一般物価水準　170
依頼人　109
イングランド銀行　168
インターバンク市場　43
インフレーション　170
インフレ・ターゲット　195
インフレ・ターゲティング　195
インフレ目標政策　195
インベストメント・バンク　51

売りオペレーション　173
売り現先　46
運転資金　40

エージェンシー関係　109
エージェント　109
エクイティ・ファイナンス　42, 86
円高不況　85

欧州中央銀行　168

オーディティング　122
オーバーボローイング　78
オーバーローン　78, 177
オープン市場　45
オフバランス化　98
オペレーショナル・リスク　159
オペレーション　173
オリジネーター　98

カ　行

ガーレイ（J. G. Gurley）　73
買いオペレーション　173
買い現先　45
外為法　63
外部金融　72
価格の硬直性（粘着性）　187
価格の伸縮性　187
格付け　157
加工貿易　85
貸倒引当金　156
貸倒れリスク　136
過剰流動性　85
価値尺度　20
価値貯蔵手段　21
価値評価機能　38
株式　41
株式市場　48
株式持合い　87
株主　42
株主総会　42
貨幣　2, 16
貨幣ヴェール観　21
貨幣経済　18
貨幣乗数　143
貨幣（信用）乗数アプローチ　150

索　引

貨幣の中立性　21
為替手形　44
為替の安定　171
監査　122
監視　121
間接金融　74
間接金融の優位　78
間接証券　74, 135
完全法貨　149
元本　24, 204
元利合計　205
管理通貨制度　169

議決権　42
基準貸付利率　177
基準割引率　177
期待　185, 195
期待インフレ率　185
期待仮説　27
期待物価上昇率　185
期待理論　27
期中（中間）情報の非対称性　110
期中（中間）の情報生産　121
期中（中間）情報　116
キッドランド（F. Kydland）　188
規模の経済性　55
逆イールド　29
逆現先　46
逆選択　54, 112
キャッシュ・フロー　98
キャッチ・アップ　92
救済策　126
狭義の中核的自己資本　160
強制通用力　19, 136
業態別子会社　61
協調融資　96
協同組織金融機関　56
業務分野規制　60
均衡　24

銀行　56, 134
銀行・証券の分離　61
銀行・信託の分離　60
銀行信用　141
銀行中心型の金融システム　77
銀行の銀行　169
銀証分離　61
銀信分離　60
金属貨幣　18
金本位制度　169
金融　2
金融緩和　85, 171
金融機関　54
金融市場　4, 38
金融自由化　63, 80
金融商品取引法　49
金融政策　168
金融仲介　74
金融仲介機関　74, 134
金融仲介機能　75, 134
金融引き締め　88, 171
金融持株会社　61
金利　24
金利規制　63
金利裁定　28
金利自由化　63, 80
金利（利子率）の期間構造　27
黒字主体　3
黒田東彦　195, 197

経営権　42
経営への参加権　42
経常移転収支　13
経常収支　13
計数貨幣　18
契約　109
ケインズ（J. M. Keynes）　21, 25
決済　136

索　引

決済システムの管理・運営　169
決済手段　137
兼営銀行主義　70
現金通貨　149
現先　45
現先取引　45
原資産保有者　98

公開市場　45
公開市場操作　173
交換手段　20
広義流動性　152
公定歩合　177
公定歩合操作　177
公的金融機関　57
公的債務　12
公的資金　91
高度経済成長期　77
購買力　2
効用　5
コール市場　44
コールレート　44, 174
小切手　45, 139
国際収支の均衡　171
護送船団方式　60
国庫短期証券　48
固定費　55
コマーシャル・ペーパー　47
コマーシャル・ペーパー（CP）市場　48
雇用の安定　171
ころがし　61
コンソル公債（債券）　219

サ　行

サービサー　98
サービス収支　13
債券　41
債券現先市場　45
債権国　85

債券市場　48
債券レポ市場　46
最後の貸し手　170
財政投融資　58
裁定機会　28
債務国　85
財務省補助貨幣　150
サブプライム・ローン問題　100

時間軸効果　191
時間軸政策　191
時間選好説　24
時間的不整合性　188
資金　2
資金の最終的貸し手　3
資金の最終的借り手　3
資金不足者　3
資金偏在　78
資金余剰者　3
シグナリング　109
シグナル　126
資源配分の効率性　7
自己金融　72
自己資金　89
自己資本比率　157
自己資本比率規制　158
事後情報　116
事後情報の非対称性　110
自己選択メカニズム　123
事後の情報生産　122
自己売買業務　49
資産　41
資産価格決定理論　216
資産の証券化　97
資産変換機能　76, 136
市場型　94
市場型間接金融　94
市場機会曲線　5
市場操作　173

索　引　　233

市場取引　39
市場崩壊　113
市場（価格）メカニズム　24
市場リスク　158
システミック・リスク　170
事前情報　111
事前情報の非対称性　109
事前の情報生産　121
実質金利　185
実体貨幣　18
実物貨幣　18
支払準備　43
資本　41
資本保全バッファー　160
借金　90
受信　141
主力銀行　126
順イールド　29
準凹　5
純資産　41
準通貨　152
準備　150, 190
準備供給政策　190
準備預金　170, 179
準備預金制度　43, 150, 178
準備率　179
準備率操作　179
償還　217
商業銀行主義　58
証券会社　49, 57, 73, 135
証券市場　48
証券取引法　49
少子高齢化　11
譲渡性預金　47, 135
譲渡性預金（CD）市場　47
消費機会曲線　5
商品貨幣　18
情報　110
情報生産　121

情報生産活動　55
情報伝達機能　38
情報の経済学　110
情報の非対称性　54, 108
情報優位　109
情報劣位　109
秤量貨幣　18
昭和金融恐慌　64
ショー（E. S. Shaw）　73
所得収支　13
所要準備　43
所要準備額　179
白川方明　176, 190, 195
人為的低金利政策　63
審査　121
シンジケート　96
シンジケート・ローン　96
信託　60
信託銀行　60
信託報酬　95
ジンメル（G. Simmel）　21
信用　141
信用貨幣　20
信用緩和　192
信用緩和政策　191
信用（創造）乗数　143
信用創造　141
信用リスク　136, 158

スクリーニング　121
スタグフレーション　85

正貨準備　169
制限法貨　150
政策コミットメント　191
政府短期証券　48
政府の銀行　170
設備資金　40
セリング　49

索　引

ゼロ金利　189
ゼロ金利政策　189
ゼロサム・ゲーム　89
専門化　55
専門金融機関の分業　59

総合銀行主義　59
総合証券会社　50
総量規制　88
その他 Tier I　160

タ　行

第 1 次石油危機　80
大企業の銀行離れ　80
貸借対照表　41
第 2 次石油危機　85
第二地方銀行協会加盟地方銀行　60
代表的監視者　126
代理人　109
兌換　19, 169
兌換紙幣　19, 169
短期金融　40
短期金融市場　40
短期金利　27
担保　64, 87, 90, 122
単利　204

地方銀行　60
中央銀行　56, 168
中央銀行貸出操作　177
中核的自己資本　159
鋳造貨幣　18
超過準備　174, 190
長期金融　40
長期金融市場　40
長期金利　27
長期・固定的な総合取引　126
長期信用銀行　60
長短金融の分離　60

長短分離　60
直接金融　73
貯蓄　72

通貨　149
通貨価値（物価）の安定　170
通貨の番人　56

ディーラー　49
ディーリング　49
定期性預金　134
定形化された事実　126
ディス・インフレーション　171
ディスクロージャー　156
ディスクロージャー誌　156
手形　44
手形（売買）市場　45
出口戦略　195
デット・ファイナンス　42
デフレーション　171
電子マネー　20

動学　4
動学的不整合性　188
投機的動機　25
当座預金　134
動産　125
動産（・債権）担保融資　125
投資銀行　51
投資信託　95
等比級数　144
等比数列　144
特別目的会社　98
都市銀行　60
土地神話　87, 124
土地担保融資　87, 124
取り付け騒ぎ　170
取引記録機能　38
取引動機　25

ナ　行

内外市場分断規制　63
内部金融　72
内部留保　72, 160
内部留保の蓄積　12

ニクソン・ショック　80
日銀貸出　177
日銀当座預金　179
日銀当座預金残高　190
日本銀行　56, 168
日本銀行券　149, 169
ニュメレール　21

ノンバンク　57

ハ　行

バーゼルⅠ　158
バーゼルⅡ　158
バーゼルⅢ　159
バーゼル合意　157
バーナンキ（B. S. Bernanke）　191, 193
ハイパワード・マネー　149
派生的預金　140
発券銀行　168
発行市場　48
バブル　86
バランスシート　41
範囲の経済性　55

引受業務　49
引き落とし　137
非伝統的金融政策　189

ファンダメンタルズ　86, 216
フィッシャー（I. Fisher）　25
フィッシャー効果　186
フィッシャー方程式　185
フォワード・ガイダンス　191

不確実性　110
不換紙幣　19, 169
不完全法貨　150
複利　206
複利効果　207
負債　41
2つのコクサイ化　63, 80
普通株式　160
普通株等TierⅠ　160
普通銀行　56, 60
普通社債　160
普通預金　134
物々交換　16
不動産　125
プラザ合意　85
振替　137
振込　137
不良債権　89, 124, 156
不良債権比率　156
プリンシパル　109
プレスコット（E. Prescott）　188
ブローカー　49
ブローカレッジ　49
ブローキング　49
分業主義　59
分散投資　55

平均費用　55
平成バブル　86
ベース・マネー　149

貿易赤字　13
貿易黒字　13
貿易・サービス収支　13
貿易収支　13
貿易摩擦　85
法貨　19, 136, 169
法定貨幣　136
法定準備額　179

法定準備率　179
ポートフォリオ・リバランス効果　194
補完貸付制度　178
保険会社　57, 75
募集・売出業務　49
保証金　123
本源的証券　73, 135
本源的預金　139

マ 行

マクロ・プルーデンス政策　193
マネー・ストック　149, 184
マネタリー・ベース　149, 183

無限等比級数　144
無限等比数列　144
無差別曲線　5
無制限法貨　149
無担保コール市場　44
無担保コール翌日物金利　44, 174

名目貨幣　20
名目金利　185
メインバンク　126
メインバンク制（関係）　88, 126
メガバンク　63

持株会社　61
持ち株シェア　126
モニタリング　121
モラル・ハザード　54, 118

ヤ 行

役員派遣　126
約束手形　44

有限責任の原則　42
融資シェア　126
融資団　96

優先株式　160
有担保原則　64
有担保コール市場　44
融通　2
ユニバーサル・バンキング　59

要求払預金　134
預金創造　141
預金取扱金融機関　56, 75, 134
予算制約　5
与信　141
予想　185
欲求の一方的一致　17
欲求の二重の一致　16
予備的動機　25

ラ 行

リーガル・テンダー　19
利益相反　61
リクスバンク　168
利子　23
利子率　24
リスク　26
リスク移転機能　38
リスク管理　55
リスクの負担構造　75
リスク負担　77, 136
利息　23
利回り曲線　28
流出現金　139
流通貨幣　149
流通市場　48
流動化　97
流動性　22
流動性選好説（理論）　26
流動性の罠　189
量的緩和政策　190
臨時金利調整法　63

劣後株式　160
劣後債券　160
レポレート　47
レモンの原理　112
連邦準備制度　168
連邦準備制度理事会　168

漏出現金　139
ロール・オーバー　61
ロンバート型貸付制度　178

ワ　行

割引　215
割引現在価値　216
割引短期国債　48

割引率　215

数字・欧字

72の法則　209
ABL　125
BIS規制　157
CD　47, 135
CP　47
FB　48
M1　151
M2　152
M3　152
TB　48
T-Bill　48
TierⅡ　160

著者略歴

森澤 龍也（もりさわ たつや）

1999 年　関西学院大学経済学部卒業
2004 年　関西学院大学大学院経済学研究科博士課程単位取得退学
2005 年　流通科学大学商学部講師
2007 年　博士（経済学）取得
現　在　流通科学大学経済学部教授

主要著書

『資産市場と実体経済――日本経済の計量分析』（千倉書房，2008）

ライブラリ 経済学レクチャー ＆ エクササイズ=5

レクチャー＆エクササイズ 金 融 論

2015年3月25日Ⓒ	初 版 発 行
2023年3月10日	初版第4刷発行

著　者　森澤龍也　　　　発行者　森平敏孝
　　　　　　　　　　　　印刷者　加藤文男
　　　　　　　　　　　　製本者　小西惠介

【発行】　　　　　　　　株式会社　新世社
〒151-0051　東京都渋谷区千駄ヶ谷1丁目3番25号
編集 ☎(03)5474-8818(代)　　　サイエンスビル

【発売】　　　　　　　　株式会社　サイエンス社
〒151-0051　東京都渋谷区千駄ヶ谷1丁目3番25号
営業 ☎(03)5474-8500(代)　　　振替 00170-7-2387
FAX ☎(03)5474-8900

印刷　加藤文明社　　　　製本　ブックアート
《検印省略》

本書の内容を無断で複写複製することは，著作者および出版者の権利を侵害することがありますので，その場合にはあらかじめ小社あて許諾をお求めください。

サイエンス社・新世社のホームページのご案内
http://www.saiensu.co.jp
ご意見・ご要望は
shin@saiensu.co.jp まで．

ISBN 978-4-88384-222-3
PRINTED IN JAPAN

ライブラリ 経済学レクチャー&エクササイズ 1

レクチャー&エクササイズ
経済学入門

上村 敏之 著
A5判／240頁／本体2,050円（税抜き）

本書は，経済学にはじめてふれる方のためにやさしく書かれた入門書です。「予習→講義→復習→練習」というサイクルに沿って学ぶことにより，「経済学的な考え方」を自ずと身につけることを目指します。また，直観的にも理解しやすいように，多くの図表を用いています。経済学をはじめて学ぶ方，学び直そうとする方におすすめの一冊です。

【主要目次】
経済学の基礎的な概念／市場における交換／家計の経済行動Ⅰ／家計の経済行動Ⅱ／企業の経済行動／市場の働きと政策の効果／マクロ経済学の基礎

発行　新世社　　　発売　サイエンス社